Peter Niederstein
Schnittpunkte

Peter Niederstein

Schnittpunkte

Albert Schweitzer mit der Seele suchend

Verlag Merker im Effingerhof Baden

CH-5400 Baden
Satz und Druck: Effingerhof AG, CH-5200 Brugg
Printed in Switzerland
ISBN 3-85648-099-4

In der Reihe *Evangelische Schriften*

Albert Schweitzer

Peter Niederstein

Inhalt

Wie es dazu kam – ein Vorwort

Albert Schweitzer bin ich nie begegnet. Die persönliche Brücke zu ihm ist mein Basler Freund, Leib- und Seelenarzt Hermann Baur, auf dessen Ordinationstisch sich einst auch Albert Schweitzer untersuchen liess. Hermann Baur wurde im vergangenem Sommer fünfundachtzig Jahre alt, ihm sei dieses Buch gewidmet.

Dann ist es der früher in Luzern und später in Tübingen lehrende katholische Alttestamentler Herbert Haag gewesen, der mich indirekt zu diesem Buch angestiftet hat. Ihn lernte ich vor etlichen Jahren kennen. Seither treffen wir uns ein- bis zweimal jährlich in seinem Wohnort Luzern zu Gesprächen. Anlässlich eines solchen Gesprächs äusserte der achtzehn Jahre ältere, ich hätte in meinem Leben so viele Begegnungen zu verzeichnen, die für die jüngere Generation aufzuschreiben meine Pflicht sei.

Nun suchte ich nach einer nicht nur selbstbiographischen Form. Bei einer Wanderung im «Taminser Himmel» – das zum Dorf Tamins gehörende, doch weit oberhalb gelegene Kunkelstal – kam mir der Gedanke, Albert Schweitzer könnte beim Schreiben mein imaginärer Gesprächspartner sein. Dafür, dass er das wurde, gab und gibt es in meinem Leben viele deutliche Signale und Kreuzwege, wo sich seine und meine Spur treffen. Darum verknüpfe ich mit diesen Schnittpunkten eigenes, autobiographisches Erinnern.

Georg-Albrecht Eckle, als freier Regisseur in Oper und Schauspiel tätig und Gründer eines Zentrums für Kulturarbeit in Sagogn in Graubünden, verdanke ich wertvolle Anregungen. Meiner Frau Brigitte und unserem Sohn Thomas, Antje Bultmann Lemke, Richard Brüllmann und Johann Zürcher danke ich für kritisches Mitdenken und die Ermunterungen zur Zeit der Entstehung dieser Abhandlung, sowie Luisa Noser-Thöny für die Reinschrift des Manuskriptes.

Besonders freut es mich, von dem Verlegerehepaar Rudolf und Erica Merker betreut, wieder in ihrem Verlag mit seinem sorgfältigen Lektorat publizieren zu können.

Tamins, Graubünden, Schweiz Anfang 1997

Peter Niederstein

Vom Urwalddoktor und dem aussergewöhnlichen Theologen

In meinem Geburtsjahr 1933 reiste Albert Schweitzer, der Arzt, Theologe, Philosoph und Musiker, zum vierten Mal nach Lambarene. Sein Wirken als Urwalddoktor beeindruckte auch meine Grossmutter Luise Niederstein-Dresler, von der ich zum erstenmal den Namen Albert Schweitzer hörte. Mein Grossvater Alfred Niederstein war Pfarrer und Superintendant in Bochum. 1938 zogen sich die Grosseltern nach Bad Salzuflen in Westfalen in den Ruhestand zurück. Mein Bruder Klaus und ich verlebten hier auch während der Kriegsjahre herrliche Sommerferien. Unsere Grossmutter erzählte oft und gerne Geschichten von Jesus, von Wilhelm Busch und hin und wieder von Albert Schweitzer. Möglicherweise befand sich darunter auch eine aus Schweitzers «Afrikanische Jagdgeschichten», die 1937 erstmals als Broschüre erschienen. Er selber war kein Jäger, aber die vielen Jagdgeschichten, die Holzhändler an seinem Tisch in Lambarene zum besten gaben, ergötzten ihn so, dass er sie aufschrieb. Zur Jagd hatte Schweitzer 1932 bemerkt: *«Es muss sein, dass die Tiere, die den Ertrag der Felder in Frage stellen, oder sonst in irgendeiner Weise schädlich sind, abgeschossen werden. Edel aber ist nur die Jagd, die in der Absicht betrieben wird, die Tiere möglichst rasch und schmerzlos zu töten.»*[1]

Mein Kindheitstraum war, Förster zu werden, der, wie damals in unserer Gegend üblich, zugleich auch als Jäger zu amten hatte. Stolz trug ich längere Zeit ein grünes Hütchen. Als mein Onkel Hermann Schleifenbaum, der ursprünglich selber hatte Förster werden wollen, 1945 aus dem Krieg heimkam, half er mir, Wald, Wild und Pflanzen bewusster zu sehen und zu erleben. Weiter nährte diesen Traum mein Grossonkel, der Forstmeister Adolf Dresler; er lachte gern

und wurde von uns Oheim genannt. Nahe Meinerzhagen im Sauerland hatte er zwei Waldgüter geerbt, Badinhagen mit einem kleinen Wasserschloss, in dessen Graben sich Karpfen tummelten, und Listringhausen mit einem landwirtschaftlichen Gutshof. Mit seinem Sohn Siegfried, gleich alt wie ich, war ich befreundet. Die Familie wohnte in Listringhausen. Die ersten Nachkriegssommer verbrachte ich dort, half etwas in Hof, Garten und Wald, genoss die kräftigen Speisen, an denen es in jener Zeit allgemein und auch daheim mangelte. Als ich mich anfangs der fünziger Jahre entschied, einmal Pfarrer zu werden, redete mich der Oheim schmunzelnd fortan mit «Geistlicher Rat» an. Beiden Onkeln verdanke ich ein erwachendes Gespür für das, was ich bei Albert Schweitzer als Ehrfurcht vor dem Leben kennenlernen sollte.
So sehr meine Grossmutter Schweitzers Tätigkeit als Urwaldarzt schätzte, so warnte sie mich doch schon bald vor dessen Theologie, weil er allzu menschlich von Jesus denke.

Aufbruch statt Abbruch

Aufgewachsen bin ich im Siegerland, dem südlichen Teil von Westfalen. Die Konfession war hier vorwiegend reformiert, stark beeinflusst von der Erwekkungsbewegung. Diese kennzeichnete ein karitatives Engagement und eine religiöse Haltung, in der es um Bekehrung, Wiedergeburt und verbalinspiriertes Bibelverständnis ging. Zwar empfand man von Schweitzers praktischem Werk in Lambarene Hochachtung, doch seine Theologie nannte man ungläubig und hielt sie, wie die des Marburger Neutestamentlers Rudolf Bultmann, für einen baren Schrecken. Als Schüler des Fürst-Johann-Moritz-Gymnasium in Weidenau-Siegen befragte ich einen meiner Klassenkameraden, der mir den gefährlichen Unglauben Schweitzers eifernd schilderte, ob er denn etwas in dessen Büchern gelesen hätte. «Nein», erhielt ich zur Antwort, «man trinkt ja auch kein Gift!» Rudolf Bultmann, der ebenso Verketzerte, empfand, es sei unglaublich, wie viele Menschen sich ein Urteil über seine Arbeit anmassten, die nie ein Wort von ihm gelesen hätten.[2] Mir war es als Gymnasiast nicht möglich, ein theologisches Buch von Schweitzer oder Bultmann zu lesen und gar zu verstehen. So hielt ich mich bedeckt, aber neugierig.

Unangefochten hingegen konnte ich im November 1951 als Untersekundaner, ich besuchte die 5. Gymnasialklasse, im Weidenauer Schülerbibelkreis, dem ich viel geistliches Rüstzeug verdanke, und den ich dann bis zu meinem Abitur im Jahre 1955 leitete, einen Lichtbildervortrag über den Urwalddoktor halten. Damals hatte ich mir zu diesem Vortrag unter anderem notiert: «Wie Schweizer im Urwald Afrikas die Bruderschaft zwischen Schwarzen und Weissen lebt, so haben wir solche gleichsam im ‹Urwald Deutschlands› zwischen den Menschen aus Ost und West zu verwirklichen, um dem Thema des Berliner Kirchentags vom Sommer 1951 gerecht zu werden: ‹Wir sind doch Brüder›.»

Gesunde Kost

Anstoss zu diesem Vortrag bot mir vermutlich die am 16. September desselben Jahres erfolgte Verleihung des Friedenspreises des deutschen Buchhandels in der Frankfurter Paulskirche an Albert Schweitzer. Der damalige Bundespräsident Theodor Heuss, mit Schweitzer seit dessen Strassburger Zeit befreundet, sagte in seiner Festansprache: «Ihr Buch über die ‹Leben-Jesu-Forschung› ist aus der umgrenzten Literaturbetrachtung immerhin eine sublimierte Geistesgeschichte von hundertfünfzig Jahren Europa geworden, in dieser eigentümlichen Spannung vom sauberen Rationalismus zur individuellen Mystik. Sauberer Rationalismus, ich spreche das Wort ruhig aus, das durch ein paar

Jahrzehnte hindurch das Verdammungswort für Unzulänglichkeiten gewesen ist.» Auch habe er, so Heuss weiter, gespürt, «wie sehr in Ihrem Wesen, wenn ich es richtig deute, die kräftigende Nahrung des 18. Jahrhunderts noch wirksam ist. Sie steht auf Ihrem Tisch, und sie ist, wie mir scheint, vitaminreicher als Dialektik und Existentialismus. Diese mögen für ein geistiges Training des Spiels der Gedanken, der Phantasie und auch der Sprachkoketterien interessant sein, aber sie sind für das menschliche Verhalten von mir zu dir folgenlos.»[3] – Jahrzehnte später habe ich diese Ansprache sowie Schweitzers Dankesrede verschiedene Male anlässlich eines Johannistreffens im Günsbacher Albert-Schweitzer-Haus in Elsass gehört, wenn uns Ali Silver nach dem Abendessen die Schallplatte jenes Festaktes auflegte.

Auch ist mir eine kleine Geschichte, vielleicht eine Anekdote, erinnerlich: Während Heuss und Schweitzer damals in der Frankfurter Paulskirche nebeneinandersassen, zupfte Heuss Schweitzer am Ärmel: «Albert, was trägst Du so einen schönen neuen Anzug mit so edlem Stoff!» Schweitzer antwortete: *«In dem habe ich Euch schon getraut.»* Elly Heuss-Knapp, die Frau von Theodor Heuss, berichtete: «Albert Schweitzer traute uns, acht Tage nach seinem Physikum.»[4] Das war im Jahre 1908.

Sehnsucht nach Frieden im Herzen

1951 erschien in der Reihe «Unser Glaube. Unterrichtswerk für die evangelische Unterweisung» das Buch von Martin Rang und Otto Schlisske «Die Geschichte der Kirche». Wir mussten es, wie alle anderen Schulbücher auch, für den Religionsunterricht kaufen, den uns Studienrat Walter Büscher, in einer damals eher noch ungewöhnlichen kameradschaftähnlichen Weise, erteilte. Ich habe es wieder hervorgekramt, und stelle, weil längst vergessen, fest, dass sich darin ein ausführliches Kapitel über Albert Schweitzer befindet.[5] Es beginnt mit der Jugend Schweitzers. Daraus sind zwei Geschichten aus Schweitzers Buch «Aus meiner Kindheit und Jugendzeit» entnommen und eingeflochten. Die erstgenannte ist die von dem verspotteten Juden Mausche. Sechs Jahre nach dem Ende des Holocausts sollte sie wohl deutsche Schüler nachdenklich stimmen. Die zweite erzählt die Begebenheit von dem Schiessen nach Vögeln mit Schleudern und den Glocken der Passionszeit, die dabei Schweitzer das Gebot «Du sollst nicht töten» ins Herz geläutet haben.

Das Kapitel über Schweitzer schliesst mit dem Abschnitt «Die Predigt des Evangeliums». Darin wird hervorgehoben, wie wichtig Schweitzer die Predigt vom Evangelium halte, der frohen Botschaft vom Frieden mit Gott. Das sei ihm dringender als die Einschärfung der Gebote. Dazu wird Schweitzer zitiert: *«Natürlich predige ich auch über das eine oder andere Gebot. Aber darüber hinaus versuche ich, in ihren Herzen das Verlangen nach Frieden mit Gott zu erwecken. Wenn ich von dem Unterschiede spreche zwischen dem Herzen, das keinen Frieden kennt, und dem Herzen, das voll Frieden ist, dann weiss auch der wildeste von meinen Wilden, was ich meine. Und ebenso, wenn ich ihnen Jesus schildere als den, welcher Frieden mit Gott in die Herzen von Männern und Frauen bringt, so verstehen sie ihn.»*[6]

Als Ablass für Fehler der Kolonialmächte gehandelt?

1955 begann ich mit dem Theologiestudium an der Kirchlichen Hochschule Wuppertal. Bald schloss ich Freundschaft mit Ernst Albert Ortmann, der mein bester Studienfreund werden sollte. Von ihm lernte ich die Halsschleifen zu binden, die man Fliegen nennt, bunte Nachfahren jener schwarzen Fliege, die Albert Schweitzer trug. Eines Abends bemerkte mein Freund im Gespräch, er hätte gewünscht, Schweitzer wäre der erste Präsident der Bundesrepublik Deutschland geworden. Dessen ethische Kraft und Ausstrahlung hätten der jungen Republik gut getan, um wieder in die Völkergemeinschaft zu finden. Gewiss, Heuss sei auch trefflich, aber Schweitzer, Staatsbürgerschaft hin oder her: «Stelle dir nur vor!» Später, als die afrikanischen Staaten für ihre Unabhängigkeit kämpften, äusserte er: «Der einzige Weisse, der heute gefahrlos durch ganz Afrika laufen kann, ist Schweitzer.»

Der Beginn des Theologiestudiums war für die meisten von uns beschwert mit dem Erlernen des Griechischen und Hebräischen. Letzteres empfanden wir als besonders hohe Hürde. Da entdeckte ich am Schwarzen Brett der Hochschule eine Art Trostzettel, auf dem zu lesen war, dass auch Albert Schweitzer einst grosse Mühe mit dem Hebräischen gehabt habe. In seinem Buch «Aus meinem Leben und Denken» schrieb er: *«Ende Oktober 1893 bezog ich die Universität Strassburg... Ich hörte zugleich in der theologischen und in der philosophischen Fakultät. Da ich auf dem Gymnasium nur die Anfänge des Hebräischen gelernt hatte, wurde mir das erste Semester durch die Arbeit auf das ‹Hebraicum›, das Vorexamen in Hebräisch, hin verdorben, das ich am 17. Februar 1894 mit Mühe und Not bestand. Später, wieder durch das Bestreben angespornt, auch das mir nicht*

Liegende zu bewältigen, eignete ich mir dann gediegene Kenntnisse dieser Sprache an.»[1]

In den neutestamentlichen Vorlesungen an der Kirchlichen Hochschule Wuppertal war von Schweitzers neutestamentlicher Forschung nichts anderes zu hören, als eine kurze Referenz gegenüber dessen Werk «Geschichte der Leben-Jesu-Forschung». Das war auch, von Ausnahmen abgesehen, an den anderen Universitäten der Fall, die ich dann besuchte. Die Neutestamentler, die mich lehrten, hielten offensichtlich Schweitzers Forschung für veraltet.

Der Kult um Albert Schweitzer machte mir damals Mühe. Mir schien, der Urwalddoktor würde gleichsam als Ablass für die Fehler gehandelt, welche die Kolonialmächte auf dem schwarzen Kontinent begangen hatten. Kamen solche Fehler zur Sprache, so hiess es oft: «Ja, aber es gibt doch auch Schweitzer und Lambarene!» Je mehr zudem die Medien und manche seiner Verehrer den «grand docteur» zur «Heiligenfigur» machten, desto fremder wurde er mir zeitweise. Damals wusste ich nicht, wie sehr der sich um seine Person entwickelte Starkult ihm zur Belastung wurde. *«Ich will nicht den Lesern wie ein Meisterboxer oder ein Filmstar präsentiert werden»,* wetterte er beispielsweise 1947 gegen die Werbestrategie eines Buchverlags. Als ein anderer Verlag seine Bücher mit der Bande «The greatest man of the world» verzierte, verlangte Schweitzer von dem Verleger, sich dafür bei allen zu entschuldigen, denen das Buch zugesandt worden war.[2]

Das Denken nicht dem Glauben opfern

Zum Sommersemester 1957 zog es Ernst Albert Ortmann und mich nebst zwei weiteren Wuppertaler Kommilitonen zur Fortsetzung unseres Theologiestudiums nach Tübingen. Schon auf dem Ortsschild begrüsste uns Tübingen stolz mit den Lettern «Universitätsstadt». Und wir selber waren stolz, in dieser romantischen Stadt mit ihrer bezaubernden zum Übermut einladenden, damals noch nicht überbauten, Umgebung atmen und an ihrer traditionsreichen, Humanität ausstrahlenden Universität einen Sommer und einen Winter lang studieren zu können. Hier hatte Albert Schweitzer einst seine erste wissenschaftliche Schrift, das Buch über Kants Religionsphilosophie, und dann seine theologischen Bücher veröffentlicht, von den frühen Abhandlungen und der «Geschichte der Leben-Jesu-Forschung» bis zur «Mystik des Apostels Paulus».

Was uns Studenten damals in Tübingen aufhorchen liess, war der Beschluss der Evangelisch-Theologischen Fakultät vom 6. November 1957, Albert Schweitzer zum Ehrendoktor zu ernennen. Der Theologe Gerhard Rosenkranz erinnerte sich: «Als Rektor der Universität wurde ich ermächtigt, ihn im Namen unserer Hochschule zu dem feierlichen Akt einzuladen oder aber, wenn er nicht kommen könne, ihm die Grüsse der Universität zu überbringen.»[1] Schweitzer bedankte sich von Günsbach aus in einem Brief vom 18. November 1957, der mit den Worten beginnt: *«Ihr wertes Schreiben vom 8. November ist eine grosse und schöne Überraschung, die mir die Evangelisch-Theologische Fakultät von Tübingen zuteil werden lässt. Sie hat eine besondere Bedeutung für mich. In allen meinen theologischen Arbeiten bin ich ja immer durch Ferdinand Christian Baur bestimmt gewesen. – So habe ich in mir die Einbildung aufkommen lassen, dass ich ein in der Fremde nachgeborener Tübinger sei.»*[2]

Ferdinand Christian Baur (1792-1860), der Bahnbrecher der historisch-kritischen Theologie, ist epochemachend für die Erforschung des Neuen Testaments, der Kirchen- und Dogmengeschichte. Um ihn sammelte sich die Tübinger Schule. Einen «Pfadfinder» nennt ihn Schweitzer.[3]

Theologie realisiert Demokratie

Die Bedeutung Baurs hat ebenfalls Walter Jens, Professor für Allgemeine Rhetorik in Tübingen, pointiert hervorgehoben. Jens lernte ich 1978 auf einer Tagung der Evangelischen Akademie Tutzing kennen. In diverse Gespräche vertieft, erzählte ich ihm auch Erlebtes und Erlauschtes aus meiner Tübinger Studentenzeit. Als Echo überreichte er mir, in der persönlichen Widmung nennt er sich ein «Uralt-Semester», sein 1977 erschienenes Buch «Eine deutsche Universität. 500 Jahre Tübinger Gelehrtenrepublik». Darin schrieb er: «... die Tat eines Mannes, Ferdinand Christian Baur, der seit 1835... die Theologie zu einer Wissenschaft machte, die ihrem Absolutheitsanspruch entsagt und damit, in einem Akt freiwilliger Bescheidung, dort Demokratie realisiert, wo es zuvor nur Hierarchie, Diktat und Sklaverei gegeben hatte: im Kreis der Tübinger Fakultäten[4]... das heisst: Realisierung der Baurschen Konzeption in sämtlichen Disziplinen, in der Medizin so gut wie in der Staatswissenschaft, in der Theologie nicht anders als in der Publizistik.»[5] Jens zitierte Baur: «Es lässt sich immer weniger leugnen, dass unsere Zeit in eine jener grossen Krisen eingetreten ist, durch welche die Menschheit in ihrem geistigen Entwicklungsgang hindurchgehen muss, um weiter voranzuschreiten.»[6]

Diese Wahrnehmung Baurs spiegelt sich, wie mir scheinen will, wider im Titel des ersten Teils von Schweitzers Kulturphilosophie «Verfall und Wiederaufbau der Kultur» und nachdrücklich in der im zweiten Teil «Kultur und Ethik» getroffenen Aussage: «*Resignation ist die Halle, durch die wir in die Ethik eintreten.*»[7] Baurs Dogmenkritik aufnehmend, bekundete Schweitzer das jüdische Dogma der Weltenderwartung betreffend: «*Wohl stellt Jesus seine Lehre in das spätjüdisch-messianische Dogma hinein. Aber er denkt nicht dogmatisch. Er formuliert keine ‹Glaubenslehre›. Eine Beurteilung des Glaubens auf irgendwelche dogmatische Richtigkeit hin liegt ihm fern. Nirgends verlangt er von seinen Hörern, dass sie ihr Denken dem Glauben opfern. Im Gegenteil.*»[8]

Schweitzer war es im November 1957 unmöglich, nach Tübingen zu kommen, da er kurz vor seiner Wiederausreise nach Lambarene stand. So reisten Rektor Gerhard Rosenkranz und Dekan Otto Michel nach Günsbach, wo sie am 24. November Schweitzer das Diplom überreichten. In der Schilderung von Rosenkranz hiess es: «Professor Michel bekannte sich in seiner herzlichen und bewegten Ansprache als Neutestamentler, auch für seine Studenten, zur Forscherarbeit Schweitzers und zu seiner Wirksamkeit als Helfer der Menschheit. Er verlas das Elogium des Diploms: ‹Der das Zeugnis des Neuen Testaments als die Botschaft vom nahen Reich Gottes neu hören gelehrt hat, der in Philosophie und Theologie für den Wert der sittlichen Tat und stellvertretenden Aufopferung hingebungsvoll eingetreten ist, der durch die Kraft des lebendigen Beispiels die Menschheit zu brüderlicher Verantwortung aufgerufen hat.› Schweitzer stand tief bewegt dabei, den Kopf vornübergeneigt; die herabhängenden Arme zitterten vor innerer Erregung. Seine Antwort gab dem, was in ihm vorging, rührenden Ausdruck. Er verschwieg nicht, dass dies einer der schönsten Augenblicke seines Lebens sei, in dem Tübingen zu ihm gekommen sei und seine Verbundenheit ihre Bestätigung empfange.»[9]

Konsequenzen ziehen aus wissenschaftlichen Erkenntnissen

Bald danach nahm ich im Hauptgebäude der Tübinger Universität an der Veranstaltung aus Anlass dieser Verleihung der Ehrendoktorwürde an Schweitzer teil. Die Feier blieb denkbar einfach gehalten. Unsere Professoren, das war das einzig Feierliche, erschienen in ihren schmucken Talaren, unter denen ich nichts von dem Muff fand, den gut zehn Jahre später die 68er Studentengeneration wahrzunehmen meinte. Zu den Rednern zählte Dekan Otto Michel, bei dem ich in jenem Semester eine Vorlesung über das Judentum hörte. In seiner Ansprache wiederholte er wohl in Günsbach Gesagtes. Dem Sinn nach dürfte es das gewesen sein, was er einige Jahre später unter dem Titel «Albert Schweitzer – Konsequenzen aus der Leben-Jesu-Forschung» ausgeführt hat.[10] Da hiess es: «A. Schweitzer hat ebenso wie J. Weiss klar und eindeutig herausgestellt, dass die eschatologische Gedankenwelt des Spätjudentums Ausgangspunkt für das Verständnis Jesu bleiben muss... Das Judentum Jesu wird gewöhnlich viel zu früh ausgeschaltet... Eine weitere Wahrheit hat A. Schweitzer uns eingeprägt: Die Weltanschauung Jesu lässt sich nachträglich weder übertragen noch modernisieren. Sie muss vielmehr in anderer Weise in unser modernes Leben übersetzt und durch den persönlichen Einsatz des Lebens bestätigt werden[11]... Die Tatsache, dass das Neue Testament Nichterfüllung, Scheitern und Apokalyptik, Notwendigkeit von Ersatzkonstruktionen, Gefährdung der eigentlichen Botschaft durch Ersatzkonstruktionen in sich schliesst, wird häufig übersehen, wenn man das Neue Testament unkritisch liest... Die Kirche, die nicht mehr um Nichterfüllung und um Scheitern des Wortes weiss, verengt sich notwendig konservativistisch und steht nicht mehr innerhalb der Kontinuität des biblischen Wortgeschehens.»[12]

Zugleich betonte Michel, den kirchlichen Widerstand in Hitlerdeutschland betreffend: «Diese mit der Arbeit A. Schweitzers verbundenen und stets neu zu ihm zurückfindenden exegetischen Erkenntnisse und Erfahrungen konnten im Kirchenkampf immer wieder vor Unnüchternheit und Schwärmerei bewahren, schützen aber auch heute noch vor jedem falschen Konservativismus, der sich im Geistesleben der Gegenwart gegen alle Entscheidungen abzusichern sucht... Als ich einst als Dekan einer deutschen theologischen Fakultät A. Schweitzer den Doktorhut überreichte, war dies ein Gelöbnis, auch im Alltag des Universitätslebens das geistesgeschichtliche und theologische Erbe A. Schweitzers nicht verkümmern zu lassen.»[13] Dieses Gelöbnis dürfte einige überrascht haben, hielt man doch aus der Sicht einiger evangelikaler Kreise Albert Schweitzer für einen ungläubigen und Otto Michel, wie mir oft bekundet wurde, für einen gläubigen Professor.

Mit Leib und Seele zu tun

Damals in Tübingen begrüsste mich einmal Freund Ortmann mit den Worten: «Hier kommt ja unser Albert Schweitzer!» Ich hatte eine klinische Vorlesung der medizinischen Fakultät bei dem Psychiater Ernst Kretschmer belegt. Sein Forschungsgebiet kennzeichnete der Titel seines 1921 erschienenen Buches «Körperbau und Charakter». Zeichnungen seiner Körperbautypen vom Leptosomen, dem Dünnleibigen und Schlankgliedrigen, vom Athletiker mit starkem Knochenbau und kräftiger Muskulatur und vom Pykniker mit knochenzarten und kurzen Gliedmassen aber starker Entwicklung der Körperhöhlen, besonders des Brust- und Bauchraums, und der Neigung zum Fettansatz, hingen in Grossformat an der Frontseite des Hörsaals.
Kretschmer, klein von Gestalt, patriarchalisch im Auftreten, schritt im weissen Kittel mit ebenfalls in Weiss gekleidetem

grossem Gefolge jeweils feierlich in den Saal. Als ich ihm von einem seiner Assistenten vorgestellt wurde, knurrte er mich an: «Was wollen Sie denn hier?» Meine Antwort war: «Herr Professor, ich möchte lernen, wen ich später, wenn ich einmal Pfarrer bin, als Seelsorger selber betreuen kann, und wen ich zum Psychiater schicken muss.» Kretschmer sah mich streng an, nickte: «Einverstanden, aber Schweigepflicht!» Die betraf den Persönlichkeitsschutz der von Fall zu Fall vorgestellten Patienten. Darunter befanden sich Schizophrene, Epileptiker, von Neurosen bis zur körperlichen Lähmung Gepeinigte ebenso wie Simulanten, die auf eine frühzeitige Rente spekulierten. Feinfühlig brachte Kretschmer auch die Probleme der Homosexuellen zur Sprache. Seine Lehre von «Körperbau und Charakter» liess er oftmals überlappen, weil nicht auf Ideologie, sondern auf verstehenden Umgang bedacht. Kretschmer verdanke ich bis heute eine wesentliche Lektion für die Ausübung von Seelsorge.
Bei der genannten Begrüssung, die mir mein Studienfreund Ortmann, der damals von Schweitzer viel mehr wusste als ich, in seiner humorvollen Art zuteil werden liess, mag auch die Assoziation mitgespielt haben, dass Schweitzer seine medizinische Doktorarbeit über «Die psychiatrische Bedeutung Jesu» geschrieben hatte. Übrigens traf Ortmann meinen Nerv. Hätte ich die Fähigkeiten zu einem Zweitstudium gehabt, es wäre das der Medizin gewesen, aber eben als Zweitstudium. Vorab bin ich ein Liebhaber der Theologie im Gemeindepfarramt. Die nur 46 Seiten der Dissertation, welche Schweitzer das ganze praktische Jahr über als Klinkvolontär in Anspruch nahmen, nennt Hermann Baur «eine in ihrer Kürze mustergültige Zusammenfassung seiner historischen Leben-Jesu-Forschung und eine klare Widerlegung der unlogischen Einwände».[14]

Atom – Neugier aus Verantwortung

Studienfreund Ortmann und ich zogen im Sommer 1958 an die Universität Hamburg. Hier atmeten wir gleichsam «Kultur und Ethik». Zu den zahlreichen Kulturerlebnissen im Sommer- und dem darauffolgenden Wintersemester gehörten eine Marc-Chagall-Ausstellung, eine Fidelio-Aufführung in der Oper, das Requiem von Brahms mit dem Dirigenten Joseph Keilberth, ein Konzert der Berliner Philharmoniker unter Herbert von Karajan mit Werken von Johann Sebastian Bach und Richard Strauss sowie verschiedene Stücke im Schauspielhaus, dessen Intendant Gustaf Gründgens war. Wir genossen Helmut Thielickes Ethik-Vorlesung, die, weil der Universität wohl kein grösserer Raum zur Verfügung stand, im Saal der Hamburger Loge stattfand. Uns bereitete es Lust, diesem Gelehrten zuzuhören, der es aufgrund seiner Rednergabe sowie seines Humors verstand, uns Schwieriges auch auf dem Gebiet der Dogmatik zugänglich zu machen. Zudem erlebten wir ihn wie einen Vater seiner Studenten und als Wortgewaltigen auf der Kanzel des «Hamburger Michel». Die Hörerschar bei seinen Predigten war so bunt gemischt wie einst die Tischgenossen Jesu: Alt und Jung, Lehrling und Meister, Mutter und Kind, Kaufmann und Hure, Wehrdienstverweigerer und Offizier, Arbeiter und Akademiker, Snobs und einfaches Volk. Auch war Thielicke ein Meister im Erzählen.

Sein Jugenderlebnis mit Albert Schweitzer schilderte er so: «Als junger Student durfte ich ihn zu einem Vortrag begleiten und holte ihn mit dem Wagen ab. In zwei Szenen, die wenige Minuten aufeinander folgten, manifestierte sich das Menschlich-Allzumenschliche Albert Schweitzers – und versorgte mich mit Antitoxinen, die alles Mystisch-Übersteigerte im Ansatz erstickten: Zuerst herzte und küsste er ein kleines Kind, das ihm auf der Treppe begegnete. Er tat es mit einer

Inbrunst und mit Lauten des Entzückens, dass ich spontan darin erfuhr, was völliges, ausgefülltes Glück ist, und dass sich dieses Glück nur im Wunder der Liebe ereignet. Der kleine Mensch war dem grossen Mann wie ein Gruss des lieben Gottes, der ihn hinriss und in dieser Begegnung für Augenblicke förmlich aufgehen liess.
Der Widerschein des Lächelns war noch kaum von seinem zerklüfteten, bärtigen Gesicht gewichen, als er wenige Augenblicke darauf im Auto sich über irgendein Versehen im Büro ärgerte und einen Wutanfall von geradezu konvulsivischer Wildheit bekam. Ich dachte mir: Jetzt sprengt er den Wagen in die Luft und drückte mich in die Polster, um Deckung zu nehmen. Dies beides also, überlegte ich mir, ist in ihm beieinander. Was er mit ‹Ehrfurcht vor dem Leben› meint, ist wohl anders als eine blasse und verblasene Idee von Sanftheit. Weil ich längst wusste, dass Jesus von Nazareth ebenfalls sehr anders war, als er auf den asthenisch-leptosomen Bildern des Nazareners erschien, war mir das eine interessante Erfahrung. Und wie gesagt: Sie hat mich immer nahe bei den Elementen dieser Natur gehalten und gegen pathetische Übersteigerungen immun gemacht.»[1]
Das Ethikthema während meiner Hamburger Zeit betraf die Problematik der Atomwaffen. Ein Jahr zuvor, am 12. April 1957, hatten achtzehn deutsche Atomforscher, darunter Otto Hahn, Werner Heisenberg und federführend Carl Friedrich von Weizäcker, die «Göttinger Erklärung» publiziert. Darin hiess es: «Wir bekennen uns zur Freiheit, wie sie heute die westliche Welt gegen den Kommunismus vertritt. Wir leugnen nicht, dass die gegenseitige Angst vor den Wasserstoffbomben heute einen wesentlichen Beitrag zur Erhaltung des Friedens in der ganzen Welt und der Freiheit in einem Teil der Welt leistet. Wir halten aber diese Art, den Frieden und die Freiheit zu sichern, auf die Dauer für unzuverlässig, und wir halten die Gefahr im Falle des Versagens für töd-

lich... Für ein kleines Land wie die Bundesrepublik glauben wir, dass es sich heute noch am besten schützt und den Weltfrieden noch am ehesten fördert, wenn es ausdrücklich und freiwillig auf den Besitz von Atomwaffen jeder Art verzichtet. Jedenfalls wäre keiner der Unterzeichneten bereit, sich an der Herstellung, der Erprobung oder dem Einsatz von Atomwaffen in irgendeiner Weise zu beteiligen.»[2]

Strahlenschutz verlangt Einstellung der Atomwaffenversuche

Elf Tage später, am 23. April, sandte Radio Oslo Albert Schweitzers «Appell an die Menschheit». Zunächst nannte Schweitzer hier die radioaktiven Strahlen, welche *«erstmalig 1895 durch den Münchener Physiker Wilhelm Röntgen entdeckt und nach ihm benannt»*[3] wurden. Dazu betonte er:

«Weil man auf Jahre hindurch die Gefahr nicht in Betracht zog, welche Röntgenstrahlen für die bedeuten können, die ihnen häufig ausgesetzt sind, haben Hunderte von Ärzten und Schwestern von der Bedienung von Röntgenapparaten eine unheilbare, langsam zum Tode führende Erkrankung davongetragen.»[4]

Einer dieser Ärzte war mein Gross- und Patenonkel Fritz Niederstein. Er führte zusammen mit seiner Frau Alida Niederstein-Ferman, die gleichfalls Ärztin war, eine Privatklinik in Bielefeld. Als Kind berührte es mich, wenn mir Onkel Fritz seine rechte Hand gab. Die hatte nur noch einen verkrümmten Zeigefinger und einen deformierten Daumen. Auch die linke Hand war verkrüppelt. Meine Eltern, auf die Ursache hin befragt, gaben mir zur Antwort: «Das sind Folgen der Röntgenstrahlen, deren Gefahren in den Anfängen noch unbekannt waren.» Onkel Fritz starb 1947. Bei seiner Beerdigung nannten ihn Ärzte, wie ich dem Tagebuch meiner

Grossmutter Luise Niederstein-Dresler entnehme, «bahnbrechend auf dem Gebiete der Röntgenologie, aber auch ein Opfer derselben.»
So wurde und bin ich für Schweitzers Appell sensibilisiert, der mit den Worten schloss: *«Kommt es zur Einstellung der Versuche mit Atombomben, so ist dies die Morgendämmerung des Aufgehens der Sonne der Hoffnung, auf die unsere arme Menschheit ausschaut.»*[5]

Eine Gewissensfrage im Politischen

Ebenfalls im Jahr 1957 erschien Helmut Thielickes Buch «Christliche Verantwortung im Atomzeitalter». Als ich 1958 nach Hamburg kam, kaufte ich es mir sofort. Es enthält im zweiten Teil ein Grundsatzreferat, das Thielicke 1957 auf dem Bundesparteitag der Christlich-Demokratischen Union (CDU) in Hamburg zur Frage «Was heisst Verantwortung im Atomzeitalter?» gehalten hatte. Da betonte Thielicke einerseits, «sich nicht dem Segen solcher Appelle» zu entziehen, wie sie von Schweitzer und den Atomphysikern in die Welt gerufen werden, sondern sich darüber zu freuen, «dass solche Äusserungen und Verantwortungen überhaupt laut werden».[6] Und er kritisierte, dass «gerade die Gewissensrufe, die uns durch Albert Schweitzer und die Atomforschergruppe erreicht haben, gegen den Willen dieser Rufer sich in unserem Volke weithin in Emotionen, zum Teil in panische Emotionen und nicht in nüchterne Besinnungen, ausgewirkt haben.»[7] Andererseits fragte er, was mir einleuchtete: «Kann ich es verantworten, durch meine etwaige Weigerung nun den Sowjets die Atomübermacht zuzuspielen?... Bedarf es nicht des Faustpfandes einer eigenen Waffe auch dann, wenn das nächste Ziel die Gründung einer internationalen Kontrollinstanz und die Initiative zu Abrüstungsverhandlungen sein muss?»[8]

In diesem Zusammenhang erwähnte er Albert Einsteins Brief an Präsident Roosevelt, in dem Einstein die Regierung der USA bat, sich aktiv des Uran-Problems anzunehmen, weil er Informationen über eine angebliche Atomrüstung Nazideutschlands empfangen hatte. Die Frage, die sich dem Pazifisten Einstein hiermit stellte, lautete: «Darf sich die Welt wehrlos dem Terror einer nazistischen Atominitiative aussetzen?»[9] Thielicke plädierte für einen bedingten Verzicht der Westmächte auf Bombenexperimente, um «sich tastend aus der Spirale des Wettrüstens»[10] herauszubewegen. «Aber dieser erste Schritt muss auch getan werden, wenn das grössere Ziel, nämlich eine kontrollierte Abrüstung, ernsthaft angepeilt werden soll.»[11]

1958 erschien die «Ethik des Politischen», der zweite Band und zweite Teil von Thielickes grossem Werk «Theologische Ethik». Dieser Band beschäftigte uns Studenten damals sehr, zumals hierin ein ausführliches Kapitel zur Problematik des Krieges im Atomzeitalter enthalten ist. Im Vorwort hiess es da: «Doch wurde mir klar, dass ein Staatsmann wesensmässig immer umstritten ist – weil er nämlich selber von Berufs wegen ein Streitender ist! – , und dass man also vergeblich auf die Suche geht, wenn man hier ein Charakterbild sucht, das nicht in der Geschichte schwankt und das die eindeutige Evidenz von Albert Schweitzer besitzt.»[12] Schweitzer selber schrieb später, am 20. Juli 1964, aus Lambarene an Thielicke:

«Sie haben ein grosses Material zusammengetragen und lassen dabei auch Ihre Meinung hören... Ich glaube, wir müssen zuerst tiefere Menschen werden, für die Kampf- und Atomwaffen nicht mehr in Betracht kommen. Dies war auch die Überzeugung Einsteins. Ihre Ausführungen über das Problem des Krieges und des Friedens habe ich mit grossem Interesse gelesen und wieder gelesen... Sie bemühen sich

auch, den zu begehenden Weg aufzuzeichnen, nicht nur Andeutungen zu machen. Ich gehe mehr darauf aus, die Menschen durch Besinnung auf ihr eigentliches Wesen auf den Weg des Friedens gelangen zu lassen. Aber ich bin mir über den Verlauf des Weges noch nicht genügend klar geworden. Wie gerne hätte ich mit Ihnen die grosse Sache besprochen.»[13]

1958 kam auch Karl Jaspers Buch «Die Atombombe und die Zukunft des Menschen» heraus, in dessen Bibliographie Thielickes Publikation «Christliche Verantwortung im Atomzeitalter» aufgeführt ist. Die «Göttinger Erklärung» betreffend schrieb Jaspers am 22. April 1957 von Basel aus an seine ehemalige Schülerin Hannah Arendt: «Die Erklärung der deutschen Physiker? Ich war zunächst enthusiasmiert... Aber dann, sehr schnell, war ich enttäuscht... Also: ein typisch deutscher Unfug – und ich, als typisch Deutscher, fiel darauf herein – und, wie es scheint, Hannah (auch typisch deutsch, entschuldigen Sie, Sie sind es, ob Sie wollen oder nicht) fiel auch darauf herein.»[14] In seinem Buch verfocht Jaspers die Ansicht, ein Atomwaffenverzicht würde die Freiheit gefährden und einer Kapitulation vor den totalitären Diktaturen gleichkommen. Dabei formulierte er auch implizit gegen Schweitzer: «Oder sollte heute wie immer gelten, dass nicht die Ehrfurcht vor dem Leben an sich, sondern die Ehrfurcht vor dem Leben, das des Lebens würdig gelebt werden kann, soweit dies in der Freiheit des Menschen liegt, der letzte Massstab ist?... Das Leben, das zu retten der zur Freiheit geborene Mensch alles tut, was möglich ist, ist mehr als Leben. Darum kann das Leben als Dasein, wie das einzelne Leben, eingesetzt und geopfert werden um des lebenswürdigen Lebens willen.»[15]

Vom Trugschluss zum Kurzschluss

Ende April 1958 gelangten drei weitere Appelle Schweitzers, diesmal zum Thema «Friede oder Atomkrieg», über Radio Oslo an die Weltöffentlichkeit. Im zweiten Aufruf hiess es:

«Unser Schicksal wird von einem Elektronengehirn und den Versehen, die ihm passieren können, abhängen. Es kann nur automatisch entscheiden. Das Vermögen des Menschenhirns, in jeder Richtung und in jeder Hinsicht überlegend vorzugehen, ist ihm nicht verliehen... Überdies ist das Elektronengehirn noch ganz davon abhängig, dass in seinem so komplizierten Funktionieren alles bis ins kleinste in bester Ordnung ist. An Möglichkeiten, dass wir einmal durch irgendeinen Zufall auf die blödeste Art in einen Atomkrieg hineinstolpern, fehlt es also nicht.»[16]

Auf dem Johannistreffen im Jahr 1980 betonte der Physiker Gerhard Reisig, ein ehemaliger Mitarbeiter Wernher von Brauns in den USA: «Die verfügbare Kontrolltechnik ist den kritischen kerntechnischen Prozessen bisher nicht gewachsen.»[17] Das war, diesbezüglich angesprochen, Reisigs Reaktion auf den schweren Störfall, der sich 1979 im amerikanischen Kernkraftwerk «Three Mile Island-2» bei Harrisburg ereignet hatte.

Carl Friedrich von Weizsäcker hatte von 1957 bis 1969 eine Professur für Philosophie an der Universität Hamburg inne. Im Sommersemester 1958 nahm ich an seinem philosophischen Proseminar «Descartes: Meditationen» teil. Die Probleme der Kernphysik brachte er immer wieder in Vorträgen und Publikationen zur Sprache. Vor Studenten sagte er 1957: «Die grossen Bomben erfüllen ihren Zweck, den Frieden und die Freiheit zu schützen nur, wenn sie nie fallen... Eine Drohung aber, die nur um den Preis des eigenen Untergangs eingelöst werden kann, ist gar keine Drohung.»[18]

Hierbei erwähnte er Schweitzers «Appell an die Menschheit», der «jedem von uns im Ohr» klinge.
1958 publizierte von Weizsäcker vier Aufsätze zum Thema «Mit der Bombe leben» in der Wochenzeitung Die Zeit. Die Serie erschien als Broschüre. Ich habe sie noch aus meiner Hamburger Zeit und lese darin: «Die abgestufte Abschrekkung will das Patt der grossen Waffen auch auf die kleineren Waffen ausdehnen. Dadurch will sie die immer höher steigende Schraube von Rüstung und Gegenrüstung zum Stehen bringen, um dann beginnen zu können, sie wieder rückwärts zu drehen.»[19] Seine eigene Reaktion auf «die Lehre von der abgestuften Abschreckung» blieb für von Weizsäcker zweideutig: «Diese Lehre scheint mir besser als jede andere Auffassung, die die Atomwaffen beibehalten will; ja sie scheint mir bisher die einzige Auffassung zu sein, die das Problem des ‹Lebens mit der Bombe› ernstlich durchdacht hat... Vielleicht führt auch diese Lehre zur Katastrophe; vielleicht gibt es keine Möglichkeit für uns Menschen, so wie wir wirklich sind, ‹mit der Bombe zu leben›. Es liegt, so scheint mir, im Wesen des Menschen und darum im Wesen der politischen Geschichte, dass eine Zweifelsfrage wie diese unentscheidbar bleibt, bis die Zukunft die Antwort enthüllt. Wer sicher zu wissen behauptet, wie die Katastrophe vermieden werden kann, beweist schon dadurch seine Unglaubwürdigkeit, genau wie der, der sicher zu wissen behauptet, dass die Katastrophe unvermeidbar sei. Wir müssen handeln, ohne die Folgen vorher zu wissen.»[20] Weizäcker selber plädierte für «ein ausserordentlich hohes Ziel... der völligen Abschaffung des Krieges».[21]
Unter meinen Büchern, die ich damals in einer vom Schreiner eigens hierfür verfertigten und mir von meinen Eltern geschenkten Holzkiste mit nach Hamburg nahm, befand sich auch Robert Jungks Buch «Heller als tausend Sonnen – Das Schicksal der Atomforscher». Ein Freund un-

serer Familie hatte mir das kurz nach dessen Erscheinen im Jahr 1956 geschenkt. In seiner Dankesadresse nennt Jungk da unter den Persönlichkeiten, die ihm «wichtige Anregungen und Auskünfte gaben», Albert Schweitzer. Jungk war mit Schweitzer vertraut und er erzählte: «Fast jeder, der in den Jahren 1954 und 1957 mit Schweitzer privat zusammentraf, wurde von ihm intensiv über die ‹Atomgefahr› ausgefragt. Ich selbst erinnere mich, wie Schweitzer, der wusste, dass mich damals die Arbeit an einem Buch über die Gewissensprobleme der Atomforscher beschäftigte, während eines Spazierganges entlang des Pariser Luxemburggartens, immer wieder auf diese Probleme einging. Noch im neunten Jahrzehnt seines ereignisreichen Lebens begann Albert Schweitzer sich mit gewohnter Gründlichkeit über eines der neuesten Gebiete der Wissenschaft zu unterrichten: die Kernpysik.»[22] «Atom-Neugier» habe Schweitzer «selbst wohl mit leichter Selbstbespöttelung dieses sein neuestes Interesse» genannt.[23] – Neugierige Menschen werden nie alt, auch sonst.

Humanität und Religion: Paul Tillich und Albert Schweitzer

Auf einem Faschingsball und auch sonst erschien mir die Hamburger Bürgerschaft etwas stocksteif. Nach meinem Empfinden wirkte sich das teilweise auf den Fakultätsbetrieb aus. So ist mir ein Seminar in Erinnerung, das der Alttestamentler Hans-Joachim Kraus, der Dogmengeschichtler Georg Kretschmar und der Praktologe Hans Rudolf Müller-Schwefe als «Exegetisch-homiletische Übung über die Psalmen» gemeinsam erteilten. Müller-Schwefe begrüsste uns Studenten in der ersten Sitzung mit ungefähr diesen Worten: «Drei Olympier sind herabgestiegen, um diese Übung mit Ihnen zu veranstalten.» Ganz anders hingegen war der Umgangston in Seminaren von Thielicke und Tillich. Hier herrschte ein lockerer Stil, weil beide Lehrer Väterlichkeit und Kameradschaft ausstrahlten.

Paul Tillich (1886-1965) wirkte im Sommer 1958 als Gastprofessor an unserer Hamburger Fakultät. 1933 hatte die nationalsozialistische Regierung ihn seines Lehrstuhls für Philosophie und Soziologie an der Universität Frankfurt am Main beraubt, weil er zu den markanten Opponenten des Hitlerregimes gehörte. Als deutscher Emigrant fand Tillich Zuflucht in den USA, die ihm bald zur neuen Heimat wurden. Hier lehrte er an verschiedenen Hochschulen Philosophie und Theologie. Jahre nach dem Krieg versuchten einige deutsche Universitäten, Tillich aufs neue als Ordinarius zu gewinnen. In Verhandlungen mit der Universität Hamburg kam es schliesslich zu einem Kompromiss. Tillich konnte sich wegen anderer neuer Lehrverpflichtungen in Amerika nicht zu einer völligen Rückkehr nach Deutschland entschliessen, doch übernahm er in seinem 70. Lebensjahr in zweijährigem Turnus eine Hamburger Gastprofessur, beginnend mit dem Sommersemester 1956 und endend 1961.

Seine Vorlesung im Sommer 1958 trug den Titel «Das Leben und der Geist». Gleich anfangs bat Tillich uns, ihn durch Fragen zu unterbrechen, sobald wir etwas nicht verstehen würden. Das erstaunte uns ungemein, war uns doch solches Ansinnen noch nie von einem Katheder aus zu Ohren gekommen. Wir besassen eine geradezu erschreckende Schüchternheit, einen Vortrag, aus welchem Anlass auch immer, zu unterbrechen. Das führte einmal zu einer grotesken Situation.

Tillich las zunächst im Raum der Hamburger Loge. Als dieser von der Loge selbst beansprucht wurde, wechselte man in ein neugotisches Kirchgemeindehaus. Dessen Saal war vorne, wo das Rednerpult stand, relativ dunkel. Ein Student nahm Tillichs Vorlesung auf Tonband auf. Als das Band umgelegt werden musste, wagte der junge Mann nicht, den Professor zu unterbrechen, sondern ging mit fuchtelnden Händen auf den ganz in seinen Vortrag Versunkenen zu. Dieser bemerkte ihn erst, als jener unmittelbar vor ihm stand. Da erschrak Tillich dermassen, dass er einen solch markerschütternden Urschrei ausstiess, wie ich ihn bis heute nie mehr gehört habe. Weil mir schon vorher bei persönlichen Begegnungen Tillichs gleichsam herzergreifende Sensibilität aufgefallen war, dachte ich: «Jetzt fällt er tot um!» Doch er fasste sich rasch und beruhigte uns: «Entschuldigen Sie, meine Damen und Herren, ich dachte, es sei ein Gespenst.»

Wer fragt, bleibt wach

Tillich lehrte uns die Freiheit des Fragens, fragte er doch selber mit den Fragenden. Reichte man ihm die eigenen Fragen als Kieselsteine, so gab er sie als Edelsteine zurück.[1] Damit stärkte er meine Neigung zum Fragen.

Dankbar erinnerte ich mich zugleich meines Konfirmandenunterrichts, den ich bei Pastor Erich Schmidt im südwestfälischen Geisweid besucht hatte, fand ich doch schon bei ihm stets Gehör für sich einstellende Glaubensfragen. Anders war es einst, wie ich nach meiner 1948 erfolgten Konfirmation las, Albert Schweitzer ergangen. Er schrieb:

«Für den Konfirmandenunterricht wurde ich zum alten Pfarrer Wennagel getan. Ich hatte grosse Ehrfurcht vor ihm. Aber auch ihm gegenüber verschloss ich mich. Ich war ein fleissiger Konfirmandenschüler. Nie jedoch hat der gute Pfarrer geahnt, was mein Herz bewegte. Und auf so vieles, was mein Gemüt beschäftigte, gab mir sein an sich gediegener Unterricht keine Antwort. Wie manche Frage hätte ich ihm gerne gestellt! Aber man durfte es nicht.»[2]
Wer fragt, der sucht. Schweitzer hat das später in die Worte gefasst: *«Die protestantische Kirche ist eine Gemeinschaft der Suchenden.»*[3]

Tillichs Lust am Fragen hatte seine ihm eigene Methode. 1956 war der erste Band seiner «Systematischen Theologie» auf deutsch erschienen. Darin lasen wir von den drei Elementen, die Tillich für das Fach systematische Theologie namhaft machte: die Apologetik, welche auf Fragen antwortet, die die Situation stellt, die Ethik und die Dogmatik, in der es um «die Darstellung der Lehrtradition für unsere gegenwärtige Lage» geht.[4] Tillich gewichtete besonders die Apologetik. Das packte uns damals besonders, waren wir doch lebhaft interessiert, wie er, der unsere Lebensfragen aufnahm, diese mit der christlichen Botschaft als Antwort in Verbindung setzen würde. Wir studierten in seinem Buch und hörten ihn bald auch mündlich darüber reden: «Das folgende System ist ein Versuch, mit Hilfe der ‹Methode der Korrelation› Botschaft und Situation zu vereinigen... Es leitet die Antworten nicht aus den Fragen ab, noch gibt es Antworten, die nichts mit der Frage zu tun haben. Es setzt Fragen und Antworten, Situation und Botschaft, menschliche Existenz und göttliche Selbstoffenbarung in Korrelation.»[5]

Albert Schweitzers zentrales Anliegen war, *«dass Denken und Religion nicht unvereinbar sind, sondern zusammengehören. Jede tiefe Religiosität wird denkend, jedes wahrhaft tiefe Denken wird religiös.»*[6]
Die *«Vereinigung von Denken und Religion»* erachtete er *«für das geistige Sein des Menschen als notwendig»*.[7] So erfordern auch Gefühl, Lebenswille und Vernunft einander wechselseitig. Mich dünkt, Schweitzer und der elf Jahre jüngere Tillich denken auf je ihre Art, in Korrelation, in Wechselbeziehung, die vereint, die, wie Schweitzer auch sagen konnte, versöhnt, was nicht getrennt bleiben darf.

Ursprache der Religion im Symbol

Das Seminar, mit dem Tillich damals in Hamburg unser Denken und Glauben weiter anregte, handelte über «Eschatologische Symbole». Damit öffnete er uns zugleich das Tor zum Wesen symbolischer Sprache, die jeder Religion eigen ist. Einer seiner Kernsätze hierzu lautete: «Es kann kein Zweifel bestehen, dass jede konkrete Aussage über Gott symbolisch sein muss, denn eine konkrete Aussage ist eine solche, die einen begrenzten Ausschnitt der endlichen Erfahrung benutzt, um etwas über Gott auszusagen.»[8] – Im Symbol, so ging uns auf, fallen zwei Elemente zu einer Einheit zusammen. Das erste Element ist etwas Sichtbares, das zweite Element ist etwas Seelisches oder Geistiges.
Symbolsprache ist unter anderem auch die der Gleichnisse. Schweitzer pflegte sie. Ich möchte hier sein «Golfstromgleichnis» nennen: *«Es gibt einen Ozean. Kaltes Wasser, unbewegt. In dem Ozean aber ist der Golfstrom, heisses Wasser, das vom Äquator zum Pole fliesst. Fragen Sie alle Gelehrten, wie es physisch vorstellbar ist, dass zwischen den Wassern des Ozeans, wie zwischen zwei Ufern, ein Strom*

heissen Wassers fliesst, bewegt in dem Unbewegten, heiss in dem kalten. Sie können es nicht erklären. So ist der Gott der Liebe in dem Gott der Weltkräfte eins mit ihm und doch so ganz anders als er. Von diesem Strome lassen wir uns ergreifen und dahintragen.»[9]

Mit der Randnotiz «P. Tillichs Symbol – Denken» verweist an dieser Stelle Hermann Baur, der mir die im Union Verlag Berlin 1971 erschienene fünfbändige Ausgabe von Albert Schweitzers Werken geschenkt hatte, welche für mich mit seinen weiteren Notizen eine Kostbarkeit bedeutet, auf eine weitere Verwandtschaft jener beiden Denker des Glaubens hin.

Auf der Fährte historischer Wahrheit

An dem Neutestamentler Schweitzer imponierte dem Systematiker Tillich das Ernstnehmen historischer Fragen. Während meiner Hamburger Zeit war auf deutsch der zweite Band von Tillichs «Systematischer Theologie» erschienen. Darin betonte der Autor: «Die Geschichte der Versuche, ein Leben Jesu zu schreiben, wie Albert Schweitzer sie in seinem Frühwerk ‹Geschichte der Leben-Jesu-Forschung› dargeboten hat, ist immer noch gültig. Sein eigener konstruktiver Versuch ist fragwürdig.»[10] Was Tillich hier summarisch andeutete, das hat er später ausführlicher so beschrieben: «Meine eigene Entwicklung machte eine Krise durch, als ich die Universität Halle, auf der der Biblizismus herrschte, verliess und mich dem Studium der Bibelkritik zuwandte. Besonders Albert Schweitzers ‹Geschichte der Leben-Jesu-Forschung› (1906) überzeugte mich von der Unzulänglichkeit eines Biblizismus, der die historischen Fragen nicht ernst nimmt.»[11] 1907 setzte Tillich sein Theologiestudium an der Universität Berlin fort; er muss also Schweitzers Buch bald nach dessen Erscheinen zur Kenntnis genommen haben.

1963 bemerkte Tillich weiter: «Wir können Schweitzers apokalyptischer oder eschatologischer Interpretation von Jesus nicht zustimmen, aber wir müssen auch eingestehen, dass wir über den geschichtlichen Jesus keine zureichende Kenntnis besitzen. Diese Lage bildet den Hintergrund für meinen eigenen Versuch, die systematische Frage zu beantworten: Wie können wir sagen, dass Jesus der Christus ist, wenn die historische Forschung uns kein richtiges Bild des geschichtlichen Jesus liefert?»[12]

Die Energie des Friedenswillens

Erhielt Schweitzer 1951, so Tillich 1962 den Friedenspreis des Deutschen Buchhandels. Übrigens waren beide, als sie den Preis bekamen, 76 Jahre alt. Tillichs Rede zu diesem Anlass trug den Titel «Grenzen». Er sprach auch von der Grenze zwischen zwei Kontinenten. Für Tillich waren es die Kontinente Europa und Amerika wie für Schweitzer Europa und Afrika. Tillich thematisierte dann: «Wenn das Überschreiten und Rücküberschreiten der Grenze der Weg zum Frieden ist, dann ist die Angst vor dem, was jenseits liegt, und der daraus geborene Wille, es zu beseitigen, die Wurzel des Unfriedens und der Kriege.»[13] Schweitzer hatte elf Jahre zuvor seine Rede mit den Worten geschlossen:

«Der grosse Mystiker Paulus, der zugleich ein solches Verständnis für das Wirkliche hatte, hat uns das als Mahnung zum Frieden mitgegeben: ‹Soviel an Euch ist, haltet mit allen Menschen Frieden›. Und dieses Wort gilt nicht nur uns einzelnen, es gilt in dieser Zeit den Völkern. Und mögen die Völker und die, die sie regieren, es beherzigen, und in diesen furchtbaren Tagen bestrebt sein, darin, soweit es ihnen möglich ist, bis an die äusserste Grenze zu gehen, auf dass der Geist Zeit habe, zur Hülfe zu kommen. Dann dürfen wir hoffen.»[14]

In ihrer Beziehung zu Goethe sind Albert Schweitzer und Paul Tillich auch miteinander geistesverwandt. Beide haben mehrere Goethe-Reden gehalten. Beide bekamen einen Goethe-Preis, Schweitzer 1928 den der Stadt Frankfurt und Tillich 1958, dreissig Jahre später, den der Stadt Hamburg.

Gut bleiben heisst wach bleiben

Im März 1932 sprachen beide aus Anlass der 100. Wiederkehr von Goethes Todestag, Schweitzer im Opernhaus von Goethes Vaterstadt Frankfurt und Tillich, damals Professor in Frankfurt, im Nationaltheater Mannheim.
Hinter Schweitzers Ausführungen wurde neben dem kommunistischen das Donnergrollen des Nationalsozialismus deutlich vernehmbar, der rund zehn Monate später an die Macht kommen sollte. Schweitzer fand scharfe und prophetische Worte wie diese:

«Überhaupt, was ist das, was in dieser grausigen Zeit vor sich geht, anderes als eine gigantische Wiederholung des Faustdramas auf der Bühne der Welt? In tausend Flammen brennt die Hütte von Philemon und Baucis! In tausendfacher Gewalttätigkeit und tausendfachem Morden treibt entmenschte Gesinnung ihr frevelhaftes Spiel! In tausend Fratzen grinst uns Mephistopheles an!

Und:... *Den einzelnen sagt er (Goethe): Gebt das Ideal persönlicher Menschenbildung nicht preis, auch wenn es den Verhältnissen, wie sie sich ausgebildet haben, zuwiderläuft. Gebt es nicht verloren, auch wenn es opportunistischen Theorien, die das Geistige einfach dem Materiellen anpassen wollen, nicht mehr haltbar vorkommt. Bleibt Menschen mit eigener Seele! Werdet nicht Menschendinge, die sich eine auf den Massenwillen eingestellte und mit ihm im Takt pulsierende Seele einsetzen lassen!...*

Ehe zwei Jahrzehnte vollendet sind, wird Frankfurt die zweihundertste Wiederkehr des Geburtstages seines grössten Sohnes feiern. Möge dann der, der bei jenem neuen Feste die Gedenkrede halten wird, feststellen dürfen, dass das tiefe Dunkel, in dem wir dieses begehen, sich aufzuhellen begonnen hat, dass ein Geschlecht, im wahren Wirklichkeitssinn auf die Wirklichkeit eingehend, der materiellen und sozialen Not Herr zu werden beginnt und darin einig ist, bei dem alten, einzig wahren Ideal persönlichen Menschentums verbleiben zu wollen...
Wir aber stehen noch unter dem Verhängnis der Worte aus Hermann und Dorothea:

> *Denn gelöst sind die Bande der Welt,*
> *Wer knüpft sie wieder*
> *Als allein nur die Not, die höchste,*
> *Die uns bevorsteht.*

So waltet auch das andere, aus dem Gedichte zu dieser Dichtung, über uns und werde Wahrheit an uns:

> *Aber es siege der Mut*
> *In dem gesunden Geschlecht!*»[15]

Gegen den Massenwillen setzte Schweitzer den Willen und die Würde des einzelnen Menschen, wie er es auch in anderen Bezügen als liberaler Theologe stets tat.
Das Problem der Masse nahm Tillich in seiner Mannheimer Rede, die er unter das Thema «Goethe und die Idee der Klassik» stellte, ebenfalls auf. Dazu führte er, vom religiösen Sozialismus her den Akzent setzend, kritisch aus: «Goethe hatte, seiner Naturauffassung entsprechend, ein Bild gliedhafter Gesellschaft vor Augen. Demokratische Neigungen lehnte er ab... Die Klassik ist welthaft und aristokratisch. Damit aber schafft gerade sie, ohne es zu wissen und zu wollen, das Problem der Masse. Denn was wird aus denen, die

nicht zu der kleinen Schar gehören?... Noch die Aufklärung versuchte, eine allen zugängliche, verständliche rationale Form im Denken und Handeln zu schaffen. Sie will eine Erziehung des ganzen Menschengeschlechts leisten. Die Klassik aber hat weder das eine noch das andere. Nur wer der höchsten Formung fähig ist, gehört zu ihr. Die anderen gehen leer aus, werden entleert, werden Masse. Und die bürgerlich-kapitalistische Gesellschaftsform ballt diese Massen zusammen, zerstört das Ideal der organischen Gesellschaft, das Plato wie Goethe nur noch als Idee verkündigen können.»[16]

Diese Realität setzte Tillich mit dem begnadeten Augenblick der Klassik als einer «Vorwegnahme höchsten menschlichen Seins»[17] in Korrelation: «Wir stehen nicht in solchem Augenblick. Wir sind... auf das Prophetische geworfen. Aber wir sind Menschen; und wenn wir auch die menschliche Erfüllung nicht haben, wir müssen sie anschauen an jenen Orten der Vorwegnahme dessen, was Vollendung ist. Goethe ist ein solcher Ort. Seine Klassik ist solche Vorwegnahme. Heute, wo sein Wort ‹Wir heissen Euch hoffen› tausendfaches Gewicht hat, gehen wir zu der Stätte, wo Erfüllung durchscheint, Form höchster Menschlichkeit, Klassik Goethes.»[18]

Wieder hören wir das Donnergrollen des heraufziehenden nationalsozialistischen Gewitters, wenn Tillich seine Rede mit den Worten schloss: «Nicht um dem Jahr 1932 zu entfliehen, wenden wir uns zurück zum Jahr 1832, sondern um ein Bild zu erlangen von dem, um deswillen wir hoffen. Denn alle Hoffnung lebt von dem Bild, um dessenwillen sie hofft. Ein solches Bild, nicht jenseitig, sondern diesseitig, mit allen Grenzen des Menschlichen und doch in diesen Grenzen vollendet, kann Goethe uns sein.»[19]
Rief Schweitzer unter den düsteren Wolken über Deutschland im Jahr 1932 mit Goethe zum Mut und Tillich mit

Goethe zur Hoffnung auf, so ergänzten sie einander und säten die Saat zum Widerstand.
Im selben Jahr liess Tillich als Dekan der philosophischen Fakultät eine Horde randalierender nationalsozialistischer Studenten aus der Universität Frankfurt verweisen.[20]
1942, zehn Jahre später, hielt er in New York zum Thema «Läuterndes Feuer» wieder eine Goethe-Rede. Weil er hier von einem Zitat Goethes ausgehend das Ereignis der Bücherverbrennung 1933 in Frankfurt plastisch schilderte, sei diese Passage jener Rede ungekürzt wiedergegeben:
«Als ich mit den Veranstaltern dieser Feier über das Thema meiner Rede sprach, gaben sie mir eine Stelle aus ‹Dichtung und Wahrheit›, in der Goethe folgendes schreibt:

‹Es hatte wirklich etwas Fürchterliches, eine Strafe an einem leblosen Wesen ausgeübt zu sehen. Die Ballen platzten im Feuer und wurden durch Ofengabeln auseinandergeschürt und mit den Flammen mehr in Berührung gebracht. Es dauerte nicht lange, so flogen die angebrannten Blätter in der Luft herum, und die Menge haschte begierig danach. Auch ruhten wir nicht, bis wir ein Exemplar auftrieben, und es waren nicht wenige, die sich das verbotene Vergnügen gleichfalls zu verschaffen gewusst. Ja, wenn es dem Autor um Publizität zu tun war, so hätte er selbst nicht besser dafür sorgen können.›

Als ich dies las, dachte ich zurück an mein eignes Erlebnis in der Geburtsstadt Goethes, Frankfurt am Main, am 10. Mai 1933: Ich stand am Fenster des ‹Römer›, des alten Krönungshauses deutscher Kaiser. Auf dem mittelalterlichen Platz drängten sich die Massen, zurückgehalten von Sturmabteilungen und Schutzstaffeln in brauner und schwarzer Uniform. Ein Holzstoss war aufgeschichtet. Dann sahen wir Züge von Fackelträgern aus den engen Strassen hervorquellen, eine unendliche Reihe, in studentischen und Parteiuniformen. Das Licht der Fackeln flackerte durch die Dunkelheit und beleuchtete phantastisch die Giebel der Häuser. Ich dachte an Bilder aus der spanischen Inquisition. Am Ende holperte ein Karren, gezogen von zwei Ochsen über das Pflaster; er war beladen mit den Büchern, die als Opfer ausgewählt waren. Hinter dem Karren schritt der Studentenpfarrer, der inzwischen selbst ein Opfer der Kirchenverfolgung geworden ist. Als man vor dem Scheiterhaufen angekommen war, stieg der Pfarrer auf den Karren und hielt die Verdammungsrede. Er warf das erste Buch in den nun entzündeten Scheiterhaufen, Hunderte anderer Bücher folgten. Die Flammen züngelten hoch und beleuchteten das unwirkliche und doch wirkliche Bild. Keinem Blatt wurde erlaubt, wegzuflattern, niemand konnte sich ein verbotenes Buch verschaffen. Die Nationalsozialisten sind wirksamer in ihren Massnahmen als die Stadtpolizei in Goethes Jugend. Unter den Klängen des Horst-Wessel-Liedes marschierten die Verbrenner der Bücher ab. Die Zeit war um 200 Jahre rückwärts gelaufen.»[21]

Bald nach diesem Erlebnis der Bücherverbrennung emigrierte Tillich mit seiner Familie in die USA. Vorher war er noch kurz in Berlin. Seine Frau Hannah Tillich erinnerte sich: «Bevor wir Berlin verliessen, ging ich mit Paulus noch einmal in die grosse Kirche am Kurfürstendamm. Die ‹Deutschen Christen›, der nationalsozialistische Zweig der Kirche, hatten die Macht an sich gerissen. Rings um den Altar standen rote Nazi-Flaggen mit dem Hakenkreuz. Wir waren auf die Empore gestiegen und sahen in das Mittelschiff hinab. Paulus begann zu fluchen: ‹Was für ein Götzendienst! Was für eine teuflische Einrichtung ist doch die Masse!›... Er verliess Deutschland nicht freiwillig, sie mussten ihn hinauswerfen.»[22]

Albert Schweitzer äusserte sich im Juli 1933 in einem Brief an seinen Basler Freund, den Pfarrer Hans Baur, zu den «Deutschen Christen» so:

Wie ich über das, was jetzt im deutschen Protestantismus (der sich ‹gleichschaltet›) vorgeht, denke, kannst du Dir wohl vorstellen. Überhaupt ist das Weltgeschehen zur Zeit so deprimierend. – Ach, ich bin so verzagt, wenn ich an meiner Philosophie arbeite. Die Leute wenden sich ja von allem Humanitätsideal ab. Wie weit sind wir vom XVIII. Jahrhundert weg... Aber Mut nicht verlieren.»[23]

Selber tangiert vom Kirchenkampf

Auf die «Deutschen Christen» wurde ich schon früh durch meinen Grossvater Alfred Niederstein aufmerksam gemacht, der Pfarrer in Altenbochum und bis zu seiner Pensionierung im Jahre 1938 Superintendent des Kirchenkreises Bochum in Westfalen war. Er gehörte zum kirchlichen Widerstand, zur «Bekennenden Kirche» und wurde deshalb auf Druck der «Deutschen Christen» zeitweise seines Amtes als Superintendent enthoben.[24]

Die Geschichte eines Telefonates will ich hier wiedergeben. Sie ereignete sich um das Jahr 1935 und ist von dem Nachfolger meines Grossvaters, Erich Brühmann, so erzählt worden: «Die BK (Bekennende Kirche) hatte sich entschlossen, Kollekten für Einrichtungen, deren Leitung in den Händen der DC (Deutschen Christen) war, nicht einzusammeln, sondern an ihrer Stelle für ein anderes Werk zu sammeln, das die Unterstützung der BK nötig hatte. Das war nun in Altenbochum geschehen, und diese ‹illegale› Kollekte hatte der Polizist beschlagnahmt. Das Telefonat verlief etwa so: ‹Polizeipräsidium›. ‹Hier Superintendent Niederstein. Ich möchte den Herrn Polizeipräsidenten sprechen.› – ‹In welcher Angelegenheit?› – ‹Das werde ich ihm selbst sagen. Verbinden Sie mich bitte!› – Schlessmann. Heil Hitler, Herr Superintendent!› – ‹Heil, Herr Polizeipräsident!› – Was kann ich für Sie tun?› – ‹Hören Sie, da war gestern einer Ihrer

Beamten in meinem Gottesdienst, und dieser törichte Mensch hat die Kollekte beschlagnahmt.› – Ja, ich weiss. Dazu hatte er den Auftrag, falls Sie nicht den im Amtsblatt vorgeschriebenen Zweck abkündigten, und Sie haben einen anderen angegeben.› – ‹Für diesen Zweck haben die Gottesdienstbesucher das Geld gegeben. Darum schicke ich meinen Küster, und ich muss Sie bitten, zu veranlassen, dass die Kollekte meinem Küster ausgehändigt wird.› – ‹Das geht nicht, Herr Superintendent. Ich habe meine Anweisungen.› – ‹Also der Küster kommt um elf Uhr. Sorgen Sie bitte dafür, dass das Geld dann bereit liegt.› – ‹Ich muss Ihnen nochmal sagen, Herr Superintendent, dass ...› – ‹Möllemann heisst der Küster, Richard Möllemann.› – Ja, aber ...‹ – Vergessen Sie nicht, der kommt um elf Uhr, auf Wiedersehen, Herr Polizeipräsident.› – Küster Möllemann bekam die Kollekte gegen Quittung ausgehändigt ...»[25]

Meine Eltern wohnten damals im Verwaltungsgebäude der Siegener AG Geisweid, einer Firma für Eisenkonstruktion, Brückenbau und Verzinkerei. Dort habe ich meine Kindheit verlebt. Wir gehörten zur Kirchgemeinde Geisweid, die während der Nazizeit zwei Pastoren hatte, einer war Mitglied der Deutschen Christen, der andere Mitglied der Bekennenden Kirche. Die Gemeinde war in DC- und BK-Mitglieder gespalten, das traf auch für die Sonntagsschule zu. Mein Bruder und ich wurden in die Sonntagsschule zum BK-Pfarrer Buscher geschickt. Den DC-Pfarrer habe ich nur wenige Male vor der Kirche stehen gesehen, wenn er seine Schäflein verabschiedete. Er trug über einer SA-Uniform den Talar, was mir wie eine seltsame Verkleidung vorkam.

1948, drei Jahre nach dem Krieg, wurde ich in der Geisweider Kirche konfirmiert. Pastor Schmidt, der Nachfolger von Pastor Buscher, war auch Mitglied der Bekennenden Kirche gewesen. Seinen Predigten, um die er sich sehr bemühte, legte er Karl Barths Dogmatik zugrunde. Der Konfirmationsspruch, den er mir gab, drückte wohl noch kirchenkämpferischen Geist aus: «Selig sind die Knechte, die der Herr, so er kommt, wachend findet. Wahrlich ich sage euch: Er wird sich aufschürzen und wird sie zu Tisch setzen und vor ihnen gehen und ihnen dienen.» (Lukas 12,32) Zur Konfirmation schenkten mir meine Eltern eine Lutherbibel und Grosstante Claire Weyland aus ihrem Bücherschrank eine Jugendstilausgabe von Goethes Werken. Zum geistlichen und geistigen Gold überreichte mir Tante Lida die goldenen Manschettenknöpfe meines verstorbenen Patenonkels Fritz, von dem ich bereits im Zusammenhang mit den Röntgenstrahlen erzählte.

Mut zum Staunen lässt auferstehen

1949 spielten Schüler der oberen Klassen unseres Gymnasiums aus Anlass der 200. Wiederkehr von Goethes Geburtstag Teile aus dem «Faust». Besonders ergreifend gelang der Prolog im Himmel. Und damit komme ich noch einmal auf den Hamburger Sommer 1958 zu sprechen. Tillich hatte seine Studenten zu einem offenen Abend eingeladen. Er kam etwas verspätet und entschuldigte sich: «Meine Damen und Herren, ich habe soeben im Schauspielhaus die Aufführung von Goethes Faust Teil zwei erlebt,» und dann gleichsam in Stakkato betonend: «das war Gottesdienst!» In seiner Vorlesung «Das Leben und der Geist» hatte er uns gerade gelehrt: «Die Gegenwart des göttlichen Geistes als Glaube... ist Ergriffensein durch das, was uns unbedingt angeht.»[26]

Zwanzig Jahre später habe ich einmal über die symbolische Geschichte von der Auferweckung der Tochter des Jairus (Markus 5,35–43) gepredigt. Die Predigt begann ich mit Anspielung auf Goethes Faust ungefähr so: Das Wunder aller Wunder im Neuen Testament, die Auferstehung Jesu Christi, bezweifelt Faust mit den Worten: «Die Botschaft hör' ich wohl, allein mir fehlt der Glaube. Das Wunder ist des

Glaubens liebstes Kind.» Das Faszinierende an dieser Szene ist nun aber, dass Faust plötzlich seine eigene Erfahrung machen muss. Der Auferstehungsgesang des Engelchors bewirkt die Wende vom Tod zum Leben. Faust legt den Giftbecher weg, aus dem er aus Verzweiflung hat trinken wollen. Die Erinnerung an Osterglocken und erwachende Natur, an Jugend, Spiel und Feier lässt ihn aufjauchzen:

> «O tönet fort, ihr süssen Himmelslieder!
> Die Träne quillt, die Erde hat mich wieder!»

Goethe hat das biblische Wunder von der Ebene der Naturwissenschaften und der sogenannten historischen Tatsächlichkeit vertrieben und es im Raum menschlicher Erfahrung angesiedelt. Faust erlebt sich zum Aufbruch auferweckt anstatt in Resignation zu sterben. –
«Aufbruch statt Resignation» – das gehört zum Lebensthema Schweitzers, dem die Tat immer wieder zum Anfang wurde, und der sich von Goethe hierin bestärkt sah. 1928 drückte er das in seiner Rede auf den grossen Dichter bei der Frankfurter Preisverleihung so aus:

«Als ich in den letzten Monaten 1925 durch eine grosse Hungersnot, die mein Spital in Gefahr brachte, dazu gezwungen wurde, selber eine Pflanzung für das Spital anzulegen, damit wir in einer kommenden Hungersnot uns einigermassen über Wasser halten könnten, da musste ich selbst das Niederlegen des Urwalds leiten... So habe ich Wochen und Monate im Urwald gestanden, mich mit widerspenstigen Arbeitern abquälend, dem Urwald fruchttragendes Land abzuringen. Wenn ich ganz verzweifelt war, dachte ich daran, dass auch Goethe für seinen Faust als Letztes erdacht hatte, dass er dem Meere Land abgewönne, wo Menschen darauf wohnen und Nahrung finden könnten. Und so stand Goethe im dumpfen Urwald als lächelnder Tröster, als grosser Verstehender neben mir.[27]

Am 1. Juli 1958 erlebten wir im Hamburger Rathaus die Übergabe des Hansischen Goethe-Preises durch Karl Schiller, den damaligen Rektor der Universität Hamburg und späteren Bundesminister für Wirtschaft und Finanzen, an Paul Tillich. Das Hamburger Kammerorchester gab der Feier den Rahmen mit Werken von Bach und Telemann. Thielicke hielt die Laudatio und nannte Tillich einen «liebenden Denker»: «Vielleicht darf ich den Imperativ und zugleich den Trost, den ich diesem liebenden Denker und uns allen, die wir am gleichen Strange ziehen möchten, zurufen darf, in die Worte fassen: Man muss Häresien wagen, um die Wahrheit zu gewinnen.»[28] Auch Goethe sei, so Thielicke, «nach Tillichs Deutung eine Gestalt der Grenze».[29]

Seinem Festvortrag gab Tillich den Titel «Humanität und Religion». Darin kam er auf sein bereits erwähntes Theatererlebnis zu sprechen: «Ich hatte den Vorzug, im Hamburger Schauspielhaus vor einigen Wochen die Aufführung von ‹Faust, 2. Teil› zu sehen, und es waren zwei Dinge, die mich besonders packten. Das eine war die Tatsache, dass in all den profanen Vorgängen, die auf der Bühne abrollten, niemals die Dimension der Tiefe verdeckt wurde... Und das andere, das mir wichtig wurde, war die Tragödie Mephistos, die Tragödie des Negativen.»[30] Er schloss seinen Vortrag mit den Worten, die in mir bis heute nachhallen: «Man hat von unserer Zeit als gnadenloser Zeit gesprochen. Sicher haben viele unserer Zeitgenossen Gnade nicht mehr sehen können. Aber keine Zeit ist ohne Gnade. Und aus solcher Gnade mag das ewige Humanum neue Gestalt in der Geschichte annehmen. Wir wissen es nicht, wir können es nicht erzwingen, aber wir können wagen, es zu hoffen.»[31]

Paul Tillich und Albert Schweitzer verband, ohne aufeinander Bezug nehmend, «Humanität und Religion». Schweitzer formulierte dies so: «*Tiefe Religion und tiefes Denken haben miteinander das Humanitätsideal geschaffen und verkündet.*[32]

Ohne Frieden unter den Religionen kein Friede unter den Völkern

Vor dem Hamburger Wintersemester bot sich mir im Herbst 1958 die Gelegenheit zu einem Englandaufenthalt. Zunächst besuchte ich in Bradford Ferdinand Schlingensiepen, der dort seit 1955 als deutscher Auslandpfarrer tätig war. An ihn hatte mich sein mir herzlich zugetaner Vater Hermann Schlingensiepen verwiesen. Dieser war Professor für praktische Theologie an der Kirchlichen Hochschule Wuppertal und zu meiner Zeit als deren Ephorus zugleich für die Betreuung der Studentinnen und Studenten zuständig.

Ferdinand Schlingensiepen, vier Jahre älter als ich, und seine Frau empfingen mich warmherzig. Sie bewohnten ein Haus, das sie sich so gemütlich wie möglich eingerichtet hatten. In seiner mir erscheinenden «Ruinenhaftigkeit» machte mir dieses Gebäude allerdings einen solchen Eindruck, dass ich zwei Jahre später, als die Bernerin Brigitte Teuscher und ich uns verliebten, ihr abriet mich zu heiraten, da ich ihr ein Leben in solchen oder ähnlichen Pfarrhäusern nicht zumuten wollte. Inneres aber ging ihr vor Äusseres.

Wegweisender Englandbesuch

Von Bradford zog ich nach Wistow bei Leicester. Hier weilte ich für ein paar Wochen auf einem alten Landsitz mit schlossartigem Gebäude und einem herrlichen Park. Dort führte ein Pfarrerehepaar deutsch-jüdischer Herkunft eine Heimstätte für junge Menschen, die aus verschiedenen europäischen Nationen stammten, darunter der jüngste Bruder Maria von Wedemeyers, der Braut Dietrich Bonhoeffers, der 1945 von den Nazis ermordet worden war. Die Adresse dieser Heim- und Begegnungsstätte hatte ich vom für uns westfälische

Theologiestudenten zuständigen Oberkirchenrat Hans Thimme, dem späteren Präses der Evangelischen Landeskirche Westfalens, erhalten.
In Wistow traf ich auf eine muntere, offene und lebenslustige Schar gleichaltriger Frauen und Männer. Dabei war ein ebenfalls aus Westfalen stammender Vikar. Mit ihm beriet ich mich über meinen weiteren Studienweg.
Begeistert erzählte ich ihm von dem grossen Eindruck, den Paul Tillich auf mich gemacht hatte. Da von den theologischen Vätern unseres Jahrhunderts nur noch Karl Barth seines Amtes walte, wolle ich nach dem bevorstehenden Hamburger Wintersemester bei ihm in Basel studieren. Besagter mir zugeneigter Vikar liess gleichsam die Würfel fallen: «Du gehst nicht nach Basel, sondern nach Zürich! In Zürich lernst du durch Hans Conzelmann und Gerhard Ebeling die Bultmann-Schule kennen. Das wird dir gut tun. Von Zürich fährst du dann als Gasthörer zu Barth nach Basel.» Der Ratschlag überzeugte mich sofort, auch lockte den im Sternzeichen des Krebses Geborenen der Zürichsee.
In Pudsey bei Leeds nahm mich ein paar Wochen später das Ehepaar Hudson in ihrem kleinen Einfamilienhaus an der Ederoyd Crescent auf. Hier lernte ich typisch englische Lebensweise kennen. Die warmherzige Aufnahme, die ich dort als Deutscher fand, überraschte mich, hatten doch die Engländer nicht nur gegen die Tyrannei Hitler-Deutschlands gekämpft, sondern auch unter dem deutschen Bombenhagel und dann durch die «Vergeltungswaffen», genannt V 1 und V 2, besonders zu leiden gehabt.
Noch im März 1945, sieben Wochen vor Kriegsende, schrieb Schweitzer in einem Brief an George K. Bell, den Bischof von Chichester und ein Mitglied des Britischen Komitees für Dr. Schweitzers Spital (The British Council Dr. Schweitzer's Hospital Fund): *«Wieviel Elend sehen wir jeden Tag an uns vorbeiziehen: Jeden dieser Tage denke ich an die Gefahren,*

die London und seine Umgebung täglich bedrohen. Werden wir bald das Ende dieser Schrecknisse sehen?»[1]

Der Urwalddoktor und der Raketenbauer

Die V 1, ein von der Luftwaffe entwickeltes unbemanntes, mit 850 kg Sprengstoff beladenes Flugzeug, wurde von einem Katapult gestartet und durch eine Selbststeuerung zum Ziel geführt, erstmals im Juni 1944.[2] Bald kam der Plan einer bemannten V 1 auf. Bei einem solchen Einsatz hätte der Pilot keine ‹berlebungschance gehabt. Für Erprobungsflüge der bemannten V 1, die aber nicht mehr eingesetzt werden konnte, stellte sich die Fliegerin Hanna Reitsch (1912-1979) zur Verfügung. Sie hatte bereits im Segel- und Motorflug zahlreiche Rekorde errungen, darunter 1937 ihre erste Überquerung der Alpen im Segelflugzeug von Salzburg nach Italien.

Wenige Jahre nach dem Krieg kam Hanna Reitsch mit Freunden auf Besuch in mein Elternhaus, spielte mit mir Tischtennis und war, klein und zierlich von Gestalt, eine reizende Gesprächspartnerin. Begeistert erzählte sie von ihren Flugerlebnissen. Als Testpilotin der V 1 sei sie «die schnellste Frau der Welt» gewesen. Auf die Greueltaten der Nazis angesprochen, antwortete sie mir: Sie sei vom Fliegen so erfüllt gewesen, dass sie damals nicht genauer auf das geachtet habe, was auf Erden geschah.

In der deutschen Heeresversuchsanstalt in Peenemünde an der Ostsee war der Physiker Wernher von Braun (1912-1977) führend gewesen bei der Konstruktion der Fernrakete A 4, der ersten Flüssigkeitsrakete überhaupt. Diese wurde mit 1000 Kilogramm Sprengstoff ausgerüstet und erhielt den Namen V 2. Schossen die Engländer achtzig Prozent der V 1 vorher ab, so war das bei der V 2 anders. Von ihr wurden von September 1944 bis März 1945 über 4300 Stück eingesetzt.

Rund 2400 Raketen erreichten bis Kriegsende ihr Ziel, davon etwa 1100 in London und Südengland.[3]
Wernher von Braun holten die Amerikaner wegen seiner Kenntnisse gleich nach Kriegsende nach Übersee. Seit 1970 war er Leiter der Planungsabteilung der NASA, der zivilen amerikanischen Luft- und Raumfahrtsbehörde. Schon 1961 hatte er die ehemalige Testpilotin zu sich nach Huntville (Alabama) eingeladen, wenig später auch Albert Schweitzer. Der Urwalddoktor schrieb dem Raketenbauer am 10. Februar 1963 von Lambarene aus:

«Lieber Herr von Braun.
Ich danke Ihnen für Ihren so freundlichen Brief, der mir Gelegenheit bietet, Ihnen zu schreiben. Ich habe mich für Sie interessiert (um es banal zu sagen) schon gegen Ende des zweiten Weltkrieges, wo ich Nachricht über Ihre Raketenversuche erhielt, hier in Äquatorialafrika. Gefreut hat es mich zu erfahren, dass Sie in USA Gelegenheit fanden zu neuer Forschung. Und gerade las ich, dass Sie den christlichen Glauben an die Unsterblichkeit mit Gedanken der Naturwissenschaft rational untermauern wollen. Und nun kommt ein Brief von Ihnen (sehr leserlich geschrieben, was ich als Pedant, der ich bin, zu schätzen weiss). Ich weiss auch, dass Sie von Kennedy damit betraut sind, Männer in den Mond zu schiessen.

Leider kann ich Ihrer lieben Einladung, nach USA zu kommen, nicht Folge leisten. Mein Spital ist im Laufe von 50 Jahren ein grosses Unternehmen geworden, dessen Leitung ich in der Hand behalten muss, solange mir noch Leben beschieden ist. Ich bringe es nicht einmal fertig, auf einige Wochen nach Europa zu fahren. Und mit 88 Jahren ist man auch kein Jüngling mehr, was Sie erfahren werden, wenn Sie in diesem Alter noch ‹Erdenluft atmen›, wie es in der Walküre heisst...

Als einer, der sich viel mit Religion beschäftigt hat, glaube ich nicht, dass das Leben nach dem Tode eine Forderung für die tiefe Religion ist. Die tiefe Religion hat es mit der geistigen Lebensweise, in die der Mensch eintritt, zu tun, in das Leben im Geiste, der mit Jesus in die Welt gekommen ist. Und diese tiefe Religion stellt keine Forderung, die auf eine Fortsetzung des Lebens nach dem Tode geht, (zu dem) sie überlässt alles Gott. In der Religion gilt das ‹Fahre hinaus auf die Höhe›, das Jesus zugesprochen hat.

Wenn wir uns begegnen, wird uns der Gesprächsstoff nicht ausgehen. Also machen Sie einmal auf einer Reise einen Umweg über Lambarene. Und schieben Sie es nicht hinaus. Mit 88 Jahren ist der Mensch wie eine überreife Pflaume, die am Baum hängt. Ein kleiner Windstoss kann sie vom Stamme lösen und zur Erde herunterfallen lassen.

Herzlich Ihr Albert Schweitzer

Lambarene hat einen guten Flugplatz.»[4]

Wenn die Waffen schweigen

Nun komme ich wieder auf meinen Englandaufenthalt zu sprechen. Herr Hudson war im Krieg in Nordafrika gewesen. Dort hatte er als Soldat der britischen 8. Armee unter Feldmarschall Bernard L. Montgomery gegen das deutsche Afrikakorps, das Erwin Rommel kommandierte, gekämpft. Die Briten stoppten im Juli 1942 den Vormarsch der Deutschen in Richtung Suezkanal bei dem ägyptischen Ort El-Alamein. Von seinen Kriegserlebnissen erzählte Herr Hudson unter anderem: «Nachts, wenn die Waffen schwiegen, trafen wir uns mit den Deutschen in den Schützengräben, weil die ein besseres Unterhaltungsprogramm hatten. Wir sangen miteinander «Lili Marlen», fühlten uns wie Kameraden; am Tag waren wir dann wieder Feinde.» Als

Soldat sei er über den fairen Kampf mit Rommels Truppen beeindruckt gewesen. Die Nazibarbarei, die andernorts tobte, habe er nicht zu spüren bekommen. Wir sprachen auch über das Versagen der Christenmenschen im Krieg und grüssten uns später in Briefen jeweils mit «Your's in christian friendship».

In «Verfall und Wiederaufbau der Kultur», dem ersten Teil von Schweitzers 1923 erschienener Kulturphilisophie, steht: *«Wenn seit Jahrzehnten unter uns mit steigender Leichtfertigkeit von Krieg und Eroberungen geredet werden konnte, als ob es sich um ein Operieren auf dem Schachbrett handelte, so war dies nur möglich, weil eine Gesamtgesinnung geschaffen war, die sich das Schicksal der einzelnen nicht mehr vorstellte, sondern sie nur als Ziffern und Gegenstände gegenwärtig hatte. Als der Krieg kam, erhielt die Inhumanität, die in uns war, freien Lauf.»*[5]

Im Günsbacher Archiv liegen bisher unveröffentlichte Skizzen und Vorlesungen Schweitzers zum Thema «Kultur und Ethik in den Weltanschauungen der Religionen». Da findet man den Satz: *«Im Krieg hat es in allen Ländern einen Besiegten gegeben: Die Religion.»*[6]

Viele Wohnungen unter einem Dach

Wenn wir heute mit dem katholischen Theologen Hans Küng ein «Projekt Weltethos» und darin «Kein Weltfriede ohne Religionsfriede» fordern, so ist ein wesentlicher Nährvater dieses Anspruchs Albert Schweitzer. So reihe ich denn gleichsam vom eigenen Haus, dem Protestantismus, bis hin zum gemeinsamen Haus ein paar uns kräftige Nahrung bietende Zitate von Schweitzer aneinander:

«Zum Wesen des Protestantismus gehört der Trieb, auf den ursprünglichen evangelischen Glauben, wie er in der Predigt Jesu und im Urchristentum erhalten ist, zurückzugehen, sich

in dem Suchen nach Wahrheit auch mit der aus dem rationalen Denken kommenden Erkenntnis abzugeben und sich zu bemühen, Glauben und Denken miteinander in Einklang zu bringen. Dies ist seine Bestimmung und sein Los. Seine Bestimmung: weil er damit dem geistigen und religiösen Leben etwas bedeutet, zu dem er allein fähig ist. Sein Schicksal: weil ihm dadurch versagt ist, etwas Geschlossenes und Einheitliches zu sein...

Seiner Natur nach ist der Protestantismus etwas Vielgestaltiges. Von seiner Kirche gilt das Wort: ‹In meines Vaters Hause sind viele Wohnungen.› (Joh. 14,2)»[7]

Zur Ökumene betonte Schweitzer: *«Von jeher habe ich mich in besonderer Weise für die Einigung der christlichen Kirchen interessiert. Jede hat ihre besondere Eigenart, jede ihre Berechtigung. Was sie einigen soll, ist das Streben, den Geist Christi zu haben. Wenn dieses Streben sie leitet und ansporn, sind sie geistig geeint, was für sie und die Welt viel mehr bedeutet, als eine Vereinigung auf Grund von Vereinbarungen, die immer Flickwerk bleiben wird.»*[8]

Dazu erzählt der Schriftsteller Stefan Zweig über seinen Besuch im Jahre 1930 bei Albert Schweitzer in Günsbach: «Diese kleine Kirche von Günsbach, die er jetzt aufschliesst, ist eine besondere unter den hunderttausend Kirchen, die auf europäischer Erde stehen. Nicht, dass sie eigentlich schön wäre oder im kunsthistorischen Sinn bedeutsam: ihre Eigenart ist geistig-geistlicher Natur, denn sie gehört zu den im ganzen vierzig oder fünfzig Kirchengebäuden, wie man sie nur im Elsass und in einigen Orten der Schweiz findet, welche zugleich für katholischen und protestantischen Gottesdienst eingerichtet sind. Der Chor, durch ein kleines Holzgitter abgeschlossen, wird nur für den katholischen Gottesdienst geöffnet, der zu anderer Stunde stattfindet als der protestantische. Ein scheinbar Unmögliches ist also hier vollbracht, auf einer Erde, wo deutsche und französische Sprache locker ineinandergleiten – dass auch die katholische und protestantische Lehre ohne Gehässigkeit in einem gleichsam neutralen Gotteshaus miteinander verbunden sein können, und Albert Schweitzer erzählt, dass schon von seiner Jugend her diese Möglichkeit einer friedlichen Bindung einen vorbildlichen Einfluss auf seine Lebensanschauung gewonnen hat.»[9] – Von der Freundschaft zwischen Zweig und Schweitzer wird noch die Rede sein.

1919 schrieb Schweitzer, es war kurz nach dem Ersten Weltkrieg, im Elsässer Kirchenboten: *«Jeder sollte seine eigene Bahn zum Ozean verfolgen, mancher breiter und tiefer, mancher vielleicht kürzer und flacher, aber jeder frei und sich selbst treu. Ich würde jedem Menschen aus dem Wege gehen, der mich nicht frei sein lässt und die Eigenart, die gerade ich habe, nicht aufkommen lässt... Jesus will durchaus nicht nachgemacht, sondern tief im Geiste erfasst sein und will freie, selbstbestimmte Menschen schaffen, keine uniformierten Rekruten. Wir müssen Menschen werden, die sich untereinander volle Freiheit gewährleisten.»*[10]
Dass Religionsfrieden Völkerfrieden bewirkt, sah Schweitzer ebenso klar wie den Weg hin zu dem, was wir heute Weltethos nennen. Deutlich geht das aus seinem 1935 erschienenen Buch «Die Weltanschauung der indischen Denker» hervor. Bereits im Vorwort setzte Schweitzer die Akzente:

«Wenn sich die europäische und die indische Philosophie auf eine Disputation einlassen, darf keine von beiden die eigene Meinung als die einzig richtige beweisen wollen. Beide sind Hüterinnen wertvollen Gedankenguts. Aber beide müssen nach einer Denkweise trachten, die sich über all die Unterschiede der geschichtlichen Vergangenheit hinwegsetzt und schliesslich von der ganzen Menschheit geteilt wird... Denn wir brauchen eine Philosophie, die tiefer und lebendiger ist

und von grösserer geistiger und ethischer Kraft getragen wird, als unsere bisherige. In der furchtbaren Zeit, die die Menschheit gegenwärtig durchlebt, müssen wir alle, im Osten wie im Westen, Ausschau halten nach diesem vollkommeneren und mächtigeren Denken, das die Herzen der einzelnen erobert und ganze Völker zwingt, seine Macht anzuerkennen. Das ist das Ziel, nach dem wir streben müssen.»[11]

Vom «verlorenen Groschen»

Von Pudsey reiste ich damals weiter nach Oxford, wo mich ein Studienfreund aus der Tübinger Zeit erwartete und im Gästezimmer des Queen's Colleg unterbrachte. Die stilvolle Art des Collegelebens gefiel mir sehr. Die Stadt selber hatte ich vor ein paar Jahren schon einmal mit meinen Eltern auf einer Reise durch Mittel- und Südengland besucht. Nun aber erhielt ich durch meinen englischen Freund genaueren Einblick in die kulturell lebendige und architektonisch so bezaubernde Stadt. Auch unternahmen wir einen Abstecher nach Stratford-upon-Avon, Shakespeares Geburtsort. Dort erlebten wir eine tief beeindruckende «Hamlet»-Vorstellung. Sofern ich mich recht erinnere, spielte Michael Redgrave den Hamlet. Die Frage nach «Sein oder Nichtsein» sowie die von Shakespeare so meisterhaft beherrschte Kunst, menschliche Leidenschaften realistisch zu gestalten, ging uns dank dieser Aufführung geradezu magisch unter die Haut.
Bevor ich Oxford verliess, ging ich in die Vorlesung eines Neutestamentlers. Zu meinem Erstaunen hörte ich ihn sagen, dass wer heute Theologie studiere, der solle Deutsch lernen, weil die wichtigen theologischen Bücher im allgemeinen und die das Neue Testament betreffenden im besonderen dem deutschen Sprachraum entstammten. Er selber schien mir ein Bultmann-Schüler zu sein, und er nannte etliche Theologen

unseres Jahrhunderts, die in deutscher Sprache publizierten, es fehlte jedoch der Name Albert Schweitzer. Wie auf dem Kontinent war dieser auch hier gleich einem *«unter ein Möbel gerollter und dort verlorener Groschen»*.[12]
Später erfuhr ich, dass Albert Schweitzer 1922 in Oxford während fünf Wochen philosophische Vorlesungen an der Universität gehalten hatte. Zehn Jahre Später vermerkte er in einem Brief vom 30. März 1932 an seinen Mitarbeiterkreis in Lambarene: *«Doctorwürde in Oxford holen, am 14. Juni.»*[13]
Und doch ging es Albert Schweitzer wie seinem jüdischen Freund, dem Religionsphilosophen Martin Buber: Beide wurden trotz vieler akademischer Ehren von der akademischen Welt nicht ernst genommen.
Wieder an die Theologische Fakultät Hamburg zurückgekehrt, belegte ich eine Seminarübung bei dem Missionswissenschaftler und Ökumeniker Walter Freytag. Er vertiefte in uns Teilnehmern das Bewusstsein christlicher Verantwortung für die Welt, betonte die Herkunft unseres Glaubens, ohne die es keine Zukunft gäbe, erweiterte unseren ökumenischen Horizont und prägte uns zugleich die Fragen ein: «Was geschieht heute? Und: Was will Gott damit?»

Ohne Herkunft keine Zukunft

Im April 1959 kam ich nach Zürich. Mein dortiger Aufenthalt begann gleich recht lustig. Ein Geschäftsfreund meines Vaters war Mitglied der Zunft zur Constaffel und lud mich als Gast zum Sechseläuten ein, also zu jenem Zürcher Zunftfest, das jeweils an einem Montag in der zweiten Aprilhälfte begangen wird, seinen Höhepunkt in der Verbrennung des Böögg findet, wie hier die den Winter darstellende Puppe genannt wird. Während des Umzugs durch Zürichs Strassen musste ich schmunzeln, weil ich bislang noch nie so locker und zeitlich so lange geradezu genüsslich im Marschschritt einhergetrabt war, und wenn ich mal aus dem Takt trat, fiel das nicht auf.

Das Muss und das Selbstsein

Beim Marschieren stellten sich mir im Kontrast Erinnerungen aus meiner Zeit bei der Hitler-Jugend (HJ) in Nazideutschland ein. Die HJ war die 1926 gegründete Jugendorganisation der Nationalsozialistischen Deutschen Arbeiterpartei (NSDAP). 1936 wurde sie zur Staatsjugend erhoben; seit 1939 war die Mitgliedschaft für alle Jugendlichen vom 10. bis 18. Lebensjahr Pflicht. Das galt gleichermassen für Knaben und Mädchen in nach dem Geschlecht getrennten Formationen.

1943 wurde ich zehn Jahre alt und also Pimpf des Deutschen Jungvolks, wie die untere Abteilung der Hitler-Jugend benannt ward. Stolz trug ich die Uniform des Pimpfs. Meine Mutter aber fand daran gar kein Gefallen, doch erklären konnte sie es mir damals wegen der politischen Lage nicht. Später hat sie das dann nachgeholt. Meinen jugendlichen Vorgesetzten, die bezeichnenderweise in der Gefolgschaft des obersten Führers Adolf Hitler das Wort Führer im Titel trugen, vom Reichsjugendführer und weiteren Chargen hinab bis zum Fähnleinführer, der die Knaben am Wohnort zu führen hatte, passte es ganz und gar nicht, wenn ich beim Exerzieren mit dem Gleichschritt Mühe hatte. Das brachte mir mal auf einem grossen Sportplatz ein Strafexerzieren ein, welches mir endlos zu dauern schien.

Aufgrund meiner nicht gerade starken körperlichen und seelischen Kondition, meine Grossmutter nannte mich diesbezüglich, wie ich später ihrem Tagebuch entnahm, «das arme Peterli», bereiteten mir auch die uns damals vom Fähnleinführer bei romantischem Feuerschein eingeimpften sogenannten «Schwertworte» Mühe: «Ein deutscher Junge ist flink wie ein Windhund, zäh wie Leder, hart wie Kruppstahl». Zudem war ich kein Sportstyp und bin bis heute keiner. So konnte ich der nationalsozialistischen Ideologie nicht Genüge tun, welche die Sportspiele mit ihrem mir werten Turnerwahlspruch des «Frisch, Fromm, Fröhlich, Frei», zum Turnerkreuz aus den vier F stilisiert, unter dem Hakenkreuz mit dem Gebrüll «Sieg Heil» in Sportkämpfe umfunktionierte. Zu sportlichen Siegen hat es mir nie gereicht. Doch machte mich stolz, als unser Fähnleinführer einmal im Weitsprung den Fähnleinführer unseres Nachbardorfes besiegte. Die Besiegung des Feindes musste von Jugend auf geübt werden. Unter dem Vorwand des Sports wurde daher ein Fähnlein gegen das andere aufgehetzt. Und wenn wir im «Gleichschritt marsch!» exerzieren mussten, so bedeutete das auch, die anderen, und die anderen waren die Feinde, gleichsam «niederzutrampeln». So wurde mitten im Krieg der Virus des Feindbildes unter dem Motto der Wehrertüchtigung innerhalb des deutschen Volkes virulent.

Hellhörig wurde ich erst, als es einmal hiess: «Wir werden ein Geländespiel machen, dann müsst ihr die vom Fähnlein des Nachbardorfes verhauen.» Nun war ich im Verhauen nicht gerade ein Meister. Ausserdem bezog ich nicht gerne Prügel. Auch hatte ich im gegnerischen Lager manch guten

Kameraden und sah keinen Anlass, mich mit dem in eine Schlägerei zu verwickeln. Die Übung wurde dann zum Glück abgeblasen. Ich selber hielt mich nun zurück, kletterte auf meinen Lieblingsbaum, verbarg mich in dessen Krone, schwänzte mehrfach den Pimpfdienst, bis mein Vater deswegen einen Brief erhielt. Dieser muss ihn bedrückt haben, denn er konnte darüber mit mir in unserer Wohnung, im obersten Stock des Verwaltungsgebäudes der Siegener AG Geisweid, nicht reden. Er, Direktor dieser Firma, ersuchte mich, in sein Büro im unteren Stock zu kommen. Da bat er mich mit leiser Stimme, doch wieder regelmässig an den Veranstaltungen des Jungvolks teilzunehmen, weil ihm und unserer Familie das sonst Schwierigkeiten mit der Partei eintragen würde. Ich tat es und fand in meinem Fähnleinführer Helmut Prinz, dessen jüngerer Bruder Ulrich mir später auf dem Gymnasium zu Weidenau ein lieber Kamerad und Freund werden sollte, einen verständnisvollen Menschen, der wie so viele in Südwestfalen die nationalsozialistische Ideologie nicht so ernst nahm.

Einige Zeit in solche Erinnerungen versunken, holte mich bald die Gegenwart des bunten Zürcher Volksfestes wieder ein. Während wir bei strahlendem Sonnenschein durch die Strassen schritten, wurden uns von hübschen Zuschauerinnen kleine Blumensträusse, meist Narzissen, zugeworfen. Ich fing einige davon dankend auf und brachte die dann meiner «Schlummermutter» mit, wie die Zimmervermieterin in Zürich genannt wird. Auf dem Sechseläuteplatz vor dem Opernhaus staunte ich über den grossen Holzstoss, auf dem oben der Böögg stand. Reiter galoppierten in ihren malerischen Zunftgewändern um den inzwischen angezündeten Holzstoss herum. Rasch schlugen die Flammen hoch empor, der Böögg fing Feuer und verbrannte unter dem lauten Getöse der in ihm verborgenen Knallkörper. Dann ging es in den «Rüden», das Zunfthaus der Constaffel, zurück. Köstlich mundete das Nachtessen mit dem dazu servierten Wein aus den Rebbergen am Zürichsee, auch wurde viel gelacht. Abordnungen der verschiedenen Zünfte besuchten einander, launige Reden wurden geschwungen, die ich allerdings kaum verstand, weil man sie im urchigen Züridütsch vortrug. Spät abends ging ich beglückt von diesem ereignisreichen Tag in die Voltastrasse, wo ich mein Zimmer hatte.

Freundschaften ergeben sich

Am nächsten Tag betrat ich das Universitätsgebäude, in welchem damals das Theologische Seminar seine Räumlichkeiten hatte. Der Seminarassistent Wolfram Hönig begrüsste mich herzlich und übergab mir einen Seminarschlüssel. Vor seiner Seminartätigkeit war Hönig Pfarrer im bündnerischen Tamins gewesen. Später erfuhr ich, dass er beim Einkauf von theologischer Literatur in der Evangelischen Buchhandlung im Zürcher «Glockenhof» einer jungen Buchhändlerin geraten hatte, sie solle einen Pfarrer heiraten, und mit dem müsse sie dann unbedingt nach Tamins ziehen. Die Dame dachte gar nicht daran, einen Pfarrer zu heiraten, und sie, die Bernerin, wollte auch nicht nach Graubünden. Hönig hatte 1957 im Fach Altes Testament über das Thema «Die Bekleidung des Hebräers» doktoriert und besass offensichtlich prophetische Fähigkeiten, denn 1973 bezogen meine Frau, eben diese Buchhändlerin, und ich mit unseren drei Kindern das Taminser Pfarrhaus.
Inzwischen bin ich darauf gestossen, welche Bedeutung Zürich neben anderen Orten in der Schweiz für Albert Schweitzer gehabt hat. Hiervon will ich jetzt erzählen, wobei mir die Inaugural-Dissertation zur Erlangung der Doktorwürde der Medizinischen Fakultät der Universität Zürich aus dem Jahre 1982 von Elisabeth Lamprecht-Naef zum Thema «Albert Schweitzer und die Schweiz» besonders hilfreich ist.

An einem Johannistreffen in Günsbach[1] bin ich Frau Lamprecht zu der Zeit, da sie an ihrer Dissertation schrieb, begegnet. Er heisse, so betonte Albert Schweitzer oftmals, nicht nur Schweitzer, sondern stamme auch aus der Schweiz. Zur Zeit der Reformation seien seine Vorfahren aus dem katholischen Schwyz ins protestantische Toggenburg gezogen, wo sie «Schwyzer» genannt wurden. Nach dem Dreissigjährigen Krieg (1618-1648) liess sich die Familie im kriegsverwüsteten Elsass nieder, wo Zuziehende willkommen waren, um die Gegend wieder zu beleben und aufzubauen. Aus «Schwyzer» wurde «Schweitzer» als Familienname.[2]
Im Haus des Colmarer Kreisdirektors Friedrich Curtius[3] lernte um 1905 der Schweizer Theologe Adolf Keller (1872-1963) den Strassburger Privatdozenten Albert Schweitzer kennen. Davon berichtete Keller unter anderem: «Schweitzer elsässelte auf Deutsch und Französisch. Aber sein Geist umfasste die weite Welt und liess sich nicht einspannen in Landesgrenzen oder Kirchen... Damals fasste der Plan in ihm Wurzel, zu den Negern nach Afrika zu gehen, aus einer stellvertretenden Busse heraus für das, was die Weissen den Schwarzen angetan haben... Wenn er im Salon Curtius erschien, war er der interessante Anreger und kindlich vergnügte Plauderer, der die Gaben seines reichen Geistes ohne alle Affektionen austeilte.»[4]
Von 1909-1924 war Adolf Keller Pfarrer an der Peterskirche in Zürich. Während des Ersten Weltkriegs ging alle Post von Europa nach Lambarene über Zürich, indem Keller die an Schweitzer und dessen Frau gerichteten Briefe umadressierte. Seit 1924 wohnte Keller in Genf, arbeitete für die Ökumene und deren zwischenkirchliche Hilfsorganisationen und gehörte zu den Gründungsvätern des Weltkirchenrates.
Als Schweitzer während des Ersten Weltkriegs an seiner Kulturphilosophie arbeitete, schickten der aus dem Elsass stammende, in Züriche lehrende Zoologieprofessor Jean Strohl

und dessen Frau die Bücher, welche ihm hierzu noch fehlten, nach Lambarene.[5] Ebenfalls gehörte zu seinen Freunden *«der bekannte Bachsänger Robert Kaufmann in Zürich, den ich so manchmal an der Orgel begleitet hatte»*.[6]
Unter dem Datum vom 26. Mai 1916 schrieb Schweitzer in einem Brief aus Lambarene an seinen Zürcher Musikfreund Kaufmann: *«Wenn Sie mir über Musik schreiben, interessiert es mich sehr. Und wenn etwas Interessantes über Musik erscheint, lassen Sie es mir, bitte, zukommen.»*[7]

An den Wurzeln des Ich

Jedes Mal, wenn ich in Zürich die Schienhutgasse hinaufgehe, wo rechts das Pfarrhaus steht, denke ich an die tiefe Freundschaft, die Albert Schweitzer mit Oskar Pfister verband. Pfister war seit 1902 Pfarrer an der Predigerkirche in Zürich, setzte sich als Pädanalytiker für Kinder ein und wandte in seiner Seelsorge die Psychoanalyse Sigmund Freuds an. Dem Pfarramt, so bekannte er, hing «ich mit grosser Begeisterung an».[8] Mehrmals erhielt Pfister eine Berufung zur akademischen Lehrtätigkeit, die er jeweils ablehnte. «Denn nur am lebenden Menschen glaubte ich die für meine Zwecke notwendigen Beobachtungen gewinnen zu können.»[9] Und: «Hunderte von Fällen, die ich zuvor mit meinen direkt das Bewusstsein in Angriff nehmenden Methoden erfolglos behandelt hatte, weil der im Unbewussten liegende und von da aus wühlende religiös-sittliche Konflikt unberührt blieb, fanden nun die ersehnte seelsorgerliche Erledigung. Dabei war ich mir bewusst, im Wesentlichen nur die von Jesus genial geübte Seelenbehandlung in neuem Gewande auszuüben.»[10] Ab 1934 praktizierte er in Zürich-Witikon.
1918 betonte Freud in einem Brief an Pfister: «Um die Möglichkeit der Sublimierung der Theologie zur Religion

kann ich Sie therapeutisch nur beneiden. Aber das Schöne der Religion gehört gewiss nicht zur Psychoanalyse. Es ist natürlich, dass sich hier in der Therapie unsere Wege scheiden, und kann so bleiben.»[11] Als Pfister 1956 im Alter von 83 Jahren starb, schrieb Albert Schweitzer an dessen Frau Martha Pfister: *«Er hat mir viel gegeben als Mensch und durch sein Wissen. Was Psychoanalyse ist, habe ich durch ihn erfahren.»*[12]

Somit ergibt sich eine Schilderung der Freundschaft zwischen Pfister und Schweitzer. Pfister präsidierte lange Zeit den «Allgemeinen Missionsverein», der sich später den Namen «Schweizerische Ostasienmission» (SOAM) gab. Erfolgreich warb Pfister für die Unterstützung des Spitals in Lambarene. Der Basler Pfarrer Hans Baur erinnerte sich 1928 in einem Brief an Pfister: «Du hast ja die erste Trompete für ihn (Albert Schweitzer) geblasen. Ich weiss noch die Wirtshaustreppe, auf der Du mich auffordertest, sein Gehilfe zu werden. Es war in Reinach vor vielen Jahren.»[13] Bereits 1922 hatte Schweitzer an Pfister geschrieben: *«Wie soll ich Ihnen nur danken, dass Sie so für mich sammeln!»*[14]

Wurzeln des Selbstseins

Im selben Jahr 1922 machte Albert Schweitzer bei Oskar Pfister in dessen gleich unterhalb der Universität Zürich gelegenem Pfarrhaus an der Schienhutgasse einen Zwischenhalt, von dem er berichtet: *«Er tränkte mich und gab mir die Gelegenheit, den müden Leib auszustrecken. Zugleich aber nötigte er mich, ihm Begebenheiten aus meiner Kindheit, wie sie mir gerade in den Sinn kämen, zu erzählen, zur Verwendung in einer Jugendzeitschrift. Später liess er mir dann das, was er in jenen zwei Stunden nachstenographiert hatte, zukommen. Ich bat ihn, es nicht zu veröffentlichen, sondern es mir zur Vervollständigung zu überlassen.»*[15]

Hierzu schrieb Schweitzer am 27. September 1922 an Pfister: *«Lieber Freund. Hier das Manuscript am versprochenen Tage!... Werde mir vor Erstaunen darüber, dass ich den Termin einhalte, nicht krank. Nun aber schicke ich dir nicht dein überarbeitetes Manuscript, sondern etwas ganz Neues. Als ich nämlich an die ‹berarbeitung ging, wurde mir ein Dreifaches klar, was ich vorher nicht bedacht hatte. Erstens: dass die Angaben, die ich dir damals diktierte, nur zu einem Teil auf Kinder berechnet sind. Die Studentenjahre liegen schon jenseits des kindlichen Horizonts. Zweitens: dass so Intimes eigentlich als Selbsterzähltes auftreten muss. Drittens: dass für Kinder ein moralischer Schluss dran gehört. Und so bin ich müder Mensch daran gegangen, dir in einem Tag und in einer Nacht etwas zusammenzuschreiben, was sich in den Erlebnissen bis zur Confirmation hält und nur darüber einen kleinen Ausblick auf die Entstehung des Missionsarztgedankens gibt und zugleich in einer Moral gipfelt... Schämen thue ich mich bloss, dass mir nicht von vornherein klar wurde, dass die Sache autobiographisch und moralisch gehalten sein müsse! So bin ich schuld, dass du dir die Mühe des Schreibens über mich umsonst gabst.»*[16]

Unter dem Titel «Aus meiner Kindheit und Jugendzeit» gab Schweitzer das Buch selber heraus. Es erschien erstmals 1924 und sollte seine am meisten gelesene Publikation werden. Lese ich heute daraus im Religionsunterricht zu Tamins eine Geschichte vor oder gebe sie nacherzählend wieder, so beobachte ich noch stets bei den Kindern und Jugendlichen eine ins Nachdenken führende Aufmerksamkeit.

Hermann Hesse sagte einmal über Albert Schweitzer: «Von allem aber, was der grosse Kamerad geschrieben hat, liebe ich am meisten seine Kindheits- und Jugenderinnerungen. In diesen unvergesslichen Seiten, in denen Schweitzer schlicht von seinen Herkünften und ersten Lebensjahren erzählt, spürt man konzentriert das ganze Erbe enthalten, das er angetreten und so vorbildlich verwaltet hat. Und es weht da eine Innigkeit und Wärme des Herzens, die einen an die schönsten Kindheitsgeschichten deutscher Sprache, etwa die von Jung-Stilling, erinnert.»[17]

Johann Heinrich Jung (1740-1817) wuchs im Siegerland auf, jenem nach dem Flusse Sieg bezeichneten Teil Südwestfalens. Jung ist ein typisch Siegerländer Name. Nach den Pietisten, den «Stillen im Lande», nannte sich Johann Heinrich Jung später Stilling. Den Pietisten ging es um Frömmigkeit, lateinisch pietatis, im Sinne eines persönlich erlebten Glaubens. Jung-Stilling wurde für mich zu einem geistlichen Ahnen, nicht nur weil seine wie meine Herkunft aus dem Siegerland stammt, sondern auch, weil eine meiner vielen Adern sich pietistischer Herkunft verdankt. Bei Albert Schweitzer fand ich Übereinstimmendes: *«Der Pietismus... bedeutete eine Auflockerung, Belebung und Bereicherung des Protestantismus.»*[18]

Wie bei Schweitzer, so gibt es auch bei Jung-Stilling eine Kindheitsgeschichte, in welcher der Teufel eine Rolle spielt. Ich zitiere beide und das nicht nur aus Amüsement, sondern auch, weil die angstmachende Teufelsfigur für mich bedenklich ist.

Jung-Stilling erzählte in seiner Lebensgeschichte: «Der junge Heinrich mochte acht Jahre alt sein; er sass in einem Stuhl und las in einem Buch, sah seiner Gewohnheit nach ganz ernsthaft und ich glaube nicht, dass er zu der Zeit noch in seinem Leben stark gelacht hatte. Stähler sah ihn an und sagte: Heinrich, was machst du da? ‹Ich lese.› Kannst du denn schon lesen? Heinrich sah ihn an, verwunderte sich und sprach: das ist ja eine dumme Frage, ich bin ja ein Mensch! – Nun las er stark, mit Leichtigkeit, gehörigem Nachdruck und Unterscheidung. Stähler entsetzte sich und sagte: Hol mich der T..! so was hab' ich mein Lebtag nicht gesehen. Bei diesem Fluche sprang Heinrich auf, zitterte und sah schüchtern um sich; wie er endlich sah, dass der Teufel ausblieb, rief er: Gott, wie gnädig bist du! – trat darauf vor Stählern und sagte: Mann habt Ihr den Satan gesehen? Nein, antwortete Stähler. So ruft ihn nicht mehr, versetzte Heinrich, und ging in eine andere Kammer.»[19]

Schweitzer schreibt in «Aus meiner Kindheit und Jugendzeit»: *«Meine erste Erinnerung ist der Teufel. Mit drei oder vier Jahren durfte ich schon alle Sonntage mit in die Kirche. Ich freute mich die ganze Woche darauf. Noch fühle ich auf meinen Lippen die Zwirnhandschuhe unserer Magd, die mir die Hand auf den Mund legte, wenn ich gähnte oder zu laut mitsang. Jeden Sonntag nun erlebte ich es, dass aus blitzendem Rahmen oben seitwärts von der Orgel herunter ein zottiges Antlitz sich hin- und herwendend in die Kirche herunterschaute. Es war sichtbar, solange die Orgel spielte und der Gesang dauerte, verschwand, sobald mein Vater am Altar betete, kam wieder, sowie wieder gespielt und gesungen wurde, verschwand wieder, sobald mein Vater predigte, um nachher zu Gesang und Orgelspiel noch einmal zu erscheinen. ‹Dies ist der Teufel, der in die Kirche hereinschaut›, sagte ich mir. ‹Wenn dein Vater mit dem Worte Gottes anfängt, muss er sich davon machen.› Diese allsonntäglich erlebte Theologie gab den bestimmenden Ton in meiner kindlichen Frömmigkeit an. Erst viel später, als ich schon längere Zeit in die Schule ging, wurde mir klar, dass das zottige Antlitz, das so merkwürdig kam und verschwand, dem Vater Iltis, dem Organisten, angehörte und in dem Spiegel erschien, der an der Orgel befestigt war, um den Organisten schauen zu lassen, wann mein Vater an den Altar oder auf die Kanzel trat.»*[20]

Nur für Verwirrte?

Albert Schweitzer litt unter seiner Schreibkrampfhand. Oskar Pfister, der Erfahrung mit der Therapie des Schreibkrampfs hatte, schlug daher 1925 seinem Freund vor, die Behinderung durch Psychoanalyse zu behandeln. «Aber den Schreibkrampf lässt Du mich wegbringen, wenn Du wieder in Zürich bist. Ich habe in dieser Spezialität viel Erfahrung.»[21] Schweitzer lehnte das Anerbieten seines Freundes ab und zog es vor, die Mühen der Schreibkrampfhand zu tragen, als sich einer Analyse zu unterziehen. Die Begründung seiner Weigerung hatte er bereits in den Aufzeichnungen «Aus meiner Kindheit und Jugendzeit» gegeben, wenn es dort heisst: *«In diese Tatsache, dass wir einer dem andern Geheimnis sind, haben wir uns zu ergeben. Sich kennen will nicht heissen, alles voneinander zu wissen, sondern Liebe und Vertrauen zueinander haben und einer an den anderen glauben. Ein Mensch soll nicht in das Wesen des andern eindringen wollen. Andere zu analysieren – es sei denn, um geistig verwirrten Menschen wieder zurechtzuhelfen – ist ein unvornehmes Benehmen. Es gibt nicht nur eine leibliche, sondern auch eine geistige Schamhaftigkeit, die wir zu achten haben. Auch die Seele hat ihre Hüllen, deren man sie nicht entkleiden soll.»*[22]

Nach über dreissigjähriger seelsorgerlicher Praxis im Pfarramt lösen in mir heute diese Worte Schweitzers ein Ja und Nein aus. Ja, weil mir vor einer Art und in Mode gekommenem «seelischen Striptease», andere nennen es «Nabelschau», graust, da sich hier so etwas wie der «in sich gekrümmte Mensch» abspielt, den Martin Luther als den der Erlösung bedürftigen Sünder bezeichnet hat. Und nochmals ja, weil das die Seele schützende Geheimnis einer «Selbstentblössung» ehrfürchtige Grenzen setzt. Nein aber, da Bewusstsein und Unbewusstes einander wechselseitig erfordern und bedingen, und somit auch für geistig gesunde Menschen manchmal eine Entdeckungsreise ins persönliche wie ins kollektive Unbewusste, heilsam sein kann.

Angst der Christen

1944 erschien Oskar Pfisters Buch «Das Christentum und die Angst». In verschiedenen Passagen spielte darin Albert Schweitzer als Neutestamentler eine Rolle. So betonte Pfister etwa: «Es mag befremden, wenn Albert Schweitzer Jesus einen Moralisten nennt... Fasst man die Moral im Sinne Kants kalt und trocken, dann ist die Benennung falsch, erwägt man aber Jesu Auffassung der göttlichen Liebe und Liebesforderung, so hat Schweitzer unbedingt recht. Schwelgende Gefühlsmystik kann sich nie und nimmer auf Christus berufen. Eine Frömmigkeit, die nicht auf sittliche Besserung ausgeht, hat mit der Gottesoffenbarung Jesu nichts zu tun.»[23]

Pfister gab sein Buch während des Zweiten Weltkriegs heraus. So klang und klingt schon der Titel wie eine Herausforderung zum Widerstand aus Liebe gegen die Angst, die mitten im Christentum nistet. Gleich in seinem Vorwort hiess es kritisch: «... dass das Christentum vielfach, vielleicht meistens, aus einer Religion der Liebe zu einer Religion der Angst vor dem Dogma und des hitzigsten Dogmenkultus, Gott aus einem liebreichen himmlischen Vater in besonders dunklen Zeiten christlicher Zwangsbildung zu einem unheimlichen Dogmatiker wurde, der einen dogmatischen Irrtum als ein mit Scheiterhaufen und ewiger Höllenmarter zu bestrafendes Verbrechen betrachtete, während er schändlichste Verstösse gegen die Liebe, auch die schändlichsten Hexenmorde und blutigsten Glaubenskriege nicht nur verzieh, sondern sogar forderte.»[24] Im Rückblick auf Jesus hob Pfister hervor: «Furchtmotive behält Jesus übrig, jedoch nur als wohlgemeinte Warntafeln, die vor Verlassen des Heilspfades schützen und zur Ehrfurcht vor Gott einladen wollen.»[25]
Pfisters «Das Christentum und die Angst» inspiriert mich manchmal bei der Predigtvorbereitung. Beispielsweise zitierte ich daraus in der Taminser Weihnachtspredigt 1994,

das Buch war gerade 50 Jahre alt, oben Genanntes, um es dann weiter so auszulegen: «Denn es ist der Fluch der Angst, dass sie fortzeugend Kriege muss gebären. So ist es bis heute, und morgen wird es auch so sein. Die Angst richtet ein Schlachtfeld in unserer eigenen Seele an; sie dringt nach aussen in Gesprächsverweigerung, in Erbstreitigkeiten und dort, wo sich Nationen als Quasireligionen behaupten, zu seelisch und körperlich blutigen Kriegen, die gegenwärtig zunehmen.»

Mut durch Freunde

Die Theologische Fakultät Zürich verlieh 1920 Albert Schweitzer den ersten Ehrendoktortitel einer Universität. 1921 bot dieselbe Fakultät Schweitzer den vankant gewordenen Lehrstuhl für systematische und praktische Theologie an. Diesen hatte Leonhard Ragaz innegehabt und auf ihn nach dreizehnjähriger Lehrtätigkeit verzichtet. Ragaz übersiedelte nach Aussersihl, dem Industriequartier von Zürich, um dort im «Settlementstil» (der Name Settlement geht auf eine in England gegründete Vereinigung junger Menschen zurück, die sich in Armenvierteln niederliessen, um soziale Gegensätze zu überwinden), freilich nur mit geringem Erfolg, unter der Arbeiterschaft zu wirken.[26] – Ragaz und Schweitzer kannten einander. Davon wird später noch die Rede sein.

Zu Schweitzers Zürcher Freundeskreis gehörte der Theologieprofessor Arnold Meyer. Er war damals gerade Dekan der Fakultät. An ihn schrieb Schweitzer am 10. Juli 1921 von Günsbach aus:

«Dass die Herren der Evang. Theolog. Fakultät zu Zürich an mich gedacht haben, für die Besetzung eines Lehrstuhles, der in meiner Competenz gelegen hätte, hat mich sehr geehrt und tief bewegt. Nirgends lieber als in Zürich würde ich einen Lehrberuf ausüben, und unter Ihnen allen, die Sie mir mit

solcher Freundlichkeit entgegengekommen sind, zu wirken, wäre für mich etwas Wunderbares. Ich habe Heimweh nach dem Lehrberufe und auch Sehnsucht nach einem geordneten Leben. Andererseits aber weiss ich, dass ich meine Pflicht zu erfüllen habe und den Kampf für die Humanität in der Colonisation weiter führen muss, so schwer er in dieser Zeit ist und so schwer die damit gegebene Unsicherheit der Existenz auf meiner Frau und auf mir lastet ...

Ich weiss wohl, dass ich auch neben dem Lehrberuf durch Wort und Schrift für das Werk hätte wirken können. Aber die Wahrheit des Wortes ‹Im Anfang war die Tat› gilt für die ärztliche Mission in besonderem Masse ...

Zum dritten Male in meinem Leben komme ich in die Lage, auf den Lehrberuf zu verzichten... nie ist es mir schwerer gefallen.»[27]

Schweitzers 1930 publiziertes Buch «Die Mystik des Apostels Paulus» ist *«Der Theologischen Fakultät der Universität Zürich in dankbarem Gedenken an die von ihr in schwerster Zeit empfangenen Liebe»* gewidmet.
Die schwerste Zeit bedeuteten für Schweitzer die Jahre von 1917 bis 1921. Sein ärztliches Werk in Afrika, für welches er Stellung und Besitz in Europa aufgegeben hatte, war zerbrochen: *«Durch den Krieg nämlich und den Kurssturz der Mark ist mein ärztliches Werk in Schulden, schwere Schulden, geraten, für die ich haftbar bin, ohne genügend Eigenes zu besitzen, um sie zu decken. Die Mittel meines Unternehmens waren nämlich in Mark angelegt. Während des Krieges war ich ganz von meinen Geldern abgeschlossen, da ich in der französischen Colonie und meine Gelder im deutschen Strassburg waren. Und als ich an meine Gelder konnte, war die Mark gefallen, und ich muss in französischen Franken bezahlen. Daher mein Elend.*[28]

Äusserlich vor dem Nichts stehend, geriet er in eine psychosomatische Krise. In Strassburg fand er zwar wieder eine Bleibe. Mit Freuden nahm er die ihm vom Strassburger Bürgermeister angebotene Stelle eines Assistenten am Bürgerspital an, wurde zugleich wieder Vikar zu St. Nikolai und bezog mit seiner Familie – seine Tochter Rhena wurde 1919 und wie er am 14. Januar geboren – dankbar das leerstehende Nikolai-Pfarrhaus. In «Aus meinem Leben und Denken» erinnerte er sich: *«Die ganze Zeit nach dem Kriege hindurch hatte ich in meiner Strassburger Abgeschlossenheit das Gefühl eines unter ein Möbel gerollten und dort verlorenen Groschens gehabt... In den Kreisen der Wissenschaft hätte ich mich für gänzlich vergessen halten können ohne die Liebe und Güte, die mir die theologischen Fakultäten zu Zürich und Bern entgegenbrachten.»*[29]
Einige Tage vor Weihnachten 1919 erhielt er *«durch Erzbischof Nathan Söderblom eine Einladung, nach Ostern 1920 für die Olaus-Petri-Stiftung Vorlesungen an der Universität Upsala zu halten.*[30] *Als müder, gedrückter, noch kränkelnder Mann – im Sommer 1919 hatte ich mich einer zweiten Operation unterziehen müssen – war ich nach Schweden gekommen. In der herrlichen Luft Upsalas und in der guten Atmosphäre des erzbischöflichen Hauses, in dem meine Frau und ich zu Gaste waren, genas ich und wurde wieder ein arbeitsfroher Mensch.»*[31]
Die Schweitzer angebotene Zürcher Professorenstelle erhielt dann Emil Brunner, (1889-1966) der sie von 1924 bis 1953 innehatte.[32]

Die Mystik und das Wort

Den Titel dieses Abschnitts verdanke ich dem gleichlautenden Titel eines Buches von Emil Brunner. Als ich 1959 nach Zürich kam, erlebte ich Brunner nicht mehr als Professor, wohl aber als Prediger in der Fraumünsterkirche. Von ihm ging, so empfand ich, nicht nur eine verbale, sondern auch eine nonverbale Wirkung aus. Bestallte Zürcher Pfarrer, die bei Brunner in praktischer Theologie unterwiesen worden waren, erzählten mir: «Eine Predigt darf nie langweilig sein.» Dies sei des Meisters erste Devise gewesen. Einem Studenten sei auf die Frage, wie man zu predigen habe, die Antwort zuteil geworden: «Hören Sie sich meine Predigten an!» Weiter wurde mir berichtet, Brunner habe seine Predigten oft in einem Zürcher Café vorbereitet, um die Nähe von Menschen zu spüren.

Sein Sohn Hans Heinrich Brunner – ich lernte ihn 1959 in Zürich als Studenten-Pfarrer kennen und sollte anfangs der achtziger Jahre mit ihm noch in der Ständigen Konferenz der Deutschschweizer Kirchenboten zusammenarbeiten – hat in seinem Buch «Mein Vater und sein Ältester» (1986) die Predigtweise seines Vaters treffend geschildert.

Predigt als Treffpunkt zwischen Menschenwort und Gotteswort

Er beschrieb sie so: «Was die meisten Besucher des Fraumünsters in hellen Scharen dorthin zog, war die direkte, schnörkelfreie Rede eines Mannes, der zwar über einen grossen Fundus geistiger und geistlicher Autorität verfügte, aber alles daran setzte, seine Einsichten auch dem einfachsten Menschen verständlich nahezubringen. In der Sache selbst, in der Auslegung des Bibelwortes, machte Emil Brunner keine Kompromisse; seine Predigt war mit der Substanz seiner theologischen Hauptwerke deckungsgleich. Er verstand jedoch die Predigt zugleich als Nagelprobe, nämlich als Aufweis, dass Theologie kein gelehrtes Glasperlenspiel ist, sondern die Mitte der menschlichen Existenz betrifft. Für die Predigt als Treffpunkt zwischen dem Menschen und dem Wort Gottes hatte er ein untrügliches Gespür.»[1]

Jemand schenkte mir seinerzeit einen Band mit Predigten, die Emil Brunner während des ersten Kriegsjahrs gehalten hatte. Daraus gebe ich wörtlich wieder: «Wenn wir bei Gott Auskunft einholen könnten, wer in erster Linie verantwortlich zu machen sei, glaubt ihr, er würde nennen: Lenin, Stalin, Hitler? Ich fürchte sehr, er würde sagen: Ihr Christen seid schuld!... Hätte die Christenheit sich wirklich der Diktatur des heiligen Geistes unterworfen, so gäbe es jetzt keine Diktatur von Gewalttätigen.»[2]

In Brunners Theologie habe ich mich bis heute zu wenig vertieft. Doch wenn ich in Auswahl Texte von ihm las, die ersten reichte mir ein Klassenkamerad während meiner Gymnasialzeit, und jetzt lese, bewegt mich seine theologische Leidenschaft, die sich, wie alle Leidenschaft, der Verletzlichkeit aussetzte, was mir bei Emil Brunner in besonderer Weise spürbar zu sein schien.

Über theologische Gräben hinweg

Mit Albert Schweitzer, der ebenfalls gern und oft predigte, fühlte sich Emil Brunner trotz mancher Verschiedenheit im theologischen Denken tief verbunden. Am 30. Mai 1929 sandte Brunner dem damals gerade in Zürich weilenden Schweitzer einige seiner Bücher mit folgendem Begleitbrief: «Mein verehrter lieber Herr Kollege! Ich muss mich ordentlich entschuldigen, dass ich Ihr Gepäck in so unverschämter Weise vermehre. Aber ich muss irgendwie ein sichtbares Zeichen meiner aufrichtigen Verehrung und inneren Verbundenheit geben. Ihr heutiger Vortrag war für mich ein Ereignis und das Zusammensein mit Ihnen so wie das letztemal eine Erquickung. Lieber Mann, Gott segne Sie weiterhin, und behüte Ihren Ausgang und Eingang... Bei aller Verschiedenheit weiss ich mich im Tiefsten mit Ihnen verbunden wie mit wenigen. Von Herzen Ihr E. Brunner.»

Der handgeschriebene Brief befindet sich im Günsbacher Archiv und ist mit der Notiz Schweitzers versehen: «Mai 1929 Prof. Brunner sendet einige seiner Bücher. Spricht über den ‹Paulus›-Vortrag in Zürich. Rep. (Dankesbrief) 8.8.29.» Unter diesen Büchern befand sich «Der Mittler. Zur Besinnung über den Christusglauben» mit der handschriftlichen Widmung, das Exemplar befindet sich ebenfalls im Günsbacher Archiv, «Albert Schweitzer in Verehrung vom Verfasser 30.V.29».

In diesem seinem Werk referierte Brunner das vielfach debattierte Forschungsergebnis Schweitzers mit den Worten: «Die liberale Leben-Jesu-Forschung des letzten Jahrhunderts hat unbewusst die rationale sittlich-religiöse Humanität ihres eigenen Religionsideals mit dem Denken und Wollen Jesu verwechselt; sie hat es fertiggebracht, aus Jesus einen Lehrer allgemeiner sittlicher und religiöser Wahrheiten und einen Menschen zu machen, dessen Vorzug vor anderen es war, diese allgemeinen sittlich-religiösen Wahrheiten in seinem Leben in ungewöhnlichem Masse vorbildlich zu verwirklichen. Dieses Bild ist nicht das historisch erkennbare, sondern ein Wunschbild der liberalen Weltanschauung des letzten Jahrhunderts. Dieser Jesus hat weder existiert, noch geben die evangelischen Quellen irgendeinen Anlass für diesen historischen Irrtum.»[3] In einer Fussnote hierzu zitierte Brunner wörtlich Schweitzer aus dessen «Geschichte der Leben-Jesu-Forschung» und vermerkte, gleich anschliessend: «Wir würden nur hinzufügen: weil Schweitzer selbst als Rationalist den Sinn der Eschatologie nicht versteht, mischt er selbst seinem sonst treffsicher gezeichneten Jesusbild Züge bei, die ihm fremd sind.»[4] Und viele Seiten weiter heisst es dort wieder in einer Fussnote: «Die harten Urteile Albert Schweitzers über dieses liberale Leben-Jesubild, die den Vorwurf der Geschichtsfälschung streifen, sind bekannt. Wenn Schweitzers Kritik nicht so wirksam war, wie sie es verdiente, so liegt das wohl an den Einseitigkeiten seiner eigenen Darstellung, die den Angegriffenen willkommene Deckung gegen seinen sonst vernichtenden Angriff boten.»[5]

Kernerarbeit im Übersetzen

Worum es Albert Schweitzer ging, sei hier etwas ausführlicher[6] dargestellt. Im Mittelpunkt des apokalyptischen, beziehungsweise eschatologischen Denkens der Zeit Jesu stand die Vorstellung vom Zuendegehen des gegenwärtigen Aeons, der gegenwärtigen Weltzeit, und von dem Hereinbrechen des «Reiches Gottes» als eines völlig neuen «kosmischen» Weltzustandes. Schweitzer ging davon aus, dass Jesus diese Vorstellung seiner jüdischen Landsleute teilte, sich für den kommenden Messias hielt und durch sein Leiden das Reich herabnötigen wollte. Er folgerte:

«Die Tat Jesu besteht darin, dass seine natürliche und tiefe Sittlichkeit von der spätjüdischen Eschatologie Besitz ergreift und so dem Hoffen und Wollen einer ethischen Weltvollendung in dem Vorstellungsmaterial jener Zeit Ausdruck gibt.»[7]

Das «erschwert die Übersetzung seiner Ideen in die Formeln unserer Zeit in ausserordentlicher Weise. Die Aufgabe ist überhaupt nicht lösbar, solange man darauf ausgeht, im einzelnen zwischen Bleibendem und Vergänglichem zu scheiden.»[8]

«Unser Verhältnis zum historischen Jesus muss zugleich ein wahrhaftiges und ein freies sein. Wir geben der Geschichte ihr Recht und machen uns von seinem Vorstellungsmaterial frei. Aber unter den dahinter stehenden gewaltigen Willen beugen wir uns und suchen ihm in unserer Zeit zu dienen, dass er in dem unsrigen zu neuem Leben und Wirken geboren werde und an unserer und der Welt Vollendung arbeite. Darin finden wir das Eins-Sein mit dem unendlichen sittlichen Weltwillen und werden Kinder des Reiches Gottes...

Denn alles, was man Wirkliches über Erlösung aussagen kann, geht zuletzt darauf zurück, dass wir in der Willensgemeinschaft mit Jesus von der Welt und uns selbst frei werden und Kraft und Frieden und Mut zum Leben finden. Jesus selber ist, man vergesse es nicht, seinem Wesen nach ein Moralist und Rationalist, der in der spätjüdischen Metaphysik lebte.»[9]

Also nennt Schweitzer das Einswerden mit dem Willen Jesu Mystik.
Während meiner Zürcher Zeit erschien 1960 der dritte und abschliessende Band von Brunners Dogmatik. Darin hiess es: Die Schule der «konsequenten Eschatologie», als solche bezeichnete sich die von Johannes Weiss, dem Marburger und später Heidelberger Neutestamentler, und von Albert Schweitzer, «hat zweifellos das Verdienst, die Aufmerksamkeit auf die Tatsache gelegt zu haben, dass Jesus und das Urchristentum die Erscheinung der messianischen Herrlichkeit und das damit verbundene Ende dieser Welt in allernächster Zeit erwartet haben. Man mag diese Tatsache beurteilen, wie man will – an ihr zu zweifeln vermag keiner mehr, der die Texte des Neuen Testaments kennt und ernst nimmt.»[10]
Andererseits werde im Neuen Testament sehr wohl bemerkt, «dass der Apostel Paulus, der in den ersten Briefen das Eintreffen der Endoffenbarung selbst noch zu erleben hoffte,

später sich mit der Möglichkeit ernstlich auseinandersetzte, dass er es nicht mehr erleben werde, dadurch aber in keiner Weise an seinem Heilsglauben als dem in Jesus Christus allein begründeten irre wurde.»[11] Auch werde der Zeitpunkt des baldigen Weltendes in seiner Gültigkeit und Tragweite durch zwei andere Aussagen Jesu zumindest relativiert: «Von dem Tage aber und der Stunde weiss niemand,... auch der Sohn nicht, sondern allein der Vater» (Markus 13,32); «und es wird gepredigt werden das Evangelium vom Reich in der ganzen Welt zu einem Zeugnis über alle Völker, und dann wird das Ende kommen» (Matthäus 24,14).[12]

Als Schweitzers Buch «Die Mystik des Apostels Paulus» herauskam, war Brunner gerade Dekan der Theologischen Fakultät Zürich. In dieser Eigenschaft schrieb er am 21. März 1930 an Schweitzer: «Ich betrachte es als ein glückliches Omen, dass das erste Dekanatsgeschäft, das ich zu erledigen habe – nachdem mir gestern die Dekanatsakten übergeben worden sind – der Dank an Sie für die uns ehrende Widmung Ihrer Schrift über die Mystik des Apostels Paulus sein darf... Auch wir betrachten Sie als einen der unsrigen und freuen uns von Herzen, dass auch Sie es tun. Unsere Wünsche begleiten Sie ständig in all Ihrem Tun, dem wissenschaftlichen und dem praktischen, das ja aus derselben Quelle fliesst. Aber nicht bloss das. Sie ermöglichen uns durch Ihre Arbeit, Sie auch in unserer Arbeit als einen gegenwärtigen zu betrachten, mit dem zu marschieren oder dem zu opponieren immer eine besondere Freude ist, weil sich beides lohnt. Ihre Arbeit ist mir persönlich noch nicht zu Gesicht gekommen; ich vermute aber, nach dem was ich vor einem Jahr im Kirchgemeindehaus Enge von Ihnen selbst gehört habe, dass ich an Ihrer Darstellung wenig anderes als den Gebrauch des Wortes Mystik für das was Sie meinen, beanstanden werde und mich im übrigen in der Regel unter denen, die Ihnen mit Freude zustimmen, werde befinden dürfen.»[13]

Handelte es sich für Schweitzer bei Jesus um eine Begegnung von Wille zu Wille, so bei Paulus um eine Begegnung von Denken zu Denken. Hier fand Schweitzer, was ihm «von Jugend auf» bewusst war: Alles Denken, das «in die Tiefe geht», endet in ethischer Mystik.[14]
1924 hatte Brunner seine Schrift «Die Mystik und das Wort» publiziert. Zwei Glaubensweisen stellte er da einander gegenüber: Entweder gründe sich der Glaube auf die fromme Erfahrung des Menschen, oder er komme aus dem Hören auf Gottes Wort. Die erste Weise bezeichnete Brunner als «Mystik». Sie galt ihm als Kennwort für die Theologie Schleiermachers. Die zweite Weise sah Brunner in der Glaubenswelt der Apostel und Reformatoren. Deren Theologie des Wortes gelte es zu erneuern. So lautete Brunners Devise: Entweder die Mystik oder das Wort! «Denn Gott glauben ist das Gegenteil vom Gott Erleben.»[15] 1960 hiess es bei Brunner differenzierter: «Die paulinische Theologie ist – darin hat Albert Schweitzer richtig gesehen – ‹Christusmystik›, aber diese Christusmystik ist zugleich und zuerst Christusglaube, Glaube an das in seinem Kreuz ein für allemal Geschehene.»[16]

Suchen als Leidenschaft

Nach Zürich war ich also gekommen, um mich mit der Bultmann-Schule bekannt zu machen. Dazu gehörten der Neutestamentler Hans Conzelmann und der Systematiker Gerhard Ebeling, die dort an der Theologischen Fakultät lehrten. Auch hielten die Neutestamentler Ernst Fuchs und James M. Robinson Gastvorlesungen. Auf einem zusammen mit Zürchern veranstalteten praktisch-theologischen Seminar in Mainz lernte ich den Neutestamentler Herbert Braun und den praktische Theologie lehrenden Manfred Mezger kennen. Mir fiel die Leidenschaft auf, mit der die genannten Bultmann-Schüler Theologie betrieben. Sie suchten den Glauben zur Sprache zu bringen. Doch hatte ich manches Mal Mühe, ihre Sprache zu verstehen.

Als Ernst Fuchs auf einer Fachschaftstagung in der Heimstätte Boldern bei Zürich, an der ich selber nicht teilnehmen konnte, von der mir aber gleich brühwarm erzählt wurde, von einem Studenten zaghaft angefragt wurde, ob er das Schwierige nicht einfach sagen könne, da habe der impulsive Württemberger losgedonnert: «Das Schwierige lässt sich nur schwierig sagen!»

Theologen Spass und Spiess

Mit Herbert Braun, einem Ostpreussen mit pfiffigem Gesicht, verband mich das Pfeiferauchen, auch haben wir, meine Frau war mit von der Partie, dem köstlichen Rheinhessenwein kräftig zugesprochen. Braun konnte schallend über sich selber lachen, wenn er etwa erzählte, mit welcher Lust er letzte Weihnachten seinen in Brand geratenen Lichterbaum gelöscht habe: «Und dann goss ich.» Dem ihm gerade mit strenger Miene gegenübersitzenden Zürcher Daseinsanalytiker Medard Boss blinzelte er zu: «Herr Boss, das wird Sie interessieren!»

Von Jesus, so wurde mir kolportiert, habe Braun manchmal als «dem Scheich aus Nazareth» gesprochen, um zum Nachdenken über die Mitmenschlichkeit Jesu zu reizen. In seinem Buch «Jesus der Mann aus Nazareth und seine Zeit» hob er hervor: «Jesus legt Gott nicht als Pflicht zum Hassen, sondern zum Lieben aus; Jesus versteht Gott nicht als die Instanz, vor der man etwas verdienen kann, sondern als den Vorgang, in welchem der böse und hoffnungslose Mensch Zukunft und Hoffnung bekommt.»[1] In einer seiner Studien zum Neuen Testament hiess es pointiert: «Der Mensch als Mensch, der Mensch in seiner Mitmenschlichkeit, impliziert Gott.»[2] In dieser Zuspitzung liegt für mich der Gedankenanstoss: Im Namen der Mitmenschlichkeit, die im Evangelium wurzelt, ist das Segnen von Kanonen absurd.
Wurde es allzu ernst oder auch sonst, erzählte Herbert Braun in seinem ostpreussischen Tonfall Witze. An einen erinnere ich mich so: Einst hatte ein zu höheren Würden gekommener Pfarrer, er war Superintendent, kräftig gezecht, worauf er vom Stuhl fiel und einschlief. Daraufhin trug man ihn in ein Lager voller Särge, die offen zum Verkauf bereit standen. In einen dieser Holzsärge legte man den laut Schnarchenden und den Sargdeckel darüber. Als der Superintendent morgens aus seinem Rausch erwachte und, wie beobachtet wurde, den leicht aufgelegten Deckel beiseite schob, schaute er verdutzt auf die ringsum leerstehenden Särge und brummte hörbar: «Jetzt habe ich auch noch die Auferstehung verschlafen.»
Manfred Mezger beeindruckte als Theologe und als Musiker. Als er einmal gefragt wurde, warum an den Universitäten von dem geistigen Werk Albert Schweitzers nicht gesprochen werde, soll er, wie Hermann Baur später in Erfahrung brachte, gesagt haben: «Der ist viel zu gross, der kommt erst noch.»

Die Bultmann-Schüler suchten sich einen neuen Weg zum historischen Jesus zu bahnen. Es ist, trotz vieler Unterschiede und Nuancierungen im einzelnen, in einer für die theologische Wissenschaft erstaunlichen Übereinstimmung geschehen. Dieses neue Fragen nach dem historischen Jesus lädt ein, nach einem kurzen Blick auf Albert Schweitzers Ergebnis, zunächst die Erkenntnisse Rudolf Bultmanns (1884-1976), von dem besagte Schule ihren Namen hat, zu schildern.

Mittels historisch-kritischer Methode ging Schweitzer, wie geschildert, der Frage nach, was sich denn aus den Evangelien an historisch Zutreffendem bezüglich der Botschaft Jesu ausmachen liesse. Er fand den uns fremden Jesus: *«Als ein Unbekannter und Namenloser kommt er zu uns»,* hiess es am Schluss von Schweitzers «Geschichte der Leben-Jesu-Forschung». 1930 erhielt Schweitzer einen Ruf als Neutestamentler an die Universität Leipzig. Wieder lehnte er wegen seiner als dringend empfundenen Aufgabe am Spital in Lambarene ab. Dieses *«fällt mir hinsichtlich der Aussichten, die mir Leipzig eröffnete, besonders schwer, weil die dortige Stellung mir in jeder Hinsicht zugesagt hätte.»*[3]

Zuvor hatte Rudolf Bultmann eben diesen Ruf nach Leipzig abgelehnt und war in Marburg geblieben.[4]

Bultmann, neun Nahre jünger als Schweitzer, hatte sich ebenfalls der Frage nach dem historischen Jesus gestellt. Er forschte nach einer ältesten Schicht in den ersten drei Evangelien – Matthäus, Markus, Lukas, – welche man Synoptiker nennt, weil man sie zu einer Synopse, einer «Zusammenschau» in Parallelspalten nebeneinander drucken kann, wie es seit 200 Jahren zu Studienzwecken gemacht wird. Die Ergebnisse seiner subtilen Untersuchung finden wir in seinem Werk «Die Geschichte der synoptischen Tradition».

Bultmann erkannte, dass wir vom Leben und der Persönlichkeit Jesu wenig wissen – von seiner Verkündigung hingegen so viel, «dass wir uns ein zusammenhängendes Bild machen können».[5] «Mit einiger Vorsicht also wird man über das Wirken Jesu folgendes sagen können. Charakteristisch für ihn sind Exorzismen, der Bruch des Sabbatgebotes, die Verletzung von Reinheitsvorschriften, die Polemik gegen die jüdische Gesetzlichkeit, die Gemeinschaft mit deklassierten Personen wie Zöllner und Sündern; auch ist zu erkennen, dass Jesus nicht wie Johannes der Täufer ein Asket war, sondern gerne ass und ein Glas Wein trank. Vielleicht darf man noch hinzufügen, dass er zur Nachfolge aufrief und eine kleine Schar von Anhängern – Männer und Frauen – um sich sammelte.»[6]

Die Predigt der ersten Christen

Die Verkündigung Jesu aber, so deckte Bultmanns kritische Analyse auf, ist mit der urchristlichen Christusbotschaft nicht identisch. Habe Jesus das Hereinbrechen der Gottesherrschaft gepredigt, so predige die Urgemeinde die Botschaft – griechisch das Kerygma – von Jesus Christus, der stellvertretend für die Sünden der Menschen am Kreuz gestorben und von Gott wunderbar zu unserem Heil erweckt worden sei.[7] Damit sei das entscheidende Ereignis schon geschehen: «Aus dem Verkündiger ist der Verkündigte geworden.»[8] «So hat denn auch für das Kerygma des Paulus wie des Johannes, wie überhaupt für das NT die Persönlichkeit Jesu keine Bedeutung.»[9] «Das Kerygma behauptet, dass Gott den historischen Jesus zum Christus, zum Kyrios, gemacht habe (Act. 2,36). Oder, wenn ich mich an Formulierungen des Paulus und Johannes orientiere: das Kerygma enthält die paradoxe Behauptung, dass ein historisches Ereignis – eben der historische Jesus und seine Geschichte –

das eschatologische Ereignis (die Wende der Aeonen und was damit gegeben ist) sei.»[10] Über dieses «Dass der Historizität» Jesu komme man nicht hinaus. Denn Jesus – der historische Jesus – sei Jude und jedenfalls nicht Christ gewesen.[11]

Die eigenen Kritiker persönlich ernst nehmen

Bultmanns und Schweitzers persönliche Beziehungen waren herzlich; gelegentlich tauschten sie eigene Bücher und Artikel aus, wobei die Begleitschreiben jeweils von hoher gegenseitiger Wertschätzung als Persönlichkeit und Wissenschaftler zeugen. In seinem wohl ersten Brief an Bultmann schrieb Schweitzer am 24. Juli 1912 von Strassburg aus: *«Ich muss Ihnen ein Wörtlein schreiben, um Ihnen zu sagen, wie mich Ihre Zeilen über meine ‹Geschichte der paulinischen Forschung› in der ‹Christlichen Welt› gefreut haben... Den zweiten Teil meines Lebens verbringe ich am Congo, als Arzt für die armen Schwarzen, um alle meine kritischen Sünden zu büssen.»*[12]

Als Schweitzer sein Buch «Die Mystik des Apostels Paulus» veröffentlicht hatte, verfasste er am 11. Oktober 1931 in Günsbach ein längeres Schreiben an Bultmann, der in der Paulusforschung zu anderen Ergebnissen gekommen war. *«Hoffentlich»,* so meinte Schweitzer, *«sitzen wir einmal gemütlich zusammen und diskutieren über diese Dinge.»*[13]

Übrigens hiess Bultmanns Frau, eine geborene Feldmann, mit Vornamen ebenso wie Schweitzers Frau Helene, und wie Schweitzer so hat auch Bultmann seine Predigten oft im Austausch mit seiner Frau vorbereitet.[14] Wie mir scheint, ist beiden Theologen etwas an pietistischer Sprache eigen. Als einmal im pietistisch geprägten Siegen ein Vikar aus Bultmanns Jesus-Buch Sätze über Jesu Ruf zur Entscheidung vorlas, ohne den Autor zu nennen, zeigten sich die Teilnehmer einer Bibelstunde begeistert, als sie hörten: «Es gibt Leute, die sich um der Gottesherrschaft willen zu Eunuchen gemacht haben, sagt Jesus (Matth. 19,12). Nur durch die enge Pforte führt der Weg zum Heil; die vielen auf der breiten Strasse wandern ins Verderben (Matth. 7,13-14). Dieser Ruf zur Entscheidung ist der Ruf zur Busse. Denn die meisten Menschen hängen an dieser jetzigen Welt und bringen die Energie nicht auf, sich ganz für Gott zu entscheiden. Sie wollen wohl die Gottesherrschaft, aber sie wollen sie neben anderen Dingen, neben Reichtum und Ansehen bei den Menschen; sie sind unbussfertig.»[15]

Damit hatte dieser Schelm von Vikar jene Leute in die Falle gelockt, denn als er ihnen den Namen des Autors schliesslich preisgab, war man allseits geschockt, galt doch Bultmann als ungläubig und manchem gar als der «Leibhaftige». Den Vorwurf des Unglaubens seitens pietistischer und orthodoxer Kreise hatten Schweitzer und Bultmann ebenso gemeinsam wie ihre Beharrlichkeit. Die Komiteemitglieder der Pariser Mission hatten in ihrer Mehrzahl wegen des theologischen Standpunktes Schweitzers Bedenken, *«weil ich»,* wie er erzählte, *«in Versuchung kommen könne, drüben mit meiner Wissenschaft die Missionare zu verwirren und mich als Prediger betätigen zu wollen. Als ich ihnen versicherte, dass ich nur Arzt sein wolle und mir im übrigen vornähme ‹d'être muet comme une carpe› – stumm wie ein Karpfen zu sein – waren sie beruhigt.»*[16]

Die Kritik an Bultmann ging bis zu Morddrohungen, wie ich von seiner Tochter Antje Bultmann Lemke erfuhr. Doch all solche Kritik sei an ihm wie Wasser an einer Regenhaut abgelaufen. Schweitzer wie Bultmann nahmen aber auch ihre Kritiker menschlich ernst. Schweitzer besuchte einzeln die Komiteemitglieder der Pariser Mission und Bultmann antwortete jedem, der ihm persönlich schrieb. In seinem Aufsatz «Echte und säkularisierte Verkündigung im 20. Jahrhundert» aus dem Jahr 1955 nannte Bultmann «das Werk Albert Schweitzers als Verkündigung durch die Tat»[17]. Und als ich im Juli 1996 Bultmanns Schüler Ernst Käsemann, der gerade neunzig Jahre alt geworden war, und dessen Frau in Tübingen besuchte, kamen wir im Verlauf eines langen lebhaften Gesprächs unter anderem auf Albert Schweitzer zu sprechen, wobei Käsemann äusserte, die Tat Albert Schweitzers sei so gewaltig gewesen, dass sie die Kritik an dessen Theologie habe verstummen lassen.

Verbindung und Spannung zwischen Jesus und seinen Nachfolgern

1953 hielt auf der Tagung «alter Marburger», dem damals jährlichen Treffen der Bultmann-Freunde und – Schüler mit ihrem Lehrer, Ernst Käsemann in Jugenheim an der Bergstrasse einen Vortrag über das Thema «Das Problem des historischen Jesus». Damit wollte Käsemann das Gespräch über den historischen Jesus im Kreis der Schüler Bultmanns wiederbeleben und möglichst eine gewisse Selbstkorrektur des Lehrers veranlassen, dessen historische Skepsis ihm an dieser Stelle übertrieben, und dessen Folgerungen aus dieser Skepsis ihm gefährlich erschienen. Das erste ist Käsemann gelungen, das zweite nicht. Unter seinen Mitschülern schlug das Gespräch hohe Wellen, den Lehrer selbst vermochte er nur zu Präzisionen zu veranlassen, nicht aber zu überzeugen. Das Problem, so hiess es in Käsemanns Jugenheimer Vortrag, «besteht darin, dass der erhöhte Herr das Bild des irdischen fast aufgesogen hat und die Gemeinde dennoch die Identität des erhöhten mit dem irdischen behauptet. Die Lösung dieser Problematik aber kann nach unsern Feststellungen aussichtsvoll... einzig von der Verbindung und Spannung zwischen der Predigt Jesu und der seiner Gemeinde angegriffen werden.»[18]

In Jugenheim wohnte meine liebste Patentante Geni Grolman, die mir die Lust am Denken und am Kirschenessen beibrachte. In ihrem grossen Garten standen riesige Kirschbäume der verschiedendsten Sorten. In meiner Jugendzeit kletterte ich mit Wonne darin herum, wiegte mich in den Zweigen und verspeiste Kirschen, deren Steine ich ins Weite spuckte. Und wie nun einmal die Kirschen ohne Steine nicht zu haben sind, so verhält es sich in etwa mit dem Kerygma und dem historischen Jesus. So jedenfalls erscheint mir die Sicht der Bultmann-Schule.

Kirsche und Stein

Der neuen Jesusforschung bin ich persönlich erstmals während meiner Tübinger Studentenzeit begegnet, als ich dort Hermann Diems Antrittsvorlesung zum Thema «Der irdische Jesus und der Christus des Glaubens» im Jahre 1957 hörte. Ich sehe noch den damals bereits 57jährigen Diem im Korridor des Hauptgebäudes der Universität schwitzend und Zigarette rauchend auf und ab gehen und uns Studenten fröhlich zublinzeln, nicht nur, weil er nach etwelchen Querelen endlich seinen erwünschten Lehrstuhl für systematische Theologie in Tübingen erhalten hatte, sondern offensichtlich auch, weil ihm das Thema behagte. Diem, obwohl Barth-Schüler, erinnerte in seinen Redewendungen stark an Käsemann.[19]
In seinem Seminar behandelten wir «Lessings theologische Schriften». Durch Lessing stiessen wir auf Texte von Hermann Samuel Reimarus (1694-1768). Der war einst Professor für orientalische Sprachen am Gymnasium Johanneum in Hamburg. Aus seiner historisch-kritischen Durchsicht der Bibel entstand in mehr als 20jähriger Arbeit die «Apologie oder Schutzschrift für die vernünftigen Verehrer Gottes». Das voluminöse Manuskript verwahrte er in seiner Schublade, um theologische Streitereien zu vermeiden. Als Reimarus ge-

storben war, erhielt Lessing durch dessen Kinder davon Kenntnis. Einzelne Teile gab Lessing 1774-1778 mit eigenem Kommentar versehen als «Fragmente eines Ungenannten» heraus. Hierzu schrieb Schweitzer in seiner «Geschichte der Leben-Jesu-Forschung»: *«Des Reimarus Werk ist kein Pamphlet... Reimarus war nur ein Historiker. Aber es war das erstemal, dass ein historischer Kopf mit den Quellen vollständig vertraut, die Kritik der Überlieferung unternahm. Es war Lessings Grösse, dass er die Bedeutung dieser Kritik erfasste und ahnte, dass sie zur Vernichtung oder zur Umbildung des Begriffs der Offenbarung führen müsse.»*[20]

«Von dem Zwecke Jesu und seiner Jünger» heisst das siebte und letzte Fragment, welches Lessing herausgab. Darin stellte Reimarus fest: «... allein ich finde grosse Ursache, dasjenige, was die Apostel in ihren eigenen Schriften vorbringen, von dem, was Jesus in seinem Leben würklich ausgesprochen und gelehret hat, gänzlich abzusondern.»[21] Diese Erkenntnis des Reimarus bestimmt bis heute in so manchen Variationen, eine davon war die Bultmanns, die Jesusforschung.

Lessing, ein Ahne Schweitzers

Während Reimarus fand, der christliche Glaube sei falsch, weil er sich irrtümlich auf Jesus berufe und das Neue Testament demnach ein Trugbild, wollte Lessing das Christentum von «zufälligen Geschichtswahrheiten» frei machen. Christlicher Glaube war für Lessing wesentlich unabhängig von historischer Begründung und Rückendeckung. Hierin ist Albert Schweitzer mit Lessing verwandt. Ich frage mich allerdings, warum Schweitzer, dessen 1906 erstmals noch unter dem Titel «Von Reimarus zu Wrede» erschienene «Geschichte der Leben-Jesu-Forschung» ja schon in ihrem Titel in die Biographie Lessings greift, Lessing nur in wenigen Sätzen erwähnt. Zur Biographie Lessings sei angemerkt, dass Lessing sich in den letzten sieben Jahren seines Lebens nahezu ausschliesslich mit theologischen Fragen befasste, darunter auch solchen der Bibelexegese. Ich sehe Lessing als einen der theologischen und dann auch ethischen Väter Schweitzers. In seiner Schrift «Testament Johannis» schilderte Lessing ein Zwiegespräch auf Grund einer legendären Nachricht, die sich in den Schriften des Kirchenvaters Hieronymus findet: Der hochbetagte Evangelist Johannes habe der Gemeinde immer nur gesagt: «Kinderchen, liebt euch!» Auf Befragen, warum er denn nichts weiter zu sagen wisse, habe er geantwortet: «Darum weil es der Herr befohlen. Weil das allein, das allein, wenn es geschieht, genug, hinlänglich genug ist.»[22] Dieses ist die allgemeine, nicht von zufälligen Geschichtswahrheiten abhängige Wahrheit des Christentums. Sie teilt es nach Lessing mit dem Judentum und dem Islam. Als 1778 über alle von ihm publizierten Schriften, fremde so gut wie eigene, die Zensurpflicht verhängt wurde, schrieb der Dichter an Elise, der Tochter von Reimarus, unter dem 6. September 1778 aus Wolfenbüttel: «Meine werte Freundin... Ich muss ver-suchen, ob man mich auf meiner alten Kanzel, auf dem Theater, wenigstens noch ungestört predigen will lassen.»[23] 1779, zwei Jahre vor seinem Tod, erschien «Nathan der Weise».

Durch Hermann Diem lernten wir damals den Heidelberger Neutestamentler Günther Bornkamm kennen. Dessen Jesus-Buch aus dem Jahr 1956 war die erste Monographie eines Bultmann-Schülers über Jesus von Nazareth, dreissig Jahre nach Bultmanns eigenem Jesus-Buch. Diese Publikation Bornkamms begleitet mich bis heute. Gleich im Vorwort hiess es da: «Weil der irdische Jesus für die Gemeinde zugleich der Auferstandene ist, nimmt auch sein Wort in der Überlieferung die Züge der Gegenwart an.»[24]

1959 erschien Gerhard Ebelings Buch «Das Wesen des christlichen Glaubens». Es war aus einer Vorlesungsreihe entstanden, die er im Wintersemester 1958/59 an der Universität Zürich für Hörer aller Fakultäten gehalten hatte. Wir, im Sommer 1959 nach Zürich Gekommene, lasen und besprachen im Café Schober oder sonstwo begierig dieses Buch, das keinerlei Appell an das theologische Bildungsniveau der Studenten enthielt, wohl aber aufgeschlossenes Mitfragen und Mitdenken zumutete. Ebelings erklärte Absicht, «Anleitung zum Verstehen des christlichen Glaubens» zu geben, traf uns. Er sprach uns an, nannte Jesus den Zeugen des Glaubens, der durch seine Auferstehung, von den Jüngerinnen und Jüngern in Visionen erlebt, der Anlass zum Aufgebot des Glaubens, wie er die Kirche nannte, wird. Den Abschnitt «Das Aufgebot des Glaubens» schloss er mit den Worten: «Und das heisst wohl heute inhaltlich: Überwindung der Dämonie der Angst, Vollmacht ohne die Pseudomacht der Gewalt und Erweis selbstloser Liebe. Das ist es auch, was die Welt, wenn überhaupt etwas, von der Kirche erwartet und zu erwarten ein Recht hat.»[25] Jahrzehnte später sollte das Eugen Drewermann ähnlich formulieren ...

Von Gottes und der Menschen Nähe

Wie nahezu alle meine Mitstudenten kaufte ich mir damals sogleich dieses Buch. Weil das Register fehlte, legte ich mir ein solches an. Heute erstaunt mich, wenn ich das Exemplar wieder zur Hand nehme, dass ich da auch den Namen Albert Schweitzer vermerkt habe. Ebeling hob in seinem Buch hervor: «Die bedeutendste theologische Leistung Albert Schweitzers ist die kritische Darstellung dieser über zwei Jahrhunderte sich erstreckenden Leben-Jesu-Forschung. Das Ergebnis ist paradox, und es kann einen an dem historischen Weg zu Jesus ebenso irre machen, wie an dem dogmatischen Weg zu ihm.»[26] «Albert Schweitzer und andere haben in heilsamer Gegenwirkung gegen ein allzu vertraut wirkendes

Jesusbild die historische Fremdheit hervorgehoben, die Jesus durch diese nicht erfüllte und auch nicht wiederholbare Naherwartung für uns gewinnt. Aber man hat auch darin wieder viel zu einseitig das Wesentliche gesehen... Nicht auf der Nähe eines spektakulären apokalyptischen Geschehens, sondern auf der Nähe Gottes selbst liegt der Akzent. An der Nähe der Herrschaft Gottes ist das Wesentliche die Herrschaft des nahen Gottes. Und wenn etwas unableitbar Besonderes an Jesu Verkündigung der Herrschaft Gottes ist, so ist es m.E. dies, dass der Ruf zur Busse hier wunderbar ein Ruf zur Freude wird. Doch wohl darum, weil Jesu Verkündigung nicht darauf abzielt, Schrecken einzujagen, sondern Mut zu machen zur Nähe Gottes.»[27]

Als Dekan gratulierte Gerhard Ebeling in einem am 23. Dezember 1964 von Zürich nach Lambarene gesandten Brief Albert Schweitzer mit den Worten: «Die Zürcher Theologische Fakultät, deren Ehrendoktor Sie sind, gedenkt Ihrer zu Ihrem 90. Geburtstag mit Dank gegen Gott, dass Sie so lange in weltweitem Segen haben wirken dürfen, und mit dem Wunsch, dass Sie auch die Ihnen noch vergönnte Zeit patriarchalischen Alters den Kranken widmen können, denen Ihre aufopfernde Liebe in der Nachfolge Jesu gehört.»[28]

Die Wiederentdeckung des historischen Jesus in der Bultmann-Schule lässt sich in etwa dahingehend zusammenfassen: Die urchristliche Christusbotschaft, Kerygma genannt, ist «in nuce», «im Kern», im Wort und im Tun Jesu enthalten. Das Kerygma beginnt mit Jesus von Nazareth. – Kein Kern ohne Kirsche und keine Kirsche ohne Kern.

Theologie als fröhliche Wissenschaft

Zu der Zeit, da ich nach Zürich kam, hatte ich acht Semester Theologie hinter mir. So war es an der Zeit, mich auch in der Predigtlehre, der Homiletik, zu üben. Ich belegte daher das im Vorlesungsverzeichnis angebotene Homiletische Seminar von Walter Bernet, dessen Name mir bisher unbekannt war. Etwas vorzeitig betrat ich den Seminarraum. Dort sassen zwei ältere Herren, freundlich ernsthaft dreinblickend. Ich vermutete, einer von beiden sei wohl der Seminarleiter. Schliesslich waren wir etwa um die achtzehn Personen und warteten. Da ging die Tür auf und ein kleiner quirliger Mann betrat den Raum. Er sah eher wie ein Italiener als ein Zürcher aus und hatte auch, was er später mit Stolz betonte, italienisches Blut in seinen Adern. Ich hielt den wie einen Wirbelwind Hereinbrausenden für einen kurz vor dem Examen stehenden Mitstudenten. Verdutzt nahm ich gewahr, dass nicht einer jener beiden älteren Herren, sondern er sich an den Kopf der im Rechteck zusammengestellten Tische setzte und das Seminar eröffnete. Er tat es bar jeglicher professoralen Attitüden in einer natürlichen Heiterkeit, die mich sofort ergötzte. Die beiden älteren Herren waren Zürcher Pfarrer.

Walter Bernet, 1925 in Thalwil bei Zürich geboren, zählte zu seinen theologischen Lehrern so verschiedenartige wie Emil Brunner und den liberalen Walter Gut in Zürich, Karl Barth in Basel und Martin Werner in Bern. Albert Schweitzer sah in Martin Werner denjenigen, der den Mut hatte, seine – eben Schweitzers – Theologie zu vertreten und zu «vollenden».[1] Zu meiner Zeit stand Bernet der Bultmann-Schule nahe. Mit Herbert Braun und Manfred Mezger verband ihn zudem eine Gemeinsamkeit in den Temperamenten. Bernet hatte auch Psychologie studiert. «Inhalt und Grenze der religiösen Erfahrung. Eine Untersuchung der Probleme der religiösen

Erfahrung in Auseinandersetzung mit der Psychologie C.G. Jungs» hiess sein erstes, 1955 publiziertes Buch. Er habe, so erzählte er uns, ein Exemplar auch Karl Barth geschickt und dessen Antwort sei gewesen: «Es ist nicht mein Werk, aber es ist ein Werk». In Bernets Vorlesungen wurden wir neben Jung auch mit Sigmund Freud näher bekannt. Von 1953 bis 1961 war Bernet Pfarrer in Volketswil bei Zürich. Als er 1961 Professor für Praktische Theologie und Religionspsychologie an der Universität Zürich wurde, taten seine Studentinnen und Studenten ihre Freude mit einem Fackelzug zum Volketswiler Pfarrhaus kund, und wir feierten ausgiebig mit der Familie Bernet und den Mitgliedern der Volketswiler Kirchenpflege.

Auf der Predigt-Schulbank

Damals in meinem ersten Bernet-Seminar erhielt ich den Auftrag, zu einem gegebenen Bibeltext die Skizze einer Traupredigt zu entwerfen. Diese liess ich mit einem Satz Johann Nestroys beginnen, der etwa so lautet: «Die Ehen werden im Himmel geschlossen, darum fallen so viele anschliessend wieder auf die Erde.» Ich fürchtete, und hatte da schon bei einigen Theologen meine Erfahrung gemacht, der Einstieg mit Nestroy werde als unseriös abgetan und gab mir deshalb beim weiteren Gestalten der Skizze besondere Mühe. Dann war ich bass erstaunt. Nicht die ausgeführte Skizze gefiel, sondern der Einstieg mit Nestroy. Und sofort erzählte Bernet, ein Meister der Assoziationen, dies und das von Nestroy. Da umwehte mich so etwas wie «freie Alpenluft». Zur Predigtvorbereitung zählte Bernet eine sorgfältige Textauslegung, die Exegese, einen Blick in Bücher von Theologen der Vorzeit bezüglich des betreffenden Bibeltextes, also eine dogmengeschichtliche Betrachtung, dann eine Sammlung von spontanen Predigtgedanken und

schliesslich die Predigt im zu halten gedenkenden Wortlaut. Immer wieder hiess es auch: «Lesen Sie Gottfried Keller, um Ihre Sprache und das Erzählen zu pflegen!»
Im Wintersemester 1959/60 hatte ich im Rahmen von Bernets Homiletischem Seminar im Zürcher Kirchgemeindehaus Neumünster vor versammelter Gemeinde über die Geschichte von der Heilung des epileptischen Knaben (Markus 9,14-29) zu predigen. Anschliessend wurde die Predigt zur Kritik den Gemeindegliedern und Seminarteilnehmern freigegeben. Bernet selbst liess fast keine Feder mehr an meiner Predigt und sagte dann: «Ich war wohl in meiner Kritik etwas zu hart. Aber wissen Sie, nur aus Ruinen wachsen neue Blumen.» Diese Variation von Schillers Satz: «... und neues Leben blüht aus den Ruinen» gefiel mir. So lehrte mich Bernet das wie bei einer kalten Dusche prickelnde Gefühl von Kritik.

«Im Sturm ist Sicherheit»

1960 hat Bernet die aus Bern stammende, damals in Zürich tätige, Buchhändlerin Brigitte Teuscher und mich in einer Siegerländer Kirche getraut. «Einen anderen Grund kann niemand legen ausser dem, der gelegt ist, welcher ist Jesus Christus» (1. Korinther 3,11) hiess der Text seiner uns gehaltenen Traupredigt. Die begann erzählend so: «Als ich noch ein kleiner Bub war, habe ich einmal in den Bergen auf einer Tour etwas getan, was man nicht tun darf; ich habe nämlich hoch droben nicht nur Edelweissblumen gepflückt, sondern ich habe diese Edelweisspflanzen auch gleich ausgegraben und mit nach Hause genommen und gedacht, die würden, wenn sie so hoch droben bei so schlechtem Klima, dem rauhen Winter der Berge, so schön blühten, bestimmt auch im milden Klima des Zürichsees mit der Sonne und mit der milderen Luft erheblich besser kommen und dort noch schöner blühen. Ich bin dann sehr enttäuscht worden. Die Edelweissblumen, die gingen sehr schnell ein im milden Klima am Zürichsee, und ein Gärtner, der hat mir dann gesagt, ja, das sei selbstverständlich. Es liege eben bei den Edelweissblumen nicht so sehr am Klima, als am Boden. Die brauchten eben einen anderen, einen besonderen Boden für ihr Leben, nämlich Kalkboden. Es liege also nicht am Klima, sondern am Grund und Boden. Genau dasselbe könnte man von einer Ehe oder überhaupt von einer menschlichen Gemeinschaft sagen: dass sie gedeiht, dass sie gesund bleibt, dass sie blüht, Frucht trägt, das liegt nicht so sehr am Klima wie eben am Grund und Boden.» Und Walter Bernet schloss, wiederum erzählend, seine Traupredigt: «Auf einem Medaillon, das die Braut jeweils an einem Anhänger getragen hat, steht ein lateinisches Wort, nämlich: ‹In tempestate securitas› – ‹Im Sturm ist Sicherheit›. Ich habe versprochen, ich würde das in der Trauung noch bringen, und werde auch mein Versprechen halten, und zwar so, dass ich Euch jetzt abschliessend bitte, liebes Brautpaar, dieses Medaillon ‹In tempestate securitas› wohl zu bewahren, und wenn Ihr es anseht und wenn es Frau Niederstein dann trägt, dann soll sie daran denken, dass also es Gottes Weile ist, Gottes Zeit, für Euch präpariert, die Euch sagen will: Mitten im Sturm ist Sicherheit! Und was mich anbelangt, so wünsche ich Euch beiden von Herzen alles Gute, und dass Eure Ehe und Euer Leben miteinander Grund habe, Zeit und gute Weile. Amen!»

Feste feiern wie sie fallen

Seinen Studentinnen und Studenten bereitete Bernet manch gute Weile, wenn er in die anstrengenden und anregenden Seminarsitzungen Erlebtes und Erlauschtes aus seiner Volketswiler Pfarrertätigkeit einfliessen liess und mit uns

anschliessend seine Hörgelder in einem Zürcher Mövenpick verspeiste. Als junger Professor gab er auch ab und zu ein Fest im «Kreuzbühl», dem stattlichen Zürcher Haus seiner Schwiegermutter, der Arztwitwe Schindler, einer respektablen Persönlichkeit, die mich aus mir unerklärlichen Gründen «Herr Friedefürst» nannte.
Solche vitale Fröhlichkeit unter Theologen hatte ich bisher nicht gekannt. Das machte mir den Entschluss leicht, in der Schweiz zu bleiben, zumal es meiner Frau schwer gefallen wäre, nach Deutschland zu ziehen. Manchen Rat verdanken meine Frau und ich auch Walter Bernets bewundernswerter Frau Meieli. Kostbare Erinnerungen verbinden uns bis heute mit dem Ehepaar Bernet. Sporadisch begegnen wir Bernet-Schülern aus der damaligen Zeit, und wir staunen dann jeweils, wie dieser Lehrer uns mitgeprägt hat.

Bibelbuch und Lebensbuch

1961 veröffentlichte Walter Bernet seine Habilitationsschrift «Verkündigung und Wirklichkeit». Darin ging er unter anderem auf den Vorwurf der Wirklichkeitsferne kirchlicher Verkündigung ein. Hierzu bemerkte er, «dass in der Regel der Vorwurf weniger das Verfehlen der Wirklichkeit des Wortes Gottes, als die Unfähigkeit der kirchlichen Verkündigung, die Wirklichkeit dieser Welt zur Sprache zu bringen, meint. Darin besteht also weitgehend der Vorwurf, dass die kirchliche Verkündigung das ursprüngliche Zueinander beider ‹Wirklichkeiten› nicht zur Darstellung zu bringen vermöge, weil sie über der einen Wirklichkeit jene andere Wirklichkeit dieser Welt aus dem Auge verloren habe und ständig noch verliere. Oder, um es mit Jeremias Gotthelf zu sagen: Die kirchliche Verkündigung hat über dem Lesen des Bibelbuches das Ernstnehmen jenes andern grossen Buches, nämlich des ‹Lebensbuches› vergessen.»[2]

Hierzu assoziere ich Albert Schweitzer: Nicht nur aber gerade auch als Prediger warf er der Kirche vor, dass sie «greisenhaft» geworden sei, weil sie zu viel Vergangenes feiere und «keine Kraft in der Gegenwart» besitze.[3] Die biblischen Predigttexte boten ihm Anstoss für eigene, zeitgemässe Gedanken. Nach seiner eigenen Predigttheorie wollte Albert Schweitzer, sich der Schwierigkeit wohl bewusst, namentlich die Worte Jesu so auslegen, *«dass sie praktisch im Leben verwendbar sind»*.[4]

Nein und Ja: Karl Barth und Albert Schweitzer

Im Sommersemester 1959 reiste ich zusammen mit einigen Studienkollegen allwöchentlich einmal von Zürich nach Basel, um dort als Gasthörer an Karl Barths Seminar teilzunehmen. Schon früh war mir Karl Barth in seinen Schülern begegnet. Der erste ist mein Konfirmator Erich Schmidt gewesen, welcher seine Predigten mit Hilfe von Barths «Kirchliche Dogmatik» ausarbeitete, die 1927 begonnen, mit den Jahren auf 15 Bände anwuchs und unvollendet blieb, als Barth 1968 im Alter von 82 Jahren starb.
1954 lernte ich in Landau in der Pfalz den systematischen Theologen Helmut Gollwitzer kennen. Er hielt dort zu Pfingsten an der Reichstagung der Evangelischen Schülerbibelkreise einen Vortrag, der uns alle vor Begeisterung von den Stühlen riss. Daraus ist mir dies in Erinnerung: «Wir im Westen leben in einem Warenhaus von Weltanschauungen, da fällt die Wahl schwer. Drüben im Osten ist man einfach vor das Entweder Christsein oder Kummunistsein gestellt.» 1951 war sein Bericht aus russischer Kriegsgefangenschaft unter dem Titel erschienen «... und führen wohin du nicht willst», dem Wort aus dem Johannes-Evangelium 21,18 entnommen, welches dort Jesus zu Petrus sagt. Gollwitzers Buch, ich kaufte es mir im August 1952 in der vierten Auflage, wirkte auf mich bewegend, zumal da in der Reflexion die Symbolsprache eine Rolle spielt: «Die Welt ist Gefangenschaft; Glaube an Christus ist Wissen von künftiger Befreiung und Heimkehr.»[1]
Hermann Ehlers, der damalige Bundestagspräsident, war mit Karl Barth wohl eher durch die kirchliche Opposition in der Zeit Hitlerdeutschlands als durch dessen Theologie verbunden. Er sprach an der Landauer Reichstagung über das Thema: «Ich sende euch in die Welt der Mächte» und

entzündete grosse Begeisterung. Sein Grundgedanke war, dass wir, von Gott in diese Welt gestellt, der Welt der Mächte nicht ausweichen können, «denn eine Flucht wäre keine christliche Haltung»... «Demokratie ist eine Staatsform für Männer, nicht für Nummern.» Als er uns dies mit mächtiger Stimme zurief und dabei seine charmante und selbstbewusste Frau ansah, fügte er sogleich hinzu, das Gegenteil von Männern seien hier nicht Frauen, sondern Nummern.

Mein Weg zur Begegnung mit Karl Barth

Gollwitzer, damals in Bonn später in Berlin lehrend, gehörte zum engeren Kreis der Barth-Schüler. Aus diesem Kreis lernte ich bei verschiedenen Veranstaltungen den Bonner Systematiker Walter Kreck kennen und den Göttinger Dogmatiker Otto Weber, der mir freundlich riet, die Hürden des Theologiestudiums zu nehmen, sowie Manfred Hausmann, den Lieblingsdichter meiner Jugendzeit.
Als junger Mann hatte Hausmann 1921 Karl Barth, einen ihm bisher fremden Mann mit kehliger Stimme, in Göttingen predigen gehört. Fast wider Willen habe ihn die Predigt sogleich unwiderstehlich ergriffen. Der Dichter schilderte nachher: «Das Gepacktsein steigerte sich im Verlauf des Gottesdienstes zu einem Aufgewühltsein, zu einem Umundumgekehrtsein, zu einer Erschütterung, die bis in die letzten Tiefen meines Wesens drang.»[2] Weiter schrieb Hausmann, er sei durch diese Predigt zu Kirkegaard, zu Dostojewski gekommen - und dann «zur Bibel und noch einmal und immer wieder zur Bibel... Und dabei bin ich geblieben, denn hier ist gut sein.»[3]
Die Dozenten an der Kirchlichen Hochschule Wuppertal gehörten in meiner Studienzeit fast alle der Barth-Schule an. Ich begann also mein Studium gleichsam an einer Hochburg

Barthscher Theologie. Unter den Dozenten will ich hier besonders den Neutestamentler Georg Eichholz nennen. Dieser hatte bei Barth zu dessen Bonner Zeit (1930-1935) studiert und mir kam zu Ohren, dass der Lehrer ihn seither für einen seiner intelligentesten Schüler hielt. Neben der Theologie war Eichholz ein Liebhaber der Belletristik, und von Buben, die auf dem «heiligen Berg» spielten, liess er, sonst auch im Gehabe ganz Ästhet, sich zum Indianerhäuptling küren. Verschiedentlich lud mich Eichholz zu privaten Gesprächen ein, an denen seine lebensfrohe Frau teilnahm. Unter anderem suchte ich in Erfahrung zu bringen, warum der Apostel Paulus Gottes Forderung, wie sie dem Menschen im Gesetz des Alten Testaments begegnet, einerseits für «heilig, gerecht und gut» erkläre (Römer 7,12) und andererseits behaupte, der Eifer der Gesetzeserfüllung führe in die Sünde (Römer 5,20 und 7,7ff.), um den Menschen dadurch wieder in das rechte Gottesverhältnis zu bringen. Eichholz erläuterte geduldig diesen von mir empfundenen Gegensatz, der mich Dank seiner Hilfe erstmals etwas von der hier wurzelnden reformatorischen Rechtfertigungslehre ahnen liess, mir aber weiterhin Kopfzerbrechen bescherte. Einen seiner Artikel begann Eichholz mit dem Hinweis, «dass die Theologie des Paulus alles andere als mühelos aus seinen Briefen ablesbar ist.»[4] Und im Sinne einer Übersicht über die Forschungsgeschichte nannte er dort Albert Schweitzers «Geschichte der Paulinischen Forschung von der Reformation bis auf die Gegenwart», die 1911 herauskam und 1933 in 2. Auflage erschien.

In Tübingen lernte ich dann bei Hermann Diem etwas von dem Einfluss Kierkegaards auf die Theologie Karl Barths und seiner Schüler.

Von zorniger Theologie

Voller Neugier fuhr ich also im Mai 1959 nach Basel, um den Mann zu erleben, dessen Theologie ein Menschenalter lang die evangelischen Kirchen weit über den deutschen Sprachbereich hinaus entscheidend prägte und auch unter katholischen Theologen erhebliche Beachtung fand, darunter Erich Przywara, Hans Urs von Balthasar und Hans Küng. Zur Vorbereitung hatte ich Barths erstes und bahnbrechendes, 1918 erschienenes Buch «Der Römerbrief», sowie eine Auswahl von Texten aus seiner «Kirchlichen Dogmatik», die Helmut Gollwitzer 1957 herausgegeben hatte, gelesen.

Ich will versuchen, Barths theologisches Anliegen zu skizzieren, um dann auf den Disput zwischen Barth und Schweitzer eingehen zu können. Ausgehend vom Denken und Glauben Daniel Friedrich Schleiermachers (1768-1834) war die sogenannte «Theologie des liberalen Protestantismus» im 19. Jahrhundert tonangebend. Sie nahm die menschliche Erfahrung als Ausgangspunkt religiöser Reflexion und setzte zugleich historische Methoden ein, wie es dann auch Albert Schweitzer tat, um jene Erfahrungen aufzudecken, die sich in den verschiedendsten Religionstraditionen niedergeschlagen haben. In dieser Tradition war zunächst Karl Barth zuhause, bis er ihr mit seinem «Römerbrief», einer Art Kommentar zum Römerbrief des Paulus, ein geradezu donnerndes Nein entgegensetzte. Was gab hierzu den Anlass? Die liberale Theologie, bald auch als Kulturprotestantismus bezeichnet, betonte den Zusammenhang zwischen Christentum und Kultur. Dabei erlag sie in der Tat auf weite Strecken der Versuchung, den gesellschaftlichen, kulturellen und politischen Strukturen eine Art theologischer Weihe zu geben.[5]

Als 1914 Barths liberale Lehrer, darunter der von ihm hochgeschätzte Adolf von Harnack, der patriotischen Kriegshysterie und Kriegspolitik anheimfielen, erfüllte ihn das mit

solchem Entsetzen, dass er mit seinem «Römerbrief» in das Horn einer theologischen Revolte bliess. Mit den Entartungserscheinungen verwarf er auch die oben beschriebene Tendenz der liberalen Theologie und stellte sie auf den Kopf. Er bekundete, die Bibel sage uns nicht, wie wir den Weg zu Gott, sondern wie Gott den Weg zu uns in Jesus Christus gefunden habe. Das bedeute die unerbittliche Botschaft von dem Gott, der ganz anders sei als die Welt, das Nein, vor dem alle menschliche Herrlichkeit zu nichts werde. Das Gericht gehe über alle menschlichen Einrichtungen, über Kultur und Staat, über Tugend und Sünde, auch über alle Religion, die den Menschen und sein Gebild eines erdachten Gottes, statt des lebendigen Gottes in den Mittelpunkt rücke. Ebenso ergehe das Gericht über die soziale Revolution, weil da der Mensch durch seine eigene Tat das Reich der Gerechtigkeit schaffen wolle. Genauso sei das konservativ Bestehende in all seiner Ungerechtigkeit dem Gericht verfallen. Überhaupt sei es ein radikales Gericht über alles Menschliche in seiner Anmassung, sein zu wollen wie Gott und einen Turm zu Babel zu errichten, der bis an den Himmel reiche.[6]
Barths Römerbrief glich einer in einen Heuhaufen der Katastrophenstimmung nach dem Ersten Weltkrieg geworfenen Brandfackel. Einige Bekannte, die in den «goldenen zwanziger Jahren» jung waren und eigentlich nichts mit Theologie «am Hut» hatten, erzählten mir in den fünfziger Jahren, wie sie geradezu gierig Barths Römerbrief damals verschlungen hätten: «Den musste man einfach gelesen haben!»
Zudem ist erstaunlich, dass Barth seine Brandfackel nicht als Professor, sondern noch als Pfarrer im aargauischen Safenwil warf, weil er dort allsonntäglich, wie er empfand, vor der «unmöglichen Möglichkeit»[7] stand, das Wort Gottes zu verkünden. Noch in Safenwil, bevor er gleichen Jahres eine Professur in Göttingen übernahm, schrieb er 1921 im Vorwort zur 2. Auflage seines Römerbriefes: «Wenn ich ein

‹System› habe, so besteht es darin, dass ich das, was Kierkegaard den ‹unendlichen qualitativen Unterschied› von Zeit und Ewigkeit genannt hat, in seiner negativen und positiven Bedeutung möglichst beharrlich im Auge behalte. ‹Gott ist im Himmel und du auf Erden.› Die Beziehung dieses Gottes zu diesem Menschen, die Beziehung dieses Menschen zu diesem Gott ist für mich das Thema der Bibel und die Summe der Philosophie in einem.»[8]

Barths Theologie kursierte bald unter verschiedenen Namen. Sie wurde «Theologie der Krisis», «Theologie des Paradoxes», «Theologie des Wortes Gottes» benannt; haften blieb ihr die Bezeichnung «dialektische Theologie», die ihr, nach einer Äusserung Barths, «von irgendeinem Zuschauer angehängt worden» sei.[9] Immerhin hat er in seiner Frühzeit den Begriff «Dialektik» gern benutzt, um die Spannung zwischen dem Nein, dem Gericht Gottes, und dem Ja, der Gnade Gottes, zu erweisen. Er wollte die These und die Antithese stehen lassen und nicht nach dem Muster Hegels durch die Synthese in den Griff bekommen, weil die höhere Einheit Gott selbst vorbehalten bleibe.

Betonte der junge Barth das Nein Gottes, so entfaltete der alte Barth, wie in dem eben zitierten Ausschnitt aus seinem Römerbriefvorwort bereits verhalten angedeutet, das Ja Gottes in seiner Menschenfreundlichkeit. Barth, fünf Jahre als Student auf dem Feld der evangelischen Theologie, zwölf Jahre als Pfarrer und vierzig Jahre lang als Professor, bekannte am Ende seiner Lehrtätigkeit, dass die Theologie «ein bestimmtes Gefälle» und «eine unumkehrbare Richtung» habe – vom Nein zum Ja hin.[10]

Zur Theologie aus Heiterkeit

Ich erlebte den alten Barth, wenige Jahre vor seinem Rücktritt vom Lehramt, in seinem Seminar über «Anselms

Beweis der Existenz Gottes». Als erstes lernte ich bei ihm: Neugierige Menschen werden nie alt. Wenn ich mich recht entsinne, hatte er im Semester zuvor aus Neugier den ersten Band von Paul Tillichs «Systematischer Theologie» behandelt. Doch nun seufzte er manchmal: «Ich verstehe Tillich nicht», was soviel bedeuten sollte wie: «Ich komme mit ihm nicht ins Reine.»

In Barths Anselm-Seminar war auch Eberhard Busch. Ich kannte dessen Vater, den westfälischen Jugendpfarrer Johannes Busch, gut und verdanke unter anderen ihm meine pietistische Ader. Mein Grossvater hatte ihn einst im Ruhrgebiet ordiniert. Ich konnte noch zu einem Wiedersehen beitragen: Johannes Busch besuchte meinen damals über neunzigjährigen Grossvater in Kreuztal. Das erzählte ich später Eberhard Busch, als er für den Aargauer und ich für den Bündner Kirchenboten tätig waren. Ihm war ich aus dem Barth-Seminar als «der Mann mit Fliege» in Erinnerung geblieben. Er wurde dann Barths letzter Assistent.

Über Tillich erzählt Busch in seinem Buch «Glaubensheiterkeit. Karl Barth. Erfahrungen und Begegnungen»: «Zu einem Glas Wein sass Karl Barth in einer Abendstunde mit Paul Tillich, dem etwa gleichaltrigen, bedeutenden deutsch-amerikanischen Theologen, zusammen. Es war das letztemal, dass die beiden sich gegenübersassen. Was ihre Lehre betrifft, vertraten sie denkbar weit auseinanderliegende Ansichten. Doch das hinderte sie nicht, sich gegenseitig herzlich gern zu haben. Und so konnten sie sich auch jetzt munter unterhalten.»[11]

Theologische Verletzlichkeiten

An Barths Persönlichkeit beeindruckten mich weiter Humor und Charme. Ich hatte seine giftigen Pfeile befürchtet, mit denen er früher manchmal seine theologischen Widersacher bedachte. So schrieb er etwa über Hans Baur, den «Nothelfer» Albert Schweitzers und Basler Pfarrer, in einem Brief vom 18. Dezember 1922 an seinen theologischen Weggefährten Eduard Thurneysen: dass «hoffentlich nach einigen vorhergehenden Prüfungen auch dem Hansli Baur dereinst eine Seitentüre des Himmels sich öffnen könnte.» Emil Brunner, seinen bisherigen Freund und Kampfgenossen in der dialektischen Theologie, bedachte er 1934 mit dem Pamphlet «Nein!», ein Kabarettstück, allerdings mit grimmigem Ernst. Der Freund hatte soeben, so jedenfalls sah es Barth aus seiner Sicht, in einer Schrift Grundlagen bejaht, auf denen auch jene Theologie stand, die in Deutschland das Hitlerregime freudig bejahte.[12]

Emil Brunners Sohn Hans Heinrich schrieb dazu in seinem Buch «Mein Vater und sein Ältester»: «Zeitlebens demonstrierte und verkörperte Emil Brunner in seinem theologischen Denken und gesellschaftlichen Wirken beispielhaft, was er unter Eristik (vom griechischen Wort erizein in der Bedeutung von streiten, disputieren) verstand: nicht die ängstliche Verteidigung christlicher Wahrheiten gegen feindliche Angriffe im Sinne der traditionellen Apologie, sondern das offene Messen der Kräfte im Kampf der Weltanschauungen. Karl Barth lehnte diese Bemühungen entschieden ab. Von seinem Offenbarungsbegriff her fehlte für solche Gespräche jede brauchbare Basis. Diesem rigorosen Urteil widersetzte sich Brunner... Seiner Ansicht nach ist das Gespräch im Grenzbereich von Theologie und Philosophie, von Kirche und Gesellschaft möglich durch Gegebenheiten, die ganz allgemein im Menschsein angelegt sind, nämlich in der Sprache, in der Ansprechbarkeit des Menschen auf die Fragen nach Wahrheit, Recht und Verantwortung hin... Gäbe es diesen Anknüpfungspunkt nicht, wäre die Ansprechbarkeit des Menschen für den Glauben undenkbar... Gemäss seinem systematischen Ansatz war sich Emil Brunner längst vor

Hitlers Machtergreifung darüber klar, dass der Nationalsozialismus aus christlich-ethischer Sicht prinzipiell zu bekämpfen war... Als sich dann Hitler mit wachsender Brutalität an die Zerstörung des Rechtsstaates und an die Unterwerfung Europas machte, bezog auch Karl Barth eine konsequent politische Stellung.»[13] So kam Barths «Nein! – Antwort an Emil Brunner» einer Verleumdung gleich.
Brunner fühlte sich aufs Schwerste beleidigt, zudem es ihm am Schutzschild des Humors mangelte. Helmut Thielicke hat mir im Januar 1985, als er in Flims in den Ferien weilte, und ich ihn und seine Frau besuchen kam, erzählt: «Auf der Weltkirchenkonferenz 1948 in Amsterdam sollte Karl Barth reden. Es erhob sich Widerstand. Erst wenn Barth öffentlich versöhnend Brunner die Hand gibt, war die Bedingung. Das ist auch passiert. Im Nachtzug dann, von Amsterdam in die Schweiz, fährt auch der Theologe Wilhelm Pauck mit. Er kann nicht schlafen und läuft durch den Zug. In einem Abteil erster Klasse findet er Emil Brunner allein auf den Polstern liegend lesen. Als Pauck Brunner fragt, ob er denn keinen Platz mehr im Schlafwagen bekommen habe, antwortet Brunner: ‹Das hätte ich schon, aber mit Barth kann ich nicht unter einem Dach schlafen.›» Barth konnte, das muss hier angefügt werden, aber auch selbstkritisch sagen: «Behüt' uns Herr vor falscher Lehr! Aber ich habe die wahre auch nicht.»[14]

Dogmatische Denkbewegung

In Barths Seminar stand nun also Anselm von Canterbury (1033-1109) zur Debatte. Ihn hat man den Vater der Scholastik – der Theologie des Mittelalters – genannt. Er wagte es, das Glaubensgut nach rationalen, logischen Gesichtspunkten zu durchdenken. Der Glaube, das lag Anselm am Herzen, soll einsichtig werden. In seinem Buch

«Proslogion» drückte er das in Gebetssprache so aus: «Ich versuche nicht, Herr, Deine Tiefe zu durchdringen, denn auf keine Weise stelle ich ihr meinen Verstand gleich, aber mich verlangt, Deine Wahrheit einigermassen einzusehen, die mein Herz glaubt und liebt. Ich suche ja auch nicht einzusehen, um zu glauben, sondern ich glaube, um einzusehen.» Der Glaube also löste in Anselm die Freude und Lust am Denken aus. Es begann für ihn mit dem Denken an Gott, und bald erwies sich ihm Gott als der, «über dem ein Grösseres nicht gedacht werden kann.»[15]

1931 war Barths Buch «Fides quaerens intellektum. Anselms Beweis der Existenz Gottes im Zusammenhang seines theologischen Programms» herausgekommen und erschien 1958 in 2. Auflage. Barth hielt dafür, «dass man es in diesem Anselmbuch wenn nicht mit dem, so doch mit einem sehr wichtigen Schlüssel zum Verständnis der Denkbewegung zu tun hat, die sich mir dann eben in der ‹Kirchlichen Dogmatik› mehr und mehr als die der Theologie allein angemessene nahegelegt hat.»[16]

Voller Begeisterung kam Barth einmal ins Seminar und berichtete: Da habe ihn eben ein Kollege von einer anderen Fakultät auf seine «Kirchliche Dogmatik» hin angesprochen und gesagt, die käme ihm vor wie ein romanischer Dom: «Der Mann hat meine Theologie verstanden». Barth spielte dann, soweit ich mich erinnere, auf die Rundbögen, das charakteristische Merkmal des romanischen Baustils, an, die das Himmelsgewölbe erdbezogen symbolisieren. Aus den Notizen, die ich mir damals machte, zitiere ich folgende Barth-Sprüche: «Wenn etwas ästhetisch schön ist – wie eben der romanische Rundbogen – und man hat Freude daran, dann ist das schon ein Stück Vorfreude.» «Nach Anselm kann man gar nicht Theologie studieren, ohne Spass daran zu haben.» «Unmögliche Möglichkeit ist schon ein etwas rauher Begriff, aber ich habe das bei Anselm gelernt.»

Im Wintersemester besuchte ich Barths Seminar über «Calvins Erkenntnislehre» nach dessen Buch «Institutio», Kapitel I, 1-9. Mit Calvin war Barth ebenfalls vertraut. «Calvin ist ein Wasserfall, ein Urwald, ein Dämonisches, irgendetwas direkt vom Himalaja herunter, absolut chinesisch, wunderbar, mythologisch; es fehlen mir gänzlich die Organe, die Saugnäpfe, dieses Phänomen auch nur in mich aufzunehmen, geschweige denn richtig darzustellen... Ich könnte mich gut und gerne hinsetzen und nun mein ganzes ferneres Leben nur mit Calvin zubringen», bekannte er bereits in einem Brief vom 8. Juni 1922 an Thurneysen.[17] Der katholische Barth-Schüler Hans Küng hat, wie mich dünkt, in seinem Buch «Das Christentum – Wesen und Geschichte» (1994) Calvin besonders treffend dargestellt, wohl unter dem Einfluss seines Lehrers Barth. Hans Küng nennt darin auch die Calvin-Biographie des englischen Historikers T.H.L. Parker, der «im Lichte von Karl Barth und ‹Vatikanum II› ganz neu Calvins unermüdliche Predigertätigkeit und exegetische Arbeit einbezieht.»[18] Er zitiert Parker: «Von Natur, von Erziehung, von Überzeugung ein konservativer, wurden seine Ideen mit zu den revolutionärsten in Europa. Die Ordnung, tendenziell aristokratisch, die er pries und die aufzurichten er sein Leben widmete, wurde eine der Plattformen für Demokratie in den folgenden Jahrhunderten. Seine Theologie war im Grunde so altmodisch, dass sie als eine Novität erschien.»[19]
Zum Semesterschluss nahm ich noch an einer Sitzung von Barths Sozietät, einer vornehmlich aus Doktoranden bestehenden Gruppe, teil. Da warnte er uns vor Zürich, «dem finsteren Loch», womit er die dort betriebene Theologie meinte. Als ich ihm das letztemal die Hand drückte und er mich fragte: «Wo geht denn nun der Herr Niederstein hin?» gab ich ihm zur Antwort: «Nach Zürich ins finstere Loch», verschwieg allerdings, dass ich ja von da auch her kam. Viel

später erst ging mir auf, dass es ganz allgemein zum guten Ton gehört, wenn Basler und Zürcher einander verspotten. In der Zeit, da ich bei Barth studierte, hatte uns Studenten in Zürich Walter Bernet geraten: «Lesen Sie den vierten Teil des dritten Bandes der ‹Kirchlichen Dogmatik›, da finden Sie das Beste, was bisher über Ethik geschrieben worden ist.» Der Rat reizte mich, zumal Bernet kein Barthianer war. So arbeitete ich dieses über 800 Seiten umfassende Teilwerk von Barths Dogmatik durch, was mir erhebliche Mühe einbrachte, da ich zu meinem Ärger ein langsamer Leser bin und mich das Verstehen der Materie Schweiss kostete.

Sich anziehende Gegensätze

Einem Abschnitt in diesem Buch gab Barth die Überschrift «Die Ehrfurcht vor dem Leben». Hier hiess es gleich zu Beginn: «Ich übernehme mit diesem Untertitel einen Begriff, den Albert Schweitzer geprägt und im zweiten Teil seiner Kulturphilosophie... als das ‹Grundprinzip des Sittlichen›, also als den Grund und das Mass aller Ethik herausgearbeitet hat. In diesem umfassenden Sinn kann er hier nicht übernommen werden. Schweitzers Ethik ist – von ihm selbst so bezeichnet – eine mystische Ethik. Leben – das Leben in uns und ausser uns in seiner Einheit – ist für ihn trotz Schiller ‹der Güter höchstes› und so auch der höchste, der eigentliche Gesetzgeber und so auch das Kriterium aller Tugend. Dass es Ehrfurcht fordert, ist nach ihm das erste und letzte Wort aller Ethik... Es ist selbstverständlich, dass eine theologische Ethik das nicht mitmachen kann. Wo bei Schweitzer das Leben steht, da steht bei uns Gottes Gebot.»[20]

Dann aber heisst es weiter bei Barth, dem Dialektiker: «Albert Schweitzer hat sich nicht ganz mit Unrecht beklagt über die ‹Engherzigkeit›, die ‹Rückständigkeit›, in der die bisherige... Ethik ihre Aufmerksamkeit auf die Zuwendung und Hingabe des Menschen an den Menschen und die menschliche Gesellschaft beschränkt habe.» Und er zitiert sogleich Schweitzer: *«Wie die Hausfrau, die die Stube gescheuert hat, Sorge trägt, dass die Tür zu ist, damit ja nicht der Hund hereinkomme und das getane Werk durch die Spuren seiner Pfoten entstelle, also wachen die europäischen Denker darüber, dass ihnen keine Tiere in der Ethik herumlaufen.»*[21]

Neben dem ethischen gibt es auch im dogmatischen Bereich eine gewisse Berührung Barths mit Schweitzer. Sie betrifft die Rechtfertigungslehre, von der Schweitzer in seiner «Mystik des Apostels Paulus» schrieb: *«Die Lehre von der Gerechtigkeit aus dem Glauben ist also ein Nebenkrater, der sich im Hauptkrater der Erlösungslehre der Mystik des Seins in Christo bildet.»*[22]

In dem Teil seiner «Kirchlichen Dogmatik», welche «Die Lehre von der Versöhnung» darstellte, nahm Barth diese Ansicht Schweitzers mit der Bemerkung auf, sie «dürfte zwar eine Übertreibung sein, aber eine solche war doch wohl auch die Luthers und des jüngeren Melanchthon, die in Paulus nichts als eben den grossen apostolischen Lehrer der Rechtfertigung sehen wollten. Die Christologie des Paulus ist nicht nur ein Exponent seiner Rechtfertigungslehre.»[23]

Eduard Thurneysen, Pfarrer und Professor der praktischen Theologie, schrieb am 28. September 1928 aus Basel an seinen Freund und theologischen Weggenossen Karl Barth: «Ich komme eben aus einem Orgelkonzert von Albert Schweitzer. Ein erstaunlicher Mann, er hat drei Leben und ist irgendwo etwas wie ein grosses Kind, das man gern bekommt. Trotz seiner erstaunlichen Vitalität war auch ihm das tagelange Orgelspielen zu viel, kurz vor dem Konzert kam er ganz erschöpft zu uns herüber und musste auf ein Bett gelegt und verpflegt werden. Auf alle Fälle gibt er sich in einer erstaunlichen Weise ganz an das hin, was er tut.»[24]

Im November desselben Jahres berichtete Barth, der damals Professor im westfälischen Münster war, seinem Basler Freund und Münsterpfarrer Thurneysen: «Vor 8 Tagen habe ich unsern Zeitgenossen Albert Schweitzer hier in meinem Studierzimmer und in seinem Lambarenevortrag erlebt. Ich teilte ihm freundlich mit, das sei ‹saftige Werkgerechtigkeit› und er sei ein Mensch des 18. Jahrhunderts, und im übrigen unterhielten und verständigten wir uns dann sehr gut. Es hat keinen Sinn, mit ihm zanken zu wollen. Er sieht auch sich selber relativ wie alles und alle, und dass man mitleidig sein soll, ist ja sicher wahr und auch für uns immer wieder zu bedenken.»[25]

In einem Brief aus Lambarene vom 2. April 1965 an Barth nach Basel führte Schweitzer aus: *«Ich danke Ihnen für Ihren lieben Brief. Wo Sie es mir schreiben, erinnere ich mich, Sie in Münster in Westfalen gesehen zu haben. Ihre Theologie hat Eindruck auf mich gemacht, weil Sie auf einem geraden Weg gingen und eine wahre Frömmigkeit lehrten. Von Afrika aus habe ich mich mit dem Problem der Ethik beschäftigt, und kam dazu, zu behaupten, dass die vollständige Ethik die ist, die Gütigkeit und Barmherzigkeit nicht nur für den Verkehr von Mensch zu Mensch verlangt, sondern von uns ein solches Verlangen gegen aller Kreatur verlangt... Es tut mir leid, dass Sie so viel mit der Gesundheit zu tun haben.»*[26]

In seiner Basler Abschiedsvorlesung im Wintersemester 1961/62 kam Barth auch auf das «Missverhältnis» zwischen dem, was die Theologie treibt und dem, was gleichzeitig in der Welt geschieht, zu sprechen. Er stellte die Frage: «Könnte Theologie nicht eine Luxusbeschäftigung, könnten wir mit ihr nicht auf der Flucht vor dem lebendigen Gott begriffen sein? Könnte ein so problematischer Theologe wie Albert Schweitzer nicht – immer gerade vom Gegenstand der Theologie her gesehen – das bessere Teil erwählt haben, und mit ihm die ersten Besten, die da und dort ohne alle theologische Besinnung versucht haben, Wunden zu heilen, Hungrige zu speisen, Durstige zu tränken, elternlosen Kindern eine Heimat zu bereiten?»[27]

Unter verschiedenen Hüten

So spielte sich das Verhältnis zwischen Barth und dem neun Jahre älteren Schweitzer im Pendel von Nein und Ja ab. Schweitzer tat seinem Freund, dem Basler Pfarrer und Dozenten Fritz Buri, mit dem mich später so manches anregende Gespräch verbinden sollte, unter dem Datum vom 23. Dezember 1950 kund: *«Wenn Du von Heilsgeschichte redest, legst Dus am Ende schon darauf an, Karl Barth und mich unter einen Hut zu bringen. Dir traue ich alles zu. Und wer steht mir dafür, dass es Dir bei der Dir eigen seienden Virtuosität zuletzt nicht auch noch gerät. Das möchte ich dem grossen Dialektiker nicht wünschen, mit mir zusammengesperrt zu werden.»*[28]

Unter Anspielung auf den Vortrag, den Karl Barth unter dem Thema «Die Unordnung der Welt und Gottes Heilsplan» 1948 auf der Weltkirchenkonferenz in Amsterdam gehalten hatte, erhob Schweitzer energische Kritik: *«Nicht nach Protesten, die es gegen das Übel erhebt, ist das Christentum zu bewerten, sondern nach dem, was es gegen sie unternimmt und erreicht, ist es zu beurteilen.»*[29] *«Merkwürdig berührt auch, dass Vertreter des Protestantismus in unserer Zeit die rechte Glaubensart darin sehen, ganz in Erwartungseschatologie zu verbleiben... Als höchste theologische Weisheit wird ausgegeben, dass die Menschen nicht das auszurichten haben, was nur Gott selbst vollbringen kann. Natürlicher und tröstlicher ist es zu glauben, dass es Gott gefallen kann, seinen Geist in uns mächtig werden zu lassen und uns durch ihn zu befähigen, in der Welt das zu wirken, was die Sache des Reiches Gottes fördert. Interessant ist, dass die Vertreter des*

rein abwartenden Verhaltens der Ansicht sein zu können glauben, dass die Unordnung in der Welt heute nicht kleiner, aber auch nicht grösser ist als sie es immer war.»[30]
Meine Pfeife schmauchend, lese ich das deutsche Nachrichtenmagazin «Der Spiegel» vom 23. Dezember 1959. Auf dem Titelbild schaut mich Karl Barth über die Brille, eine ausgesprochen schöne Tabakspfeife im Mund, mit seinen hellen Augen an. Barth war wie Schweitzer fotogen. Unter dem Foto die Legende «Gottes fröhlicher Partisan». Die Titelgeschichte «Kunde vom unbekannten Gott» stellte das «Donnergrollen des Barthschen Nonkonformismus»[31] dar und vermerkte in dem diesem Blatt eigenen karikierenden Stil: «Frappierend paradox wie Barth als Gesellschafter zuweilen ist, haftet ihm auch als Theologe etwas Mehrdimensionales und schwer Greifbares an. Seine Liebe hat oft die Färbung von Aversion und sein Hass oft den Beigeschmack einer schlecht verheimlichten Zuneigung.»[32]
Jene bereits anvisierte Spannung zwischen Aversion und Zuneigung will ich noch etwas weiter darstellen.

Zwischen Aversion und Zuneigung

Das Theologische Seminar der Basler Universität befand sich zu meiner Studienzeit noch am Rheinsprung. Dort stand in dem Raum, wo wir zusammenkamen, just seitlich hinter Barth, eine Büste des Theologen Daniel Friedrich Schleiermachers. Dieser wandte sich Barth so manches Mal während der Sitzungen mit der Bemerkung zu: «Das muss ich mit dem Schleiermacher im Himmel noch ausdiskutieren.» Als ich das 1985 Helmuth Thielicke in Flims berichtete, erzählte er: «Nach dem Krieg reiste Karl Barth in der Uniform eines amerikanischen Offiziers verkleidet, um nach Bonn in Deutschland zu kommen. Da ist er dann durch das zerbombte Universitätsgelände gelaufen, gestolpert und hingefallen.

Und wissen Sie, worüber er gestolpert ist? Über eine zerbrochene Schleiermacher-Statue.»
Wie mit Daniel Friedrich Schleiermacher, dem Vater der Theologie des liberalen Protestantismus, so verband Karl Barth dann auch mit dem liberalen Theologen Albert Schweitzer Aversion und Zuneigung. Gleiches spiegelte sich im Verhältnis Schweitzers zu Barth wider. Zuneigung drückte sich aus, wenn sich Schweitzer in seinem Brief an Barth von dem geraden Weg, der Konsequenz, sowie von der wahren Frömmigkeit in dessen Theologie beeindruckt zeigte.
Zur Frömmigkeit gehört das Gebet. So verschieden in ihrer Ausprägung, so verband doch beide das «ora et labora – bete und arbeite». Karl Barth sagte das so: «Der erste und grundlegende Akt theologischer Arbeit, der dann in der Art eines anhaltenden Grundtons auch in den folgenden weitergehen wird, ist aber das Gebet.»[33] Für Albert Schweitzer gehörte nach getaner Arbeit in seinem Lambarene-Spital die tägliche Abendandacht. Nach einer in die Verbindlichkeit führenden Auslegung eines Evangelien-, Paulus- oder alttestamentlichen Textes folgte am Schluss jeweils das Unservater.[34] Darin sah Schweitzer den *«Polarstern des christlichen Glaubens»*.[35] Darauf angesprochen, hat mir seine Tochter Rhena erzählt, dass ihr Vater, zu ihrer eigenen Verwunderung, das Unservater stets abgelesen habe. – Mich hat das berührt, weil ich ebenfalls dieses tue, um mich in der Aufregung und inneren Bewegung nicht zu versprechen. – Zum Beten gehört das Singen. Barth wie Schweitzer haben mit Freuden Choräle gesungen.[36]

Schweitzers theologisches Poltern

Ging Karl Barth im theologischen Gefecht nicht zimperlich mit seinen Gegnern um, so tat das Albert Schweitzer gleichermassen. Auch er konnte sehr deutlich in der Spannung zwischen Aversion und Zuneigung seine Aversion markieren. Wenn ich recht sehe, war die Abneigung Schweitzers gegen Barths Theologie, trotz der erwähnten Zuneigung, noch vehementer als die Barths gegen Schweitzer. In einem Brief vom 20. Januar 1931 riet Schweitzer seinem Freund, dem Berner Systematiker Martin Werner, doch ja nicht gegen die dialektische Theologie zu polemisieren, *«also rede (schwöre es mir!) nicht mehr als zehn (zwölf) Mal im Semester von den Barthianern und ihrer Ketzerei, und lies gute Vorlesungen, als wären sie nicht auf der Welt... Die Wahrheit ist nicht nervös; sie kann warten.»*[37]

In seinem 1947-49 geschriebenen zweiten Teil von «Reich Gottes und Christentum» polemisierte Schweitzer gegen das Nein, mit dem Barth über den Kulturprotestantismus herfiel: *«Es gibt christliche Kreise, in denen man vom Bemühen um das Anheben des Reiches Gottes geringschätzig als von Kulturprotestantismus zu sprechen beliebt. Der Kulturprotestantismus kann aber für sich anführen, dass er die Zeichen der Zeit besser erkannte als die sich über ihn erhaben dünkende Frömmigkeit und dass er ein vom Geiste Jesu gebotenes Werk in Angriff nahm. Er tat es in Schwachheit, gar manchmal der Innerlichkeit ermangelnd, gar manchmal der Versuchung erliegend, den Geist Jesu Zugeständnisse an den Geist der Welt machen zu lassen. Nicht genug hat er bedacht, dass nur in dem Masse, als Gesinnung des Reiches Gottes in den Herzen der Menschen zur Herrschaft kommt, der Geist Gottes die Zustände in der Welt umgestalten kann... Überhaupt steht es dem Christentum nicht wohl an, mit Abneigung gegen Kultur gross zu tun...*

Das mittelalterliche und das reformatorische Christentum des 16. und 17. Jahrhunderts unternahm nichts gegen die Folter und andere Grausamkeiten, gegen die Hexenprozesse und andere Untaten des Aberglaubens. Erst der Kulturprotestantismus des Aufklärungszeitalters empfand, dass diese Greuel gegen den Geist des Christentums und das Gebot der Barmherzigkeit verstiessen und half ihnen ein Ende setzen.»[38]

Noch eine Beobachtung, den theologischen Gegensatz zwischen Barth und Schweitzer betreffend, gilt Barths möglicher und Schweitzers offenkundiger Einstellung zum Buch des Predigers, das zu den spätesten Schriften des Alten Testaments gehört. Wenn es dem König Salomo zugeschrieben wird, so ist dieser als Vater der Weisheit gedacht, nicht als dessen Verfasser. Anders als im Hiobbuch tut sich hier eine skeptische Weltbetrachtung kund. Die Nichtigkeit des menschlichen Bemühens, die Gebrechlichkeit menschlicher Möglichkeiten, «das alles wird hier in den schwärzesten Farben geschildert»[39], und der Verfasser kann Gott nicht mehr verstehen. «Betrachte das Walten Gottes: Wer kann gerade machen, was er gekrümmt hat?» (7,14) In dem oben erwähnten Abschnitt aus dem Vorwort zur 2. Auflage seines Römerbriefs zitierte Barth aus diesem biblischen Buch die Worte: «Gott ist im Himmel und du auf Erden.» (5,1) Möglich also wäre es, dass Barths beschriebenes donnerndes Nein gewiss nicht nur aber doch auch durch den Inhalt des Predigerbuches mitverursacht wurde. – Von Schweitzer gibt es eine Predigt aus den Jahren vor 1913, in der er den Pessimismus des Predigerbuches der Zuversicht, die Paulus in seinen Briefen ausdrückt, gegenüberstellte.

Mir selber bleibt an Barths Theologie die Betonung des qualitativen Unterschieds zwischen Gott und Mensch tief eindrücklich, ansonsten bin ich eben auch einer der von ihm geschmähten Kulturprotestanten, doch in guter Gesellschaft.

Der Tübinger Philosoph Eduard Spranger schrieb am 7. Juli 1957, just als ich in Tübingen studierte, an Albert Schweitzer: «Die Hoffnung, dass Sie einmal ganz incognito nach Tübingen kommen werden, elektrisiert meine Frau und mich. Im Stift werden Sie freilich den letzten Rest der Philosophie ausgetilgt und durch die Barthsche Verhärtung ersetzt finden. Es ist überhaupt eine seltsame religiöse Atmosphäre in Schwaben. Ihr Standpunkt wie der meine würden wohl zu dem sträflichen ‹Kulturprotestantismus› gerechnet werden. Es gibt ein Landeskirchen-Christentum von erstaunlicher Enge. Aber in den verborgenen Kleinstädten und Flecken ist noch etwas von der Mystik erhalten, aus der Hegel und Schelling geschöpft haben. Sie ist nicht weltfern geblieben, sondern erwärmt die Welt. Hier steht die Christuserfahrung im Inneren... Ohne die Christuserfahrung im Inneren wäre Bachs Orgel nicht so gewaltiger Stürme fähig gewesen ...»[40] – Das von Spranger erwähnte Tübinger Stift, das einst auch Kepler, Hegel, Schelling, Hölderlin, Mörike und David Friedrich Strauss zu seinen Studenten zählte, ist die württembergische Bildungsanstalt für evangelische Theologen. Doch auch Barths Liebe zu Mozart berührt. Im Zwingli-Kalender 1956 schrieb Barth: Mozart «musizierte das wirkliche Leben in seiner Zwiespältigkeit, aber ihr zum Trotz auf dem Hintergrund der guten Schöpfung Gottes.»[41]

Verzinkte Bleche für Lambarene

Während meines Studiums kam ich mir oft wie ein Bergmann oder mal wie ein Eisenhüttenmann vor. Der Vergleich hat mit dem Land meiner Herkunft zu tun. Dank seiner Erzlager, der besonderen Qualität des heimischen Spateisensteins, der geregelten Holzkohlen-Produktion, später der Zufuhr von Steinkohle, und des Reichtums an fliessendem Wasser für die nö-tige Antriebsenergie gehörte das Siegerland Jahrhunderte hindurch zu den bedeutendsten Eisenproduktionsstätten in Europa.
Zur Geschichte Südwestfalens gehört auch, wie einheimische Historiker 1974 stolz vermerkten: «Weltweiten Ruf genoss schon im 5. Jahrhundert Wieland der Schmied, den die neuere Forschung nicht mehr für eine blosse Sagenfigur, sondern für eine historische Gestalt hält. Der walisische Bischof Geoffrey von Monmouth, gestorben um 1154, versetzt Wieland in einem langen Gedicht ‹Vita Merlini› in die Zeit des Keltenkönigs Artus und nennt ganz unzweideutig die Wirkungsstätte des Schmiedes ‹in urbe sigeni› (in der Stadt Siegen). Damit steht Wieland am Beginn einer langen Reihe Siegener Eisenleute, die andere eisenerzeugende und -verarbeitende Gebiete stärkstens beeinflussten. Wir erinnern nur daran, dass sich im Siegerland die Entwicklung vom Rennfeuer, ein altes Verfahren zur Stahlgewinnung, zum Hochofen genau verfolgen lässt, so dass es als Geburtsland des Hochofens gilt; dass hier der Eisenguss zu technischer und künstlerischer Vollendung geführt wurde; dass am englischen Könighof schon im 14. Jahrhundert Siegerländer Eisenhändler besondere Vorrechte genossen; dass Schweden ihre Stahlarbeit ‹nach siegenischer Art› durchführten, und dass die älteste Eisenhütte des Ruhrgebiets von dem Siegener Eberhard Pfandhöfer betrieben wurde.»[1] Erst 1962 wurde der Siegerländer Erzbergbau eingestellt.

In meiner Jugendzeit ergab sich für mich ein paar Mal die Gelegenheit, unter Tage zu fahren. Einmal ging es auf 2000 Meter unter die Erdoberfläche; dort herrschte eine Hitze, die für mich zu einem Urerlebnis wurde. Zugleich ergriff mich Ehrfurcht vor der harten Arbeit der Bergleute, die dort mit blossem, schweisstriefendem Oberkörper nach eisenhaltigem Gestein schürften. Mit dem Ruf «Glück auf» waren sie in die Grube gefahren, um ihre gefahrvolle Arbeit zu verrichten, bei der sich einst manche noch dazu eine Staublunge holten, was Leid und oft frühen Tod bedeutete.

Beeindruckende Schwerarbeiter

Mein Bruder und ich wuchsen im Verwaltungsgebäude der Siegener AG an der Birlenbacherstrasse in Klafeld-Geisweid auf. In unmittelbarer Nähe stand die Birlenbacher Hütte. In deren Hochöfen wurde das eisenhaltige Gestein erhitzt, bis sich das schwerere Eisen in dieser brodelnden Masse senkte. Dann ergoss es sich in aus hellem Rheinsand vorbereitete Rinnen, um dort zu Roheisen in Barrenform zu erkalten. Das zurückbleibende Gestein, zur Schlacke verbrannt, zerstiess man zu Sand, den man auf Halden anhäufte. Auf diesen bald festen Sandhalden herumzukrabbeln, gehörte zu meinen schönen Kindheitserlebnissen; doch unser eigene Sandkasten war nicht damit, sondern mit jenem edlen, sauberen, goldgelben Rheinsand gefüllt. Dem Schauspiel der Verhüttung des Erzgesteins habe ich schon früh, und als später mein Schulweg daran vorbeiführte, fast täglich zugeschaut. Wieder ergriff mich Ehrfurcht vor den Arbeitern, die an der Hochofentür tätig waren oder mit Schiebern in den Händen das flüssige Eisen in die vorbereiteten Sandbänke leiteten.

Ebenso erging es mir, wenn mich mein Vater bei seinem Rundgang durch die Werkhallen der Siegener AG Geisweid, in der Abkürzung SAG genannt, mitnahm. Er leitete dieses

mittelgrosse Familienunternehmen für Eisenkonstruktion, Brückenbau und Verzinkerei. Im Volksmund hiess die Firma «Zinkbude», waren doch die Produkte der Verzinkerei die einträglichsten und die durch die Verzinkung entstandenen Dämpfe weithin sichtbar und riechbar. Die Werkabteilung der Verzinkerei faszinierte mich jeweils besonders. Dort gab es hochgradig erhitzte rechteckige Zinkbassins zu ebenem Boden, in die grosse Objekte wie Boiler und kleine wie Eimer und Giesskannen zum Zweck des gegen Korrosion schützenden Zinks getaucht wurden. Ich entsinne mich eines grauenvollen Unfalls, von dem mein Vater schreckensbleich berichtete: Ein Arbeiter trat aus Versehen mit einem Bein in ein solches Zinkbassin. So schwere Unfälle kamen sonst glücklicherweise kaum vor, hingegen doch immer wieder kleinere. Ein Spritzer des glühend heissen Zinks genügte auch bei den relativ gesicherten Anlagen in der Blechverzinkung, um schwere Verletzungen zu verursachen. Die Bleche werden in Walzwerken aus einem glühenden Stahlblock hergestellt; daneben gibt es auch das Verfahren des Kaltwalzens. Der Blechproduktion konnte ich unter anderem im einige Kilometer von der SAG gelegenen Eichener Walzwerk zusehen. Diese Bleche, ihrer Farbe wegen als Schwarzbleche bezeichnet, wurden dann durch Verzinkung veredelt und silberweiss. Daraus wurden oft auch Wellbleche gemacht, eben solche, die wellenförmig gewalzt und dadurch in der Querrichtung besonders steif sind.
So lernte ich schon früh die Arbeiter der eisengewinnenden und eisenverarbeitenden Industrie wegen ihrer harten körperlichen Arbeit und der Unfallgefahr achten. Die Büroleute im Verwaltungsgebäude der SAG, denen ich als Kind bei der Arbeit zuschauen durfte und dabei manchmal auch ein Bonbon erhielt, bevor ich zu unserer Wohnung im obersten Stock hinaufstieg, hatten wohl auch Mühe mit der Arbeit, jedoch ohne körperlichen Schweiss. Und sie waren vor Un-

fällen weitgehend behütet. Dem Verzinkereiwesen war mein Vater Werner Niederstein besonders zugetan. Als Präsident der European General Galvanizers Association sollte er später, im Jahr 1970, auf einer Internationalen Verzinkertagung in Düsseldorf betonen: «Vieles wird heute für die Reinerhaltung der Luft getan. Genauso wichtig ist ein wirksamer Korrosionsschutz für Güter des menschlichen Verbrauchs. Die Feuerverzinkungsindustrie hat diese Aufgabe frühzeitig erkannt und bietet heute wirtschaftliche Lösungen an.»[2]
Anlässlich des sechzigsten Geburtstags meines Vaters im Jahr 1961 überreichte der Personalchef der SAG, mein Onkel Hermann Schleifenbaum, ihm namens der Belegschaft einen Check mit der Bemerkung: «Für Deinen Freund Albert Schweitzer». Zum ersten Mal hörte ich da von der Verbindung zwischen Schweitzer und meinem Vater, mit der ich mich Jahre danach etwas genauer befasste.

Über die Einzelheiten des Blechversandes

Es gab «Die Brücke», eine Werkzeitschrift für die Angehörigen der SAG und deren Tochtergesellschaften. In ihrer Ausgabe vom März 1959 wurde auf den ersten Seiten zunächst Albert Schweitzers Denken durch eine Zusammenstellung von Zitaten aus seinen Werken vorgestellt. Dann folgte ein Bericht, in dem es hiess: «Im Herbst des Jahres 1957 stand Albert Schweitzer vor der Notwendigkeit, die bereits vorhandene Leprastation, die kaum noch die Zahl der Kranken fassen konnte, zu erweitern. Einige westdeutsche Industrieunternehmen boten dem Urwalddoktor dazu ihre Hilfe an.»[3] Sie stifteten für Lambarene Bleche, deren Verzinkung die SAG vornahm. Die Auslieferung «erfolgte Mitte Februar 1958 durch die Hoesch AG in Dortmund. Über Port Gentil wurde die Sendung nach Lambarene geleitet. Es waren 400 Tafeln in 20 Kleinbunden mit einem Gewicht von etwa 5 t. Die einzelnen Tafeln hatten ein besonderes Format, das speziell für Wandverkleidungen geeignet war. Um alle Einzelheiten des Versandes hatte sich Albert Schweitzer selbst gekümmert... Die Gebinde – so schrieb uns Schweitzer – dürften nicht zu schwer sein: ‹Vom Flussdampfer müssen wir alles mit der Hand abladen.› ‹Ich muss auch damit rechnen, dass ich die Sachen vom Landungsplatz des Dampfers nach dem 4 km davon entfernten Spital auf Ruderbooten befördern muss. Also die Gebinde nicht schwerer als 30 Kilo!› Besonders wichtig sei die genaue Beschriftung aller Sendungen; ASB müsse auf jede Kiste aufgemalt werden. Entlang der ganzen westafrikanischen Küste wisse man, dass Frachten mit diesen drei Buchstaben für das Albert-Schweitzer-Spital in Lambarene bestimmt seien: Albert Schweitzer Bresslau (Bresslau war der Mädchenname der Gattin Albert Schweitzers). Wenn also eine Kiste mit ASB aus Versehen in irgendeinem anderen Hafen ausgeladen werde, wisse man, dass sie nach Lambarene gehöre, und es bestehe dann die berechtigte Hoffnung, dass sie auch dorthin befördert werde.»[4]

Mit einem Handschreiben vom 18. Mai 1958 an meinen Vater bestätigte Schweitzer den Eingang der Sendung in Lambarene: *«Sie haben sich so bemüht, dem Spital Weissbleche zu beschaffen. Lassen Sie mich Ihnen dafür herzlich danken. Als ich das Dorf für die Aussätzigen (es kann 250 beherbergen) baute, musste ich mich damit begnügen, den Gebäuden (zu ebener Erde) Wellblechdächer zu geben. Die Wände musste ich nach Art der Hütten der Eingeborenen machen: aus aufeinander gepressten Palmblättern, die zwischen zwei Hölzern eingeklemmt wurden. In diesen Wänden aber nisteten Ratten, und da die Zehen und Finger der Aussätzigen weitgehend gefühllos sind, frassen ihnen die Ratten, während sie schliefen, die Zehen und Finger an, was schwer-*

heilende Wunden zu Folge hatte. Werden nun die Wände aus Weissblech sein, werden sich auch in ihnen keine Ratten mehr einnisten können. Auch die mit den Wänden aus Palmblättern gegebene Feuersgefahr wird nicht mehr vorhanden sein... Tausend Dank, dass Sie uns zu Blechwänden verholfen haben! Herzlich Ihr ergebener Albert Schweitzer.»[5]

Unter dem 14. November 1960 schrieb Schweitzer aus Lambarene wieder nach Geisweid: «Sie bieten mir verzinkte Flach- und Wellbleche an! Ich weiss nicht, wie Ihnen danken. Auf beiliegendem Blatt gebe ich Ihnen an, was mir am meisten Dienste leistet. Ja die Gemeinschaftsaktion der Eisen- und Stahlindustrie von 1958 war mir sehr wertvoll. Neuerdings muss ich wieder bauen, weil das Spital immer grösser wird...»

In einer Fussnote gab dann Schweitzer die genauen Dimensionen der Bleche an.

Ein Jahr später hiess es in einem Brief aus Lambarene vom 22. November 1961 an die «Wirtschaftsvereinigung Eisen- und Stahlindustrie Düsseldorf»: *«Sehr geehrte Herren. Lieber Herr Niederstein. Die herrliche Sendung von 6,5 Tonnen verzinkten Flachblechen und 8 Tonnen verzinkten Wellblechen, die Sie meinem Spital durch Firma Arn. Georg zugehen liessen, ist am 9. November in sehr gutem Zustand hier angekommen... An Bauten brauche ich hauptsächlich zwei: zu dem vorhandenen Bau für Geisteskranke muss ein zweiter kommen, wie auch für die operierten Kranken... Eine grosse Freude habe ich an der Dicke der mir geschenkten Bleche. Sie halten die Hitze viel besser ab als die dünnen. Um gut zu halten, werden sie mit guter Farbe angestrichen, zwei Lagen. – Das Bauen leite ich selber. Mit den Jahren habe ich das Nötige in primitiven Bauten gelernt. Nochmals tausend Dank für die grosse Gabe an Blechen an alle Firmen, die dazu beigetragen haben. Mit besten Gedanken Albert Schweitzer.»*

In einem beigelegten Schreiben bat Schweitzer meinen Vater noch: *«Ich möchte gern jeder Firma, die zu der Spende etwas gestiftet, ein Wort des Dankes, wenn auch ein kurzes, direkt senden. Können Sie mir die Namen und Adressen dieser Firmen zukommen lassen... Es ist mir ein Bedürfnis in dieser Sache, die eine so grosse Bedeutung hat, noch direkt und persönlich auszusprechen, was ich empfinde. Erfüllen Sie mir meine Bitte, wenn es möglich ist ...»*

Handarbeit als praktische Theologie

Richard Kik, Gründer der deutschen Hilfsvereinigung für das Lambarene-Spital, schrieb in einem Bericht über «Eine Reise zu Albert Schweitzer nach Lambarene»: «Siebenundzwanzigmal ist der Doktor heute schon zwischen der Dorfmitte, wo Beton gemischt wird, und der Baustelle hin- und hergegangen. Da sagt er atemholend: *‹Bis das alles angelaufen ist, das Herrichten, Mischen, Einfüllen des Betons, komme ich mir vor wie die Güterzuglokomotive, die einen langen Güterzug den Gotthardtunnel hinaufzieht!›* Erst als der Gong das Ende der Arbeit verkündet, gibt der Doktor das Zeichen, mit dem Aufräumen der Geräte zu beginnen. *‹Ja, jetzt wird langsam ein Schuh daraus, aber nun hast du meine Arbeit miterlebt, die ich seit 40 Jahren mit meinen Schwarzen getan habe, und du siehst jetzt, wieviel Erfahrung ich sammeln musste, um so bauen zu können. Das ist Handarbeit, die ich hier verrichte, und es ist praktische Theologie.›*»[6] Diese Beschreibung von Kik über den «Bauarbeiter» Albert Schweitzer fand ich in der oben erwähnten SAG-Werkzeitschrift «Die Brücke».

Alles Leben ist Begegnung

Helene Schweitzer-Bresslau, die Frau Albert Schweitzers, starb 1957 im Spital der Pflegerinnenschule in Zürich. 1963 brachte eben dort meine Frau Brigitte unser erstes Kind, die Isabel, zur Welt. Es war der 3. Februar, ein Sonntag. Wir wohnten in Zürichs Albisriederstrasse. Morgens bekundete Brigitte: «Vielleicht geht es heute los.» Seit dem eigentlichen Geburtstermin waren schon zehn Tage verstrichen. An jenem Sonntagmorgen hatte ich in Rorbas zu predigen, tat es über das Gebot: «Du sollst dir kein Bildnis machen... (2. Mose 20,4) und versuchte dieses unter dem Einfluss von Max Frischs Theaterstück «Andorra» auszulegen. Nach der Predigt war noch Kinderlehre, die Bezeichnung für Jugendgottesdienst, zu halten.
Beim Mittagessen im Pfarrhaus sagte ich dem reizenden Pfarrer-Ehepaar, dass ich heute vielleicht noch Vater werden würde. Prompt wurde ich ins nächste Postauto gesetzt. Daheim angekommen, stellte ich an Brigitte bei einer ihrer ersten Wehen die dumme Frage: «Tut's schon weh?» Sie stöhnte: «Warum wohl heisst das Wehe?» Meine Eltern waren bereits angereist und kamen zum Kaffee. Als dann die Wehen vermehrt einsetzten, verliessen sie geradezu fluchtartig unsere Wohnung. Wir bestellten gegen Abend ein Taxi und fuhren ins Spital der Pflegerinnenschule.
In diesem Winter 1963 war der Zürichsee zugefroren. «Seegfrörni» nennen das die Zürcher, ein seltenes Naturereignis, das bis heute nicht wieder vorgekommen ist. Der einfühlsame und jeweils gesprächsbereite Frauenarzt Doktor Haefeli war tagsüber, wie er uns während des Geburtsvorgangs erzählte, von Rapperswil bis Zürich über den See mit den Schlittschuhen gelaufen, hatte sich mit einem guten Abendessen gestärkt und hielt um 23 Uhr strahlend unser Kind in Händen. Brigitte schlief bald tief ein. Ich ging heim,

wo mich unser Hund Johannes, eine Mischung aus Dackel und Appenzeller, stürmisch begrüsste. Mit seiner weissen Brust, im übrigen aber gänzlich schwarzen glatten Fell, sah er wie ein Pfarrer im Talar auf vier Beinen aus; vielleicht wurde er auch deswegen in meiner späteren Gemeinde Versam in Graubünden «der Pfarrhund» genannt.

Wenn ich von Helene Schweitzer-Bresslau höre oder in ihren Briefen lese, kommt mir eben jeweils das Spital der Pflegerinnenschule in Zürich in den Sinn, weil sie dort starb und meine Tochter dort geboren wurde. Isabels Brüder, Thomas und Philipp, kamen dann in Chur zur Welt. Sie ist heute Krankenschwester, eine nachgeborene Berufskollegin Helene Schweitzers, von der Elly Knapp, die Tochter des Strassburger Universitätsprofessors für Nationalökonomie Friedrich Knapp, schrieb: «Im Waisenamt war als städtische Waisenpflegerin (von Strassburg) eine andere Freundin tätig, Helene Bresslau, die später die Frau von Albert Schweitzer wurde. Mit den Rädern lernten wir das ganze schöne Land kennen. Welchen Zuwachs an Freiheit und Lebensgenuss brachte unserer Generation das Radfahren... Einen wunderbaren Sonntag haben wir alle bei Albert Schweitzers Eltern in Günsbach verlebt. Zuerst störte mich unser Hochdeutsch im elsässischen, ländlichen Pfarrhaus, aber der warmherzige und behagliche Vater und die kluge, etwas strenge Mutter Schweitzers nahmen uns so herzlich auf, dass mir dieser Tag als schönstes Zusammensein in Erinnerung blieb.»[1]

Beim Radfahren habe ich, zwei Generationen später, nach Kriegsende 1945 ähnliche Erfahrungen gemacht. Meine Eltern hatten ihre Fahrräder über die Kriegszeit hinaus behalten. Ich unternahm mal allein, mal mit meinem Bruder, mal mit Freunden fast täglich Radfahrten durchs Siegerland, die sich später bis an den Rhein ausdehnten und erlebte so auch den «Zuwachs an Freiheit und Lebensgenuss». Als mich einmal meine Mutter von Geisweid aus nach Niederschelden schickte, um dort bei Freunden Gemüse zu holen, es war kurz nach dem Krieg, wollten mir, mitten in der Stadt Siegen, durch die der Weg führte, zwei junge Männer mein Fahrrad wegnehmen. Da schrie ich laut auf. Mit dem «ein deutscher Junge weint nicht», versuchten die mich zur Ruhe zu bringen. Ich aber brüllte nur umso heftiger. Die Schelme bekamen es wohl mit der Angst zu tun und liessen mich weiterradeln. –

In seinem Brief vom 10.Februar 1908 an Helene Bresslau berichtete Albert Schweitzer: *«Gestern abend auf dem Heimweg bin ich noch zu Knapps hinaufgegangen. Elly hielt mich zurück und bat mich, am Samstag vor Ostern ihre Trauung vorzunehmen! Wir haben lange miteinander gesprochen... und schliesslich habe ich zugesagt. Ich bin froh, so ernsthaft mit ihr gesprochen zu haben. Jetzt kann ich die Trauung mit voller Überzeugung machen.»*[2]

Am 11. April 1908 traute Schweitzer Elly Knapp und Theodor Heuss in der Strassburger Nicolaikirche. Als Text für die Traupredigt hatte er das Wort aus der Bergpredigt Jesu gewählt: «Ihr seid das Salz der Erde» (Matthäus 5,13). «In der Hochzeitspredigt für Elly Knapp und Theodor Heuss», so empfand es später Rhena Schweitzer Miller, «sagte mein Vater: *‹Das hohe Glück dieses Augenblicks ist nicht, dass zwei Menschen sich innerlich geloben: wir wollen füreinander leben, sondern dies bedeutet: wir wollen miteinander für etwas leben›...*[3] Das gilt in noch stärkerem Masse für das Paar Helene Bresslau – Albert Schweitzer. Es war die gemeinsame Aufgabe, die sie geeint hat.»[4]

Als Elly Heuss-Knapp, sie hatte noch 1950 das Deutsche Müttergenesungswerk gegründet, 1952 starb, schrieb Schweitzer am 15. August 1952 aus Günsbach an Heuss:» *Bei der Ankunft in Bordeaux erfuhr ich das Ableben deiner lieben Frau. Du kannst dir vorstellen wie tief mich das beeindruckte und betrübte. Sie gehörte ja mit allen schönen Erinnerungen an das alte Strassburg zusammen. Und wir hatten uns vom ersten Tage unserer Bekanntschaft an so gut verstanden... Und zuletzt fand sie noch eine Stellung, in der sie ihr ganzes Wollen und Talent des Wirkens entfalten konnte.»*[5]

Ich erinnere mich einer Rede, die Theodor Heuss gegen Ende seiner zehnjährigen Amtszeit als deutscher Bundespräsident im Jahr 1959 vor Fussballern zu halten hatte, und die im Radio übertragen wurde. Daraus klingen mir heute noch seine Worte mit dem typisch schwäbischen und zugleich bedächtigen Akzent im Ohr: «Damals, als ich Bundespräsident wurde, gab es den Schlager ‹Der Theodor, der Theodor, der steht bei uns im Fussballtor›. Da hat mich meine Frau, die eine sehr kluge und weise Frau war, gefragt: ‹Theo, wirst du auch alle Bälle halten?› Und heute darf ich sagen: Ich habe viele abgewehrt.»

Helene Bresslau stammte aus jenem liberalen jüdischen Milieu, das im geistigen Leben Deutschlands bis zu Hitler eine so wichtige Rolle gespielt hat.[6] Ihr Vater wurde 1890 als Ordinarius für mittelalterliche Geschichte an die Universität Strassburg berufen und war ein Gelehrter von europäischem Ruf. Er blieb Jude, liess aber seine Kinder, die Tochter und zwei Söhne, taufen und im protestantischen Glauben erziehen. Helene ergriff zunächst den Lehrberuf, einer der wenigen Berufe, die damals jungen Frauen offen standen, für Professorentöchter allerdings eher ungewöhnlich. Sie war Hauslehrerin in England und Russland, dann Waiseninspektorin der Stadt Strassburg und regte die Gründung eines Heims für minderbemittelte, meist ledige Mütter an. In einem Brief vom 2. August 1908 schrieb Schweitzer an Helene Bresslau, er habe im Zug von Strassburg nach Colmar ein Gespräch mit einer Frau geführt, deren Schwester in Strassburg in Stellung sei und von einem verheirateten Mann ein Kind habe. Die Schwester sei im Mütterheim ohne Entgelt aufgenommen worden und dort sehr glücklich gewesen. *«Ach, sagte sie, die Leute, die dieses Heim gegründet haben, haben mehr Gutes getan, als sie glauben... Und während sie redete, sah ich meine Freundin, und ich konnte nicht unterdrücken, zu sagen, dass ich die Dame gut kenne, die das alles in Gang gesetzt hat... und da ich für dich erntete, dachte ich, dass wir ungeheuer glückliche Menschen sind, und dass darum der Himmel so blau ist.»*[7]

An der Universität Strassburg hörte Helene Bresslau Vorlesungen über Kunstgeschichte und widmete sich musikalischen Studien. Ihr Amt als Waiseninspektorin im Dienst der Strassburger Stadtverwaltung legte sie 1909, nach vierjähriger Tätigkeit, nieder und trat am 1. Oktober 1909 als Schülerin in das Krankenpflegeseminar des Evangelischen Diakonievereins zu Frankfurt am Main im Bürgerhospital ein,[8] um sich auf die Ablegung der staatlichen Prüfungen vorzubereiten. 1910 bestand sie das Examen als Krankenschwester. 1898 hatte sie Albert Schweitzer bei einer Hochzeit kennengelernt. Sie war, am 25. Februar 1879 in Berlin geboren, vier Jahre jünger als er. Aus dieser Begegnung erwuchs eine tiefe Freundschaft. Fortan verbesserte sie das Deutsch seiner Predigten und korrigierte die Manuskripte seiner Bücher. – Meine Frau Brigitte tut dasselbe, auch seit unserer ersten Begegnung, mit meinen Predigten und Büchermanuskripten.

Über die von Elly Heuss-Knapp geschilderten Ausflüge mit dem Fahrrad hinaus vermerkte Rhena Schweitzer Miller: «Meine Mutter war auch sonst sportlich und eine der ersten Skiläuferinnen. Bei einem Sturz auf ihren Skiern zog sie sich eine Rückenverletzung zu, an der sie ihr ganzes Leben lang zu leiden hatte, und die zu chronischer Schlaflosigkeit führte. Mein Vater machte sich grosse Sorgen um den ‹lieben Rücken›, wie auch über die Tuberkulose, zu deren Ausheilung meine Mutter nach Königsfeld im Schwarzwald zog, wo sie später, nach den Jahren in Lambarene, die meiste Zeit verbrachte.»[9]

Helene Bresslau und Albert Schweitzer heirateten 1912. Die gemeinsame Ausreise nach Lambarene erfolgte 1913. «Für meinen Vater», so schrieb die Tochter Rhena – sie wurde am 14. Januar 1919, dem 44. Geburtstag ihres Vaters, geboren, – «war es der Ruf Jesu, dem er Folge leisten musste und der ihn in den afrikanischen Urwald führte, für meine Mutter war es der Ruf des Herzens, ihn in seinem Unterfangen zu unterstützen.»[10] Schweitzer selber bekannte von seiner Frau: *«Ohne sie wäre niemals etwas aus meinen Plänen geworden.»*[11]
Von der Verbundenheit zwischen Helene Bresslau und Albert Schweitzer zeugt deren Briefwechsel aus den Jahren 1902 bis 1912. Rhena Schweitzer Miller und ihr Vetter Gustav Woytt haben ihn 1992 herausgegeben. Aus diesem «Gugelhopf», das Bild entnehme ich einem Brief Schweitzers an Elly Heuss-Knapp, klaube ich ein paar weitere Rosinen heraus (*«Dafür sind Rosinen da.»*[12])

Zärtlichkeit

Helene an Albert: *«Ich hab gelegen und geträumt, mein Kopf auf dem Kissen, auf dem Deine Hand lag und mir war, als ruhte ich auf Deiner Hand.»*[13] – *«Ich schicke Dir ein paar rührende Veilchen, ein dankbares Mädchen hat sie mir heute gebracht, weil ich mich ein bisschen um sie gekümmert habe.»*[14]
Albert an Helene: *«Und für mich wirst Du immer jung sein... immer. Sorge Dich nicht um die Jahre, die kommen, und die Haare, die immer grauer werden... um nichts, was ich an Dir liebe, das ist die Jugend und die Kraft des Geistes, die Jugendlichkeit des inwendigen Menschen, die nicht vergeht, nicht vergehen kann, die sich immer auf Deinem Gesicht spiegelt und ihm seine Frische und seine Schönheit verleiht.»*[15]

Frauen

Albert an Helene: *«Es läutet von der katholischen Kirche. Grosse Feier: ein junger Priester hat seine erste Messe gelesen. Armer Mann... Was wäre aus mir geworden, Lene, wenn ich als Kind katholischer Eltern zur Welt gekommen wäre! Ohne Freiheit des Geistes, ohne die Möglichkeit, mich von den lebendigen und grossen Gedanken edler Frauen erreichen zu lassen.»*[16]

«Meine Mutter hat sich noch nicht mit meinen Plänen angefreundet. Kürzlich schreibt sie mir, dass ich so würde, nämlich mein Ideal in der Ferne suchend, weil ich fast nur Frauen als Freundinnen hätte! Sie denkt nicht an Curtius, Ziegler, Widor. – Aber, weisst Du, Frauen haben mehr Grösse und mehr Schlichtheit als Männer.»[17]

Predigen

Helene an Albert: *«Du predigst morgen und hebst mir die Predigt auf oder schickst sie mir. Ich werde in Gedanken bei Dir sein – wenn ich nicht schlafe.»*[18]

Albert an Helene: *«Meine letzten Predigten haben mich erschöpft. – Ich habe, wenn man das kann, zu viel von meinem Herzen hineingelegt. Ich schicke Ihnen die letzte, die vom vergangenen Sonntag, und zwei andere vom Sommer. Das nächste Mal bekommen Sie die Adventspredigten. Sagen Sie mir Ihre Meinung über die Artikel im Kirchenboten, meine liebe Kritikerin.»*[19]

«Ich habe mit grosser Freude jeden Sonntag gepredigt. Es waren ‹unvollkommene› Predigten insofern, als ich nicht bis ans Äusserste meines Denkens gegangen bin, denn man hätte mich nicht verstanden.»[20] – *«Wir predigen über Texte – über vorgeschriebene Texte – um nicht unsere eigenen Gedanken zu sagen, und zuletzt sind wir unseren eigenen Gedanken so*

entlaufen, dass wir gar nicht mehr wissen, dass man nur mit eigenen Gedanken predigen kann.»[21]
«Ich denke viel an meine Predigt. Es ist gut an den Geist Christi glauben... aber es erklären... und ich lebe davon.»[22]

Christus

Auf ihrer Russlandreise besuchte Helene im Jahr 1909 auch die Stadt Poltawa. Zar Peter der Grosse hatte 1709 in der Schlacht bei Poltawa den Schwedenkönig Karl XII. besiegt. Helene erlebte dort die 200-Jahrfeier dieses Sieges, zu der auch Zar Nikolaus II. gekommen war.
Helene an Albert: *«... die Stadt sehr schön geschmückt, eine Menge bedeutender Persönlichkeiten, an deren Spitze wir zweimal den Zaren sahen, eigentlich alles wie bei uns, aber ziemlich ermüdend... Donnerstag habe ich mit meiner netten Studentin Besorgungen in der Stadt gemacht, im Anschluss daran einen kleinen Ausflug zu den Schwedenschanzen mit den Denkmälern und der Kirche. Bery, in dieser Kirche hatte ich ein Erlebnis. Sie ist ganz modern, ganz in Ölfarben ausgemalt und über jedem Altar ein grösseres Gemälde, das grösste über dem Hauptaltar berühmt, weil der Christus darauf die Züge Peter des Grossen tragen soll! Das wars aber nicht, sondern über einem Seitenaltar ein anderes Christusbild. Abendstimmung. Keine ‹Landschaft› sondern eine weite, grosse, stille Ebene. Vorne ein paar lose felsartige Steine und ganz vorne sitzt Er – nichts weichliches, nichts ekstatisches, nichts, gar nichts ‹Gewolltes›, sogar im Typus nicht so sehr vom Hergebrachten abweichend, aber wie vertieft! Weit, gross und still wie die Natur, sinnend aber fest – es gibt Ruhe und Mut diese Gestalt zu kennen. Ich weiss nicht, wer der Maler ist, aber er ist unser Freund. Seit langem hat mir kein Bild so viel zu geben vermocht – vielleicht auch das ein Zeichen von Gesundung.»*[23] Und: *«Bewusst –*

freudig – kraftschöpfend, dann fähig mit und für andere zu leiden – Christus.»[24]
Jahrzehnte später notierte Dietrich Bonhoeffer ähnliches: Die Kirche «muss den Menschen aller Berufe sagen, was ein Leben mit Christus ist, was es heisst, ‹für andere dazusein›.»[25]

Die Freiheit der Ketzer

Helene an Albert: *«Alles in allem bin ich eben doch eine Ketzerin.»*[26] Und dazu führt sie dann aus: *«... ich wollte, dass ein Pfarrer, anstatt sich heimlich einen Atheisten zu nennen, es denen, die mit freiem Nachdenken und Verneinung all des Formelkrams und des Drum und Dran nicht mehr den Mut haben, sich dem Christentum zuzuzählen (weil sie leider zu der Ansicht haben kommen können, in diesem Drum und Dran und Formelkram bestehe das Wesen des Christentums) und die doch gar nicht immer stark genug sind, um ohne Schaden für sich allein stehen zu können, dass er es denen frei und offen sagt, dass wahrstes, reinstes Christentum heisst: Jesum Christum lieb haben und wer ihn lieb hat, der folge ihm nach. Er wird finden, was ich so oft gefunden habe; dass in ihrem Atheismus nichts ist, was sich mit solchem Christentum nicht deckte – und er kann es ihnen besser sagen, als ich es konnte und kann. –»*[27]
Persönlich will mir scheinen, dass diese von Helene im Jahr 1904 geäusserten Worte Einfluss auf jene Worte von Albert hatten, mit denen er seine 1906 erschienene Leben-Jesu-Forschung beschloss: *«Er sagt dasselbe Wort: Du aber folge mir nach! Und stellt uns vor die Aufgaben, die er in unserer Zeit lösen muss... und als ein unaussprechliches Geheimnis werden sie erfahren, wer er ist...»*[28]
Albert an Helene: *«... wir sind beide Ketzer und können einen ehrbaren Diener Gottes wohl einschüchtern. Doch auch wir*

kennen Ihn, unseren Herrn, und dienen ihm und haben beide zu leiden und zu kämpfen in seinem Dienst.»[29]

«Und dann das Recht haben, ein Ketzer zu sein! Nur Jesus von Nazareth kennen... Gestern beim Einschlafen las ich das 25. Kapitel des Matthäus-Evangeliums, weil ich sosehr den Vers liebe: ‹Was ihr getan habt einem dieser Geringsten unter meinen Brüdern, das habt ihr mir getan.› Aber wo beim jüngsten Gericht von der Scheidung der ‹Schafe und Böcke› die Rede ist, da lächelte ich: Ich will nicht zu den Schafen und im Himmel treffe ich sicher eine ganze Gesellschaft, die ich nicht mag: St. Loyola, St. Hieronymus, und ein paar preussische Oberkirchenräte – und mit diesen allen freundlich tun und den Bruderkuss austauschen? Nein, ich verzichte, lieber in die Hölle, dort ist die Gesellschaft weniger gemischt. Mit Julian Apostata, Caesar, Sokrates, Platon und Heraklit lässt sich schon ein anständiges Gespräch führen. Aber ich diene ihm doch, seinetwegen, allein seinetwegen –, denn er ist die einzige Wahrheit, das einzige Glück.»[30]

«Auch der Atheismus, wäre er nicht auch eine Religion? Die schönste und die schwierigste – die, die auf die Religion Christi folgen wird. Hat er nicht im Augenblick seines Todes gesagt ‹Mein Gott, mein Gott, warum hast du mich verlassen›? Er ist also als Atheist gestorben? Wer hat den Mut, diesen Gedanken zu Ende zu denken?»[31]

Was Helene und Albert Schweitzer über den Atheismus hier sagen, berührt mich, zählen doch zu meinen besten Freunden auch Atheisten, deren Frömmigkeit mich oft in Erstaunen versetzt. *«Warten wir ab, wie jener Geist der Dinge, jenes geheimnisvolle Wesen, das man Gott nennt, mich, den ketzerischsten seiner Priester, leiten und führen wird»*[32], hat Schweitzer einmal gesagt. Ich befinde mich also in guter Gesellschaft, wenn mich kürzlich ein Bündner Kollege lachend einen «Oberketzer» nannte. –

Die schöne Helene

Die im folgenden genannte «Tata» ist der Spitzname, den Albert Schweitzer seiner um zwanzig Jahre älteren Freundin Adele Herrenschmidt gab. Der Briefwechsel zwischen Helene und Albert ist übrigens oft auf Französisch geführt, woraus sich der ständige Wechsel vom vertrauten «Du» zum förmlichen «Sie» erklärt, der heute noch in vielen französischen Familien üblich ist.

Albert an Helene: *«Ich muss Ihnen eine Geschichte von Tata erzählen. Gestern waren wir bei Bekannten von ihr im Grand Hôtel in St. Moritz zu einem Déjeuner eingeladen. Luxuriöses Hotel, elegante Kleider, Tafelmusik, Champagner, schöne Damen: kurz, in meinem ärmlichen grauen Anzug kam ich mir vor wie ein Floh im Hemd einer schönen Frau. Ich bemühte mich, mit einem netten jungen Mädchen zu plaudern und gleichzeitig ‹im Plan meines Kapitels› zu bleiben, als Tata, die das Programm der Tafelmusik las, mir lachend vom anderen Tischende zurief: Albert, man spielt den Walzer der ‹Schönen Helene›. Allgemeine Verblüffung: ich werde rot, Lottie krümmt sich vor Lachen, Tata ist amusiert, man fragt: wer ist die schöne Helene... da nimmt Tata (gerade war der Champagner serviert worden) ihr Glas: ich bitte Sie alle, mit uns auf das Wohl der schönen Helene zu trinken. Und die Gläser klangen beim Anstossen. Wo hatten Sie Ihre Ohren gestern, Mittwoch, um 1 Uhr 25?»*[33]

Helene an Albert: *«Über die Geschichte bei dem Déjeuner habe ich sehr gelacht ..., zumal das ein weiterer Beweis dafür ist, dass wir alles gemeinsam erleben, sogar die Weltlichkeitsanwandlungen! Wissen Sie, was wir am Mittwoch gemacht haben? Wir, das sind die Familie Hoff (einschliesslich der ältesten Tochter, der Strohwitwe Marie Landsberg) und die Familie Bresslau, meine Mutter ebenfalls als Strohwitwe. Wir sind ins Operettentheater gegangen und hörten ‹Die lustige Witwe› in*

ihrer Jubiläumsaufführung. Und jetzt verstehe ich auch, warum ich eine rasende Lust hatte (die ich schliesslich brav unterdrückte), Ihnen von dort eine Ansichtskarte zu schicken: das war die Fernwirkung des Champagners von St. Moritz.»[34]
Diese «Fernwirkung» spielte sich fünf Jahre vor der Hochzeit von Helene Bresslau und Albert Schweitzer ab.

Hochzeitsessen

Vor ein paar Jahren sind meine Frau und ich in den Ruinen des Grand Hotel Brissago herumgestiefelt. Wie schön und prächtig musste das früher hier gewesen sein! Früher, im April 1912, zwei Monate vor ihrer Hochzeit, weilte dort Helene Bresslau.
Helene an Albert: *«Die Eltern habe ich hier sehr vergnügt vorgefunden und meinem Vater bereits beigebracht, dass es auf unsere Hochzeit nicht mehr als drei Gänge geben darf. Er ist damit nicht einverstanden und ich stellte ihm dafür anheim, diese drei so exquisit zu wählen, wie es ihm Vergnügen macht.»*[35]
Albert an Helene: *«Ja, drei Gänge, das Hochzeitsessen; und wenn die Leute mehr wollen, wird Ihr Vater sich ein Vergnügen daraus machen, sie am nächsten Tag zu Valentin einzuladen.»*[36]

Positiv liberal

Neben dem «Vulkan» Martin Luther ist mir der «Rationalist» Huldrych Zwingli besonders nahe. Ihn, den man auch schon als «Erasmus' grössten Schüler» bezeichnet hat, hat der Humanismus mitgeprägt.[1] Von den Aussagen Zwinglis haben mich unter anderen diese angesprochen: «Ich wage auch von Heiden Entlehntes göttlich zu nennen, wenn es nur heilig, fromm und unerschütterlich ist.» «Gott mutet uns nicht zu, das Unbegreifliche zu glauben.»[2]

Zu Zwingli betonte Albert Schweitzer in seinem Dankesschreiben aus Strassburg vom 24. Juli 1920 für die ihm von der Theologischen Fakultät der Universität Zürich verliehene Ehrendoktorwürde: *«In meinem wissenschaftlichen Streben wagte ich immer mich dem unerschrockenen Forschen nach Wahrheit hinzugeben in der Gewissheit, dass die Wahrheit in der geschichtlichen Erkenntnis zuletzt immer eine geistige und religiöse Bereicherung bedeutet, mögen ihre Resultate uns vorerst auch noch so viele Schwierigkeiten bereiten. Ich bin mir bewusst, diesen unerschütterbaren Glauben an die Wahrheit stärker als irgendwo anders in den Schriften Zwinglis gefunden zu haben. Bei ihm fand ich als Student die Anregungen, die für mein wissenschaftliches Arbeiten und Denken entscheidend waren.»*[3]

Erste Praxisschritte in Davos

Anfangs Mai 1963 legte ich an der Universität Zürich das theologische Examen ab und verliess mit meiner Familie die Zwinglistadt. Von Mai bis November 1963 war ich Vikar in Davos. Das Lernvikariat dauerte damals ein halbes Jahr. Es mir zu ermöglichen, hatte mein väterlicher Freund Gotthard Schmid, Pfarrer am St. Peter in Zürich und Mitglied des kantonalen Zürcher Kirchenrats, den Bündner Kirchenrat gebeten. Für die Evangelische Landeskirche Graubünden war das insofern ein Novum, weil man dort ein Lernvikariat noch nicht kannte, sondern gleich nach dem theologischen Examen ordiniert und somit zum Pfarrdienst zugelassen wurde. Also war ich hier der erste Lernvikar und legte dann das erste praktische Examen vor der Theologischen Prüfungsbehörde der Evangelischen Landeskirche Graubünden ab, deren Mitglied ich später als Examinator für Kirchengeschichte und Homiletik werden sollte. In Verbindung mit anderen deutschschweizer Kantonalkirchen wurde bald auch hier das Lernvikariat allgemein eingeführt.

Nun war ich also Vikar in Davos. Meine Familie mit Hund Johannes lebten in einer Ferienwohnung, bestehend aus einem grossen Zimmer mit Küche und Bad, in dem schönen Jugendstilhaus «Casa al Bosco». Dort nahm uns die katholische Familie Steenaerts warmherzig auf. Nur mit dem Namen unseres Hundes hatte sie etwas Mühe, weil der Papst Johannes hiess. So sprach man nur von «dem Hund». Als Papst Johannes XXIII. am 3. Juni 1963 zu unser aller Leidwesen starb, wurde auch unser Hund, dessen belebendes Element man schätzte, bald danach bei seinem Namen gerufen. Den hatte das Tier übrigens rein zufällig bekommen. Als Brigitte und ich 1961 Freund Ortmann erzählten, wir trügen uns mit der Absicht, einen jungen Hund zuzutun, sagte der spätere Patenonkel von Isabel: «Aber nennt ihn bitte nicht Pfiffi oder Strozi.» «Wie denn?» «Na, beispielsweise Johannes.» Wir mussten so lachen. Der Name war gefunden. – Ich hatte gleich zwei Vikarsväter, und beide hiessen auch Peter. Peter Walser, damals Dekan der Evangelisch-rätischen Synode und Kirchenratspräsident, war herzlich und auf Formen bedacht. Brigitte redete er als «Frau Vikar» an. Peter Cabalzar war herzlich und familiär gestimmt. Die Nase unserer Tochter Isabel bezeichnete er, der begeisterte Skifahrer, als «Sprungschanze». Von beiden habe ich viel gelernt.

Als deutscher Heilstätten-Pfarrer amtete damals in Davos Richard Willy Biesold. Auch mit ihm und seiner Frau wurden wir bald gute Freunde. Biesold schärfte mir ein: «Mach es bitte nicht wie so manche junge deutsche Kollegen. Die nützen den gegenwärtigen Pfarrermangel aus, lassen sich in eine Bündner Gemeinde wählen, schreiben ihre Doktorarbeit und verreisen dann wieder nach kurzer Amtszeit, oder sie ziehen fort, sobald sie eine ‹fettere Pfründe› im Unterland gefunden haben.» – Im Unterland, etwa in den Kantonen Aargau, Basel, Bern und Zürich, verdiente man damals als Pfarrer etwa das Doppelte. Mein Pflichtenheft als Vikar umfasste folgende Aufgaben: pro Monat eine Predigt in Davos Platz und in Davos Dorf, eine Kinderlehre, ein Freisonntag, manchmal noch eine Abendandacht während der Woche in der Kapelle des Alexanderhauses, eines von Diakonissen geführten Erholungsheims. Hinzu kamen pro Woche zwölf Stunden Religionsunterricht, jede dritte Woche Übernahme der Kasualien, die Spitalseelsorge in regelmässigem Besuchdienst, alle zwei Wochen einen Nachmittag im Altersheim, dort auch monatlich einmal Bibelstunde, wozu ich Psalmen auswählte.

Nach dem langen Studium freute ich mich, Erlerntes in die Praxis umzusetzen. Dabei kam ich mir manchmal in diesem Ferienort wie einer vor, der selber in den Ferien weilte, waren doch meine Frau und ich um die Jahreswende 1960/61 mit den Eltern im tief verschneiten Davos gewesen und hatten in dem Hotel logiert, das durch Thomas Manns «Zauberberg» bekannt geworden ist. Als Thomas Mann 1955 starb, schrieb Albert Schweitzer am 15. August 1955 von Günsbach aus an dessen Frau Katja: *«Sein Leben habe ich verfolgt, wie auch sein Schaffen, von der Zeit an, als er durch sein erstes grosses Werk, noch in jungen Jahren, mit einem Male eine Stellung in der Kulturwelt errang. Später kam es dann, dass er für die Kultur gegen die Unkultur kämpfen musste. Nie kann ich vergessen, wie mir in der ersten Hitlerzeit, in Lambarene, als ich mich frug, was aus unserer Kultur werden sollte, ein Artikel von ihm über das, was die wahre Kultur ausmacht, in die Hände kam. Es hat mich tief beeindruckt, dass er in die Arena trat und mit Klarheit und Mut aussprach, was der Zeit nottat.»*[4]

Privatvorlesungen im Krankenzimmer

Auf der Liste der reformierten Patienten im Davoser Spital fand ich eines Tages den Namen des Berner Theologieprofessors Martin Werner. Sein Sohn Heinrich war ein geschätzter Augenarzt und Leiter der Augenklinik in Davos. Ihn hatte ich durch meine Frau kennen gelernt, die von ihm neue Brillengläser verschrieben bekam. Nun stand ich an der Zimmertür seines Vaters und klopfte voller Spannung, diesen Mann persönlich kennenzulernen, von dem mir schon manche seiner Studenten begeistert erzählt hatten. Frisch tönte sein «Herein!» Dann stand ich an seinem Bett und spürte bald, wie dieses «Herein» nicht nur ein äusserliches, sondern auch ein innerliches werden sollte. Seine Lebhaftigkeit schien trotz seines erlittenen Herzinfarkts ungebrochen. Ich besuchte ihn wiederholt, erlebte ihn als einen Meister des Gesprächs und genoss dazu eine Art Privatvorlesungen.
Eine handelte von seiner vehement geführten Auseinandersetzung mit Karl Barth. Während er die vortrug, machte ich erstmals bewusst die Erfahrung, wie sehr zum Verstehen des Verbalen die nonverbale Ausstrahlung des Redenden gehört.

Gerade hatte die «Schweizerische Theologische Umschau», deren Mitbegründer und Redaktor er gewesen war, in ihrer Juniausgabe eine Kritik Werners zu Barths 1962 erschienenem Buch «Einführung in die evangelische Theologie» abgedruckt. Darin verwahrte sich Werner unter anderem gegen «die heftige Zurückweisung des ‹Historismus›, die immer dann laut wird, wenn eine fundierte historische Einsicht sich gegen den anselmisch-barthischen Grundsatz zu erheben wagt, dass aller Erkenntnis in der Theologie stets der Glaube vorangehen müsse.»[5] Weiter urteilte er: «Dass das Barthsche Schema vom Nein und Ja der göttlichen Selbstkundgebung an den sündigen Menschen einer vielfach deutlich bezeugten biblischen Auffassung an allen Ecken und Kanten irgendwie widerspricht, ist ein offenkundiger Sachverhalt.»[6]

Jesus, der Mensch für uns

Ein anderes Mal kam Werner auf die Basisformel des Oekumenischen Rats der Kirchen zu sprechen, die lautet: «Der Oekumenische Rat ist eine Gemeinschaft der Kirchen, die unseren Herrn Jesus Christus als Gott und Heiland anerkennen.»[7] Daran übte Werner energische Kritik: «Von Jesus von Nazareth wird in dieser Basisformel in Begriffen spätantiker, hellenistisch-synkretistischer Religion gesprochen, die mit ihm selbst nichts zu tun haben und zu der Art und Weise, wie er in den ältesten Evangelienberichten vernehmlich über sich selbst spricht, im klaren Widerspruch steht... Das Bekenntnis zur Gottheit Jesu verfälscht die Art und Weise, wie Jesus selbst seine Beziehung zu Gott zum Ausdruck gebracht hat.»[8]

Eine meiner Davoser Predigten galt der Auslegung der Versuchung Jesu (Matthäus 4,1-11). Ich begann mit den Worten: «Von den Versuchungen, die ein jeder erlebt, greift unser Text drei wesentliche auf. Und das Wesentliche an allen drei Versuchungen ist, dass sie den Menschen an Gott irre machen wollen.» Am Schluss sagte ich: «... es gehört zu unserem Menschsein, dass wir immer wieder in Versuchung und Anfechtung fallen. Gott aber lässt uns gerade dann nicht allein, wie er Jesus nicht allein gelassen hat... Das ist die frohe, Glauben weckende Botschaft der Versuchungsgeschichte Jesu.» Kurz darauf besuchte uns ein liebwerter Studienfreund, der im norddeutschen Blankenese beheimatet war. Ihm las ich diese Predigt vor. Er stutzte und traf den theologischen Nerv: «Das klingt ja, als ob Jesus selber diesen Versuchungen hätte erliegen können.» «Ja!» «Aber bedenk doch, der Gottessohn.» «Mir kommt er in seinem Menschsein nahe.»

Historische Kritik in der Theologie

Eine ganz besondere Freundschaft verband Martin Werner mit Albert Schweitzer. Viel verdanken beide Adolf von Harnack, dem 1851 geborenen Balten, dessen theologische Ausstrahlung eine Epoche bestimmt hat. Harnack, den der sonst eher zu trockenen Äusserungen neigende Karl Heussi in seinem «Kompendium der Kirchengeschichte» ein «Glanzgestirn der Kirchengeschichte» seiner Zeit benennt, war Professor in Giessen, Marburg und Berlin. Er starb 1930. Theodor Heuss zitierte 1951 in seinem Buch «Deutsche Gestalten» die Worte, mit denen Harnack 1888 eine Denkschrift über die frühe Kirchengeschichte abgeschlossen hatte: «Nicht die Exegese und die Dogmatik, sondern die Ergebnisse der kirchengeschichtlichen Forschung, wenn sie allmählich Gemeingut werden, werden den Bann lastender und die Gewissen verwirrender Tradition brechen. Der Kardinal Manning hat einmal das frivole Wort ausgesprochen: ‹Man muss die Geschichte durch die Dogmatik überwinden›; wir aber sagen umgekehrt: man muss das Dogma durch die Geschichte läutern, und wir sind als Protestanten der guten Zuversicht, dass wir damit nicht niederreissen, sondern bauen.»[9]

Um Harnack zu hören, kam Schweitzer 1899 nach Berlin, *«wo er mich so lieb in seinem Hause verkehren liess».*[10] *«Harnack war wie ein Vater zu mir.»*[11] Drei Jahrzehnte spä-

ter teilte Harnack am 7. März 1929 Schweitzer mit, dass die Preussische Akademie der Wissenschaften ihn zum Ehrenmitglied gewählt habe. Postwendend antwortete Schweitzer: *«Ich kann es noch nicht fassen. Aber ich bin voller Freude darüber, voll grosser Freude. Da ich allen Grund zur Annahme habe, dass Sie die Anregung zu dieser Ehrung gegeben haben, danke ich Ihnen insbesondere.»*[12]
Zu der von Martin Werner genannten Gottessohn-Problematik hatte sich Adolf von Harnack schon ebenso geäussert: «Der Satz: ‹Ich bin der Sohn Gottes›, ist von Jesu selbst nicht in sein Evangelium eingerückt worden, und wer ihn als einen Satz neben anderen dort einstellt, fügt dem Evangelium etwas hinzu.»[13] Albert Schweitzer vermerkte hierzu im Kirchenboten für Elsass und Lothringen: *«Auch der Apostel Paulus redet nie davon. In allen seinen Briefen kommt dieser Glaubenssatz mit keinem Worte vor. Jesus Christus ist für ihn Gottes Sohn, durch sein Wesen, durch seinen Geist, nicht durch seine Geburt... Gottes Sohn ist vom Weibe geboren, d.h. ein Mensch geworden, wie wir.»*[14]
Und im zweiten Teil seines Werkes «Reich Gottes und Christentum» stellte Schweitzer fest, *«dass Jesus nicht in dem Masse irrtumslos war, wie wir es annehmen möchten... Die Allwissenheit und damit die absolute Irrtumslosigkeit, die ihm seiner Gottmenschheit gemäss, wie sie im Dogma festgelegt ist, zukommen sollte, mag als etwas Unvorstellbares und ihm Beigelegtes ausser Betracht bleiben.»*[15]
Die Differenz zwischen Harnack und Schweitzer lag in der Beurteilung der Gedankenwelt Jesu, die Schweitzer «rein und ausschliesslich eschatologisch» sah:[16] *«Vielmehr haben alle, die die Geschichte des Christentums über das Leben Jesu hinaus fortführten – Harnack mit der vollkommensten geschichtlichen Meisterschaft, – gleich zu Anfang neben dem Hauptgeleise für zeitgeschichtlich bedingte Anschauung ein Nebengeleise für zeitgeschichtlich unbedingte Ideen ange-*

legt, auf welches sie dann beim historischen Zurücktreten der urchristlichen Eschatologie den Zug überführen, nachdem sie zuvor die Wagen, die nicht über diese Station hinaus mitgehen sollen, abgehängt haben.»[17]

Über zwanzig Jahre nach Harnacks Tod schrieb Schweitzer unter dem 11. Juli 1952 an Maurice Carrez: *«Er interessierte sich für meine Interpretation des Paulus und hat für mich die Korrekturbogen der Mystik des Apostels Paulus gelesen... Natürlich konnte Harnack seine Dogmengeschichte nicht mehr umarbeiten. In seiner letzten Lebenszeit hat er die ‹Konsequente Eschatologie› und das eschatologische Verständnis der Lehre des Paulus anerkannt.»*[18] In demselben Brief an Carrez bemerkte Schweitzer: *«Sie erheben mich zum Schulhaupt. Ich kann nicht anders, als mich dem zu beugen. Tatsächlich betrachten sich Werner und die anderen Schweizer als meine Schüler.»*[19]

Theologie und Philosophie

Martin Werner, 1887 in Bern geboren, wurde nach seinem Theologiestudium in Bern und Tübingen 1916 Pfarrer in Krauchthal, einer abgelegenen Bauerngemeinde zwischen Bern und Burgdorf. Zudem betrieb er weiter neutestamentliche Studien. 1927 wurde er Ordinarius für Dogmatik und Symbolik (kirchliche Bekenntnisse), Geschichte der protestantischen Theologie und der Philosophie an der Theologischen Fakultät der Universität Bern. Um Werner bildete sich ein Freundeskreis, der die konsequente Eschatologie und die Ethik Schweitzers vertrat und weiter bedachte. Seinerseits ging es Martin Werner in seinen zahlreichen Publikationen, darunter «Die Entstehung des christlichen Dogmas», ein Buch von 755 Seiten, sowie sein grosses zweibändiges Werk «Der protestantische Weg des Glaubens», darum, dass christlicher Glaube sich nur dann als sinnvolle Wahrheit erweise, wenn er den Gegebenheiten von Geschichte und Religionsgeschichte, von Psychologie und Soziologie, von naturwissenschaftlichen Erkenntnissen und philosophischer Reflexion Rechnung trage. Der Philosoph Karl Jaspers applaudierte 1949: «Ihr Philosophieren belebt das Denken und erquickt wie eine Oase in der Wüste der heutigen Theologie.»[20] Schweitzer hatte an Werner schon 1924 geschrieben: *«Sie führen die Theologie in das Weltanschauungsproblem hinein. Sie wird bocken, wie die Kuh, die in den neuen Stall soll, aber es wird ihr nichts helfen.»*[21]

In Schweitzers Echo vom 14. November 1947 auf Werners «Entstehung des christlichen Dogmas» hiess es: *«Hier wird die Rechtsurkunde für das freie Christentum gegeben. Keine Orthodoxie kann sich mehr irgendwie darauf berufen, das ursprüngliche Christentum festzuhalten. Wir Freisinnigen gestehen uns die durch das Ereignis des Nichteintreffens der eschatologischen Erwartung notwendig gewordene Wandlung ein und suchen im Geiste Jesu und Pauli den innersten, von allem Zeitlichen freien Kern des Evangeliums zu erfassen.»*[22]

Als 1926 unter dem Titel des Appenzeller Landsgemeindeliedes «Alles Leben strömt aus dir!» der Katechismus, der beiden Freunde Martin Werner und Julius Kaiser erschien, liess Schweitzer verlauten: *«Euer Unternehmen ist zeitgemäss und mutig.»* Aber er beschwerte sich, darin selber so ausführlich zu Wort zu kommen: *«Der Albert Schweitzer, wie ich ihn kenne, ist ganz niedergedrückt und gedemütigt, dass er vor der Jugend, die zu Gott geführt werden soll, als ein Wegweiser auftritt. Das darf einer erst, wenn er tot ist. Dann ist das Menschliche von ihm abgefallen, und seine Seele redet in seinen übriggebliebenen Worten zu den Menschen. Nun habt ihr bei lebendigem Leibe einen halben Kirchenvater aus mir gemacht und müsst es verantworten, wenn die Leute mich persönlich kennen lernen und enttäuscht sind.»*[23]

Ein angriffiges Theaterstück

Rolf Hochhuts christliches Trauerspiel «Der Stellvertreter» war im Februar 1963 in Berlin zur Uraufführung gelangt. Das Stück löste heftige Debatten aus und weckte lebhaftes Interesse, weil es in scharfer Weise Papst Pius XII. angriff, der als Stellvertreter Christi keinen gebührenden Protest gegen den millionenfachen Mord der Nazis am jüdischen Volk erhoben habe. An einer solchen heftigen Diskussion nahm ich in Davos teil, zu der der freundliche katholische Vikar ins katholische Pfarrhaus einen Kreis Interessierter eingeladen hatte. Martin Werner meldete am 4. Januar 1964 nach Lambarene: «In diesen Tagen bewegt immer noch Hochhuts' Stellvertreter die Gemüter. Sobald aber in dieser öffentlichen Diskussion die elementarsten Fragen des denkenden Menschen aufbrechen, etwa in der Form: ‹Warum lässt Gott das zu?›, dann hat das kirchliche Christentum Mühe, darauf einzugehen und findet den Ausweg... nur in vagen Auskünften,... die leere Schlagworte bleiben.»[24] Albert Schweitzer urteilte über Pius XII: *«Dieser Papst hat nur an die Kirche, nicht an die Menschen gedacht. Ihm schwebte vor ein Deutschland-Österreich, das ein katholischer Staat wäre. Gründer dieses deutschen Grossstaates, in dem der Katholizismus dominiert, war Hitler, nach des Papstes Meinung.»*

Doch, so fügte Schweitzer sofort an, hätten auch die protestantischen Kirchen zur Zeit des Nationalsozialismus ihre Menschenpflicht nicht getan: *«Wir alle müssen unseres Versagens bewusst werden, um, wenn wir wieder in Versuchung kommen, das Rechte zu tun und nicht zu schweigen.»*[25]

Martin Werner starb am 23. März 1964 in seinem Geburtsort Bern. Tags darauf schrieb Schweitzer an dessen Frau Lydia geborene Howald: *«Er lehrte in meinem Sinne und in der schlichten Frömmigkeit.»*[26]

In welche Richtung gehen?

Gegen Ende meiner Davoser Tätigkeit fragte mich ein Kirchenvorsteher, ob ich liberal oder positiv sei. Ich meinte, er sollte das doch meinen Predigten entnommen haben. Ja, das sei es eben, da könnte er es nicht heraushören. Nun wusste ich selber zu wenig, was die Worte positiv und liberal eigentlich theologisch etikettieren. So nahm ich sie von der Sprache her und bezeichnete mich als «positiv liberal».

In Chur, wohin mich mein Weg von Davos aus führen sollte, lernte ich die drei in der reformierten Schweiz um die Jahrhundertwende entstandenen theologischen Richtungen, die liberale, positive und religiös-soziale, durch ihre Aktivitäten auf Gemeindeebene kennen. In der Evangelisch-rätischen Synode, wie hier das Parlament der Bündner Pfarrer heisst, in dem auch die pensionierten Sitz und Stimme haben, beherrschen diese Richtungen bis heute die Parteienlandschaft. Die liberale Richtung betont die Mündigkeit des Menschen, die Ethik, die Vernunft, Jesus als Vorbild und die historisch-kritische Bibelauslegung. Die positive Richtung ist theologisch evangelikal oder von der dialektischen Theologie Karl Barths bestimmt. Die religiös-soziale Richtung ist kult- und herrschaftskritisch, pazifistisch, Reich Gottes- und Bergpredigt-bewusst. Gegen die Jahrtausendwende kommt jetzt in der Schweiz eine Vielfalt von Geistesströmungen hinzu, darunter Fundamentalisten, Charismatiker, Esoteriker, feministische Theologinnen, Befreiungstheologen undsoweiter.

Befreiendes Wirken

Mitte November 1963 beendete ich mein Vikariat in Davos. Wir zogen nach Chur in die Vierzimmerwohnung eines Mehrfamilienhauses an der Ringstrasse. In Chur gab es damals nur ein Pfarrhaus, das Antistitium neben der Martinskirche, in dem einst Martin Luther auf seiner Reise nach Rom genächtigt haben könnte. Von dieser Ausnahme abgesehen hatten die anderen Churer Stadtpfarrer keine Amtswohnung und mussten für ihre Unterkunft selber besorgt sein. Im Vergleich zu unseren bisherigen Wohnverhältnissen kamen uns die vier Zimmer fast wie ein Luxus vor. Doch gross waren sie nicht. Als es einmal an der Wohnungstür läutete, stand davor eine korpulente Dame mit ihrer Tochter. Sie hatten einen Trauerfall in ihrer Familie und wollten die Beerdigung mit mir besprechen. Bis sich die Mutter in unserem schmalen Gang ihres Mantels entledigt hatte, musste die Tochter in unserem Schlafzimmer warten.

Ein Erlebnis ganz anderer Art an dieser Wohnungstür: Da begehrte ein fideler junger Mann mit den Worten Einlass: «Casanova, ich will die Taufe meines Kindes anmelden!» Mir fiel gleich der Name des italienischen Abenteurers und Schriftstellers Giacomo Girolamo Casanova (1725-1798) ein, der seine berühmten Memoiren mit einem stark erotischen Akzent geschrieben hatte und in vulgärer Vorstellung als «der Frauenheld» gilt. Ich wollte schon losprusten in der Annahme, als Neuling in Chur auf die Schippe genommen zu werden. Doch dann besann ich mich auf die Bemerkung meiner Frau, die als Kind mit ihrer Familie öfters Ferien in Graubünden gemacht hatte, dass ihr da so manche fremdklingende Familiennamen aufgefallen seien. Zudem blickte mich besagter Vater so offenherzig an, dass ich meiner Scherzvermutung nichts anmerken liess. Bald auch sollte ich erfahren, dass Casanova – zu deutsch Neuhaus – ein in Graubünden weit verbreiteter Familienname ist.

Seelsorge anstatt Dogma

Den Weg nach Chur hatte mir einer meiner Zürcher Professoren, der Alttestamentler und Religionsgeschichtler Victor Maag, gewiesen. Namentlich mit seiner Vorlesung über Hiob versetzte er uns Studenten ins befreiende Nachdenken. Die Rahmenerzählung, die sogenannte Hiobs-Novelle mit ihren Szenen im Himmel und auf Erden, so half uns Maag zu verstehen, bedeute eine klare Absage an den in jener Zeit aufkommenden Teufelsglauben. Und der grosse Mittelteil, die Hiob-Dichtung, stelle, wenn man von den Sekundärtexten absehe, das Vergeltungsdogma in Frage, nach dem jedes Leiden als Strafe für eine begangene Schuld gehalten werde.[1] Aus Maags wissenschaftlich subtiler Darlegung hörte ich zugleich eine Anweisung für die Seelsorge heraus, wieso Dogma und Seelsorge zwei verschiedene Paar Schuhe sind.

Albert Schweitzer, dem seinerzeit die Pariser Mission aus dogmatischen Gründen eine Tätigkeit als Missionar verweigerte, hatte dann Medizin studiert, um jenseits des Dogmas in Afrika als Arzt praktische Seelsorge zu leisten.

Kurz vor meinem Examen hatte mich Victor Maag gefragt, ob ich nicht nach meinem Davoser Vikariat für zwei Jahre die Pfarrstelle von Hans Jürg Braun in Chur übernehmen wolle, dem die Kirchgemeinde in dieser Spanne Zeit einen Studienurlaub gewährt habe, damit jener seine Dissertation abschliessen könne. Ich sagte spontan zu, wobei die, wohl auch von Maag mitbedachte, Überlegung den Ausschlag gab: Von den Kollegen in Chur wirst du noch einiges lernen können. Dann hast du die Startlöcher für deine weitere pfarramtliche Tätigkeit in der Schweiz. So ging ich also für zwei Jahre in Chur «vor Anker».

Die Kirchgemeinde war hier noch stark vom Richtungswesen geprägt. Das hatte Auswirkungen auf die Zusammensetzung des Pfarrkollegiums. Es bestand aus zwei liberalen, zwei positiven, einem religiös-sozialen und einem Jugendpfarrer, der auch zur positiven Richtung gehörte. Der Kollege, für den ich, wie es in Graubünden heisst, als Provisor amtete, war liberal. So schlossen mich unversehens die liberalen Kirchgenossen in die Arme. Diese planten damals gerade einen vorwiegend von Germanisten und Theologen bestrittenen Vortragszyklus zum Thema «Dichter und ihre Religion» und boten mir eines der Referate an. Ich wählte Wilhelm Raabe, weil mir in dessen Werk die positive Beziehung zwischen Juden und Christen seit meiner Gymnasialzeit eindrücklich geblieben war. Auch erscheint mir dieser Dichter wie ein Seelsorger an seiner Leserschaft, liess er doch in «Hastenbeck» Gottes Wunderwagen durch die Welt rollen. In «Die Leute aus dem Walde» steht: «Sieh nach den Sternen! Gib acht auf die Gassen!» Und neun Jahre nach dem ersten Erscheinen seines Erfolgbuches «Die Chronik der Sperlingsgasse» schrieb er dazu ein Vorwort, in dem er hervorhob: «Wenn es aber auch nur unter einem Dache eine trübe Stunde verscheucht, eine schwere Stunde sanfter gemacht hätte, wie Herr Hartmann von der Aue sagt; wenn es nur ein Lächeln, nur eine Träne hervorgerufen hätte, so wäre sein Wirken und Sein nicht vergeblich gewesen.» Den Vortrag hielt ich dann am 19. Februar 1964 im Kirchgemeindehaus Brandis.
Dann waren es die liberalen Kollegen, der Gemeindepfarrer Hans Berger und der Kantonsschulprofessor Peter Dalbert, die meine Frau und mich freundschaftlich in ihren Familien- und Bekanntenkreis aufnahmen und uns so das Einleben in Chur erleichterten. Auch später begleiteten sie uns mit Rat und Tat. Durch sie erfuhr ich, dass in der Schweiz die evangelischen Pfarrer der liberalen Richtung theologisch wesent-

lich von Albert Schweitzer und Martin Werner geprägt waren und sind.

Hans Berger lud mich ein, im Churer Zwinglibund, einer Aktion des Schweizerischen Zwinglibunds, mitzuarbeiten. Es war ein Bund für junge Christen, den der bereits im Zusammenhang mit Martin Werner genannte Luzerner und dann Berner Pfarrer Julius Kaiser im Jahr 1929 mit dem Ziel ins Leben gerufen hatte: «Einander gute und frohe Gemeinschaft zu schenken, als junge Glieder der christlichen Gemeinde, der Kirche und Welt unser Bestes zu geben und dies alles im Geiste der Freiheit, die wir als Gottesgabe preisen dürfen.»[2]

Eine schlaflose Nacht

Am 22. November 1963 nahm ich erstmals an einem Abend des Churer Zwinglibundes teil. Wir sassen im Kreis, kürzlich Konfirmierte und ältere Jahrgänge, junge Damen und Herren. Das Thema dieses Abends habe ich vergessen, nicht aber die wachen Augen und das Klima der Sympathie. Es sollte sich fortsetzen, als wir uns anschliessend noch zum gemütlichen Beisammensein ins Restaurant beim «Untertor» begaben. Heiter war unser Geplauder. Plötzlich herrschte Schweigen im Raum. Ein Mann war hereingekommen und tat mit bedrückter Stimme kund: «Kennedy ist ermordet worden!» Es traf uns wie ein Schlag. Wir konnten es nicht glauben, dass dieser, wie wir damals dachten, Hoffnungsträger einem Attentat zum Opfer gefallen sein sollte. Einige rannten mit mir zur nächsten Telefonzelle am Postplatz. Wir kramten Münzen hervor. Jemand drückte mir den Hörer ans Ohr. Bange Augen blickten mich an. Ich hörte im telefonischen Nachrichtendienst die Bestätigung. Als ich diese weitergab, hatten wir alle Tränen in den Augen. Wie geschlagen gingen wir zurück, berichteten den anderen.

Die meisten, so erfuhr ich später, fanden in dieser Nacht keinen Schlaf. Ich ging heim, telefonierte mit meiner Frau, die mit unserer Tochter Isabel gerade bei ihren Eltern in Bern weilte. Dann hörte ich Radio und die ersten Echos. Das von Willy Brandt, er war damals Regierender Bürgermeister von Berlin, ging mir besonders nahe, hatte doch Kennedy bei seinem Besuch in Berlin in Konfrontation mit der kommunistischen Diktatur und angesichts der Berliner Mauer für die Freiheit plädiert, wenn er als Präsident der Vereinigten Staaten von Amerika seine berühmte Rede vor dem Schöneberger Rathaus am 26. Juni 1963 mit den Worten schloss: «Alle freien Menschen, wo immer sie leben mögen, sind Bürger dieser Stadt Westberlin; und deshalb bin ich als freier Mann stolz darauf, sagen zu können: Ich bin ein Berliner.»

Kennedy und Schweitzer

Viele Jahre später las ich, dass Albert Schweitzer den amerikanischen Präsidenten gleichsam in Pflicht genommen hatte, wenn er ihm aus Lambarene am 20. April 1962 schrieb: *«Sehr verehrter Herr Präsident Kennedy... Ich glaube Ihnen versichern zu können, dass aufgrund der neuesten wissenschaftlichen Erfindungen jeder von den Sowjets durchgeführte Testversuch von den hochentwickelten Instrumenten aufgezeichnet wird, die Ihr Land besitzt, um die Vereinigten Staaten zu schützen ...*

Die Welt hat es dringend nötig, dass die Atommächte sobald wie möglich ein Abrüstungsabkommen unter wirksamer internationaler Kontrolle schliessen. Die Möglichkeit solcher Abrüstungsverhandlungen sollte nicht in Frage gestellt werden durch nicht absolut notwendige Forderungen zur internationalen Kontrolle der Beendigung der Testversuche. Erst wenn die Staaten übereinkommen, keine weiteren Testversuche durchzuführen, können Verhandlungen über Ab-

rüstung und Frieden mit Aussicht auf Erfolg stattfinden. Wenn das jetzt nicht erreicht werden kann, wird sich die Welt in einer hoffnungslosen und gefährlichen Lage befinden...»[3]

Kennedy hat mit einem Brief, datiert vom 6. Juni 1962, Schweitzer geantwortet. Zunächst berichtete der Präsident näher über den Stand der Verhandlungen zur Einstellung der Atombombenversuche. Dann betonte er: Als Vater von zwei Kindern wisse er selbst um die Sorge für die Zukunft. Nichts liege ihm näher, als die Hoffnung auf eine allgemeine und vollständige Abrüstung unter den Bedingungen internationaler Kontrolle. Auch bekundete er: «Sie sind einer der überragenden moralischen Einflüsse unseres Jahrhunderts. Ich hoffe sehr, dass Sie das grosse Gewicht Ihres Einflusses zugunsten der Bewegung für eine generelle und vollständige Abrüstung einsetzen.»[4]

Albert Schweitzer beglückwünschte den Präsidenten der USA am 25. August 1963 mit den Worten: *«Der Vertrag zwischen dem Osten und dem Westen über den Verzicht auf Kernwaffenversuche in der Atmosphäre und unter Wasser ist eines der grössten Ereignisse in der Weltgeschichte. Es gibt uns die Hoffnung, dass der Krieg mit Atomwaffen zwischen Ost und West vermieden werden kann. Als ich von dem Moskauer Vertrag hörte, dachte ich an meinen Freund Einstein, mit dem ich in dem Kampf gegen Atomwaffen verbunden war. Er starb in Princeton in Verzweiflung. Und ich bin dank Ihres Weitblicks und Mutes in der Lage, zu beobachten, dass die Welt den ersten Schritt auf dem Weg zum Frieden getan hat.»*[5]

Anlass dieses Briefes war das im August 1963 in Moskau unterzeichnete Abkommen zwischen den USA und der UdSSR. Ein paralleles Schreiben Albert Schweitzers ging an den Generalsekretär der Kommunistischen Partei der UdSSR, Nikita Chruschtschow.

Vorbild als Leitidee

Als Albert Schweitzer am 4. September 1965 starb, widmete ihm der Zwinglibund in Chur eine Ausgabe seiner Zeitung. Darin hiess es: «Niemals dürfen wir Albert Schweitzer mit einem Heiligenschein umgeben. Viel eher soll es unser Ziel sein, seinen Ideen nachzuleben.» – «Im Gleichnis vom Golfstrom wird dieses Denken in einem Bild zusammengefasst: Wie die warme Strömung mitten im kalten Ozean, so fliesst unerklärbar sittlicher Wille mitten durch die sittlich indifferente Welt.»[6]

Jeweils um den 14. Januar herum, dem Geburtstag des Urwalddoktors, veranstaltete die Churer Zwinglibund-Gruppe einen Albert-Schweitzer-Abend. Diese Tradition wurde über Schweitzers Tod hinaus fortgesetzt. Vor mir liegt noch eine Einladung zum 13. Januar 1967, in der es hiess: «Liebe Kirchgemeinde, auch dieses Jahr gedenken wir des Geburtstages Albert Schweitzers, und zwar mit dem Spielfilm ‹Es ist Mitternacht, Dr. Schweitzer›. Damit möchten wir Ihnen das Leben des unvergesslichen Urwalddoktors, Bach-Interpreten und Theologen zeigen... Kollekte zu Gunsten des Urwaldspitals in Lambarene.»

Auf Orgel- und Vortragsreise in Chur

Schweitzer selber war mehrfach in Chur gewesen. Während meiner Zeit als verantwortlicher Redaktor des Bündner Kirchenboten (1982-1992) bat ich meinen ehemaligen Vikarsvater Peter Walser, der als Knabe Albert Schweitzer bei dessen Besuchen in Chur erlebt hatte, seine Erinnerung über diese Begebenheit aufzuschreiben. Er tat es gern. Nachfolgend eine Passage aus seinen Aufzeichnungen:

«In den zwanziger Jahren weilte Doktor Albert Schweitzer wiederholt in Europa, um durch Vorträge und Konzerte Mittel für das Urwaldspital zu beschaffen. Nathan Söderblom, der schwedische Erzbischof, war einer seiner Freunde und hatte ihn auf diese Möglichkeit hingewiesen. So meldete sich Albert Schweitzer auch bei meinen Eltern im Antistitium an der Kirchgasse für einen Vortrag auf den 2. Oktober 1921 an. Freudig gingen wir darauf ein. Wir lernten zuerst seine steile, kleine Handschrift kennen und waren gespannt auf die persönliche Begegnung. Anders, als wir die Schriftzüge des energischen Mannes erwartet hatten, war auch seine Stimme. Bei der grossen und wuchtigen Gestalt hätte man eher einen kräftigen Bass vermutet als die fast unmännlich hohe und dazu heisere Stimme ...

Das zweite Mal kam Schweitzer auf den 28. Mai 1922 nach Chur. Sein Bach-Konzert in Chur hinterliess einen tiefen Eindruck. Allseitig wünschte man, bei nächster Gelegenheit sowohl einen Vortrag als auch ein Konzert von und für Schweitzer einzurichten. Darum kam denn Albert Schweitzer im Oktober 1928 für zwei Abende nach Chur. Am 14. hielt er einen Vortrag, und am 15. spielte er auf der Orgel. Leider sollte dies das letztemal sein, dass er in Chur weilte. Es wurde aber auch der Höhepunkt. Er kam mit zwei Damen, der Pfarrwitwe Martin aus Strassburg und Fräulein Emmy Hopf aus Bern. Die beiden Frauen halfen ihm beim Registrieren. Frau Martin führte ihm auch die umfangreiche Korrespondenz und hatte sich im Verlauf der Zusammenarbeit so angepasst, dass ihre Handschrift von der des Doktors kaum mehr zu unterscheiden war ...

Es beeindruckte uns tief, dass Albert Schweitzer den ganzen zweiten Tag auf der St. Martinsorgel übte, um das Letzte aus dem Instrument herauszuholen. Am Vortag ging er zu einer kurzen Besprechung zu Professor Cherbuliez ins Lürlibad. Cherbuliez wirkte dann im Konzert als Cellist mit. Im Lürlibad legte sich der Doktor todmüde für fünf Minuten in

einer Wiese nieder. Dabei verschlief er eine halbe Stunde, was ihm nachher gar nicht recht war.
Am frühen Morgen bei seiner Abreise bat ich ihn auf dem Bahnhof in Chur, ein Foto machen zu dürfen. Sofort willigte er ein und zog seinen warmen Mantel aus. Aber die Aufregung des kleinen Fotografen war zu gross. Das Bild wurde leider etwas verwackelt. Er bat mich, ihm eine Kopie zu senden, und als ich ihm dann das Missgeschick nach Afrika meldete, da liess er mir zum Trost ein prächtiges Bild senden mit der Widmung ‹Albert Schweitzer, Lambarene, Fütterung des Äffchens Fifi›. Meinen Eltern widmete er persönlich ein Exemplar seines Buches ‹Verfall und Wiederaufbau der Kultur›.»[7] – Soviel aus dem Bericht von Peter Walser.

Das Albert-Schweitzer-College in Churwalden

In Chur lernte ich den impulsiven, einfallsreichen und heiteren Kollegen Hans Casparis kennen. Er hatte denselben Jahrgang wie mein Vater, nämlich 1901. Zunächst Pfarrer in Bündner Gemeinden, war er 1931 als Lehrer für Religion, Deutsch und Hebräisch an die Bündner Kantonsschule nach Chur gekommen. Später unterrichtete er bis zu seiner Pensionierung im Jahr 1966 am dortigen Lehrerseminar.
Als Delegierter des Schweizer Vereins für freies Christentum, dessen Jugendabteilung der Schweizerische Zwinglibund war, nahm Hans Casparis an verschiedenen Konferenzen des Weltbundes für freies Christentum und religiöse Freiheit (IARF) teil. 1949 beschloss er an der Konferenz zu Amsterdam, mit Unterstützung seiner Schweizer Freunde ein internationales, frei-religiöses Studienlager im Sommer 1950 in Klosters durchzuführen, wo die ehemaligen Feinde im Krieg zusammenkommen konnten. Es trafen sich Engländer, Holländer, Amerikaner und Deutsche. In den folgenden Jahren wurden weitere Sommerkurse durchgeführt, zuerst in Klo-

sters dann in Churwalden, wo Casparis früher einmal Pfarrer gewesen war.

Bald wurde der Wunsch nach Jahreskursen laut. So reifte die Idee des Albert-Schweitzer-College, die Hans Casparis unter anderen auch mit Albert Schweitzer in Zürich besprach. Brieflich äusserte sich Schweitzer 1952 dazu: *«Die Idee, ein College auf den von Ihnen mit den Mitgliedern des Bundes geplanten Grundlagen zu schaffen, finde ich ausgezeichnet, und um so etwas durchzuführen, seid ihr Schweizer die geeigneten Leute. Und dass es ein Institut sein soll von freiem religiös-ethischem Geiste ist so wohltuend, wo im heutigen Protestantismus eine seinem Wesen fremde dogmatische Haltung aufkommt, so dass schon mit dem Aufhören des Liberalismus gerechnet wird. Von Herzen also bin ich bei Ihrem Unternehmen.»*[8]

Unterstützt von seiner aus London stammenden Frau Therese richtete Hans Casparis in einer Liegenschaft des Ferienorts Churwalden das Albert-Schweitzer-College ein. Im Herbst 1955 begannen die Jahreskurse, in denen es darum ging, den Studenten die religiöse Basis unserer Kultur zu zeigen, namentlich durch das Studium der Werke Albert Schweitzers und durch die Auseinandersetzung mit den grossen Weltreligionen. Als Hauptdozenten wirkten Professor Victor Maag aus Zürich, Pfarrer Joachim Wolff aus Malix und Peter Dalbert, damals Pfarrer in Davos Dorf, Jacques Casparis aus Chur als Turn- und Sportlehrer und David Clark, später Professor in den USA, als Studienleiter. Jedes Jahr kamen Teilnehmer und weitere Dozenten aus verschiedenen europäischen und aussereuropäischen Ländern.

Die Diesseits-Religion achten

Ans Albert-Schweitzer-College in Churwalden schrieb Schweitzer aus Lambarene einen Brief, datiert vom 24. November 1960: *«Lieber Herr Casparis. Tausend Dank für den Brief und die Einladung. Ach, Juli-August in Europa zu sein, ist mir unmöglich. Da ist bei uns Trockenzeit. Und in dieser müssen alle Bauarbeit, alle Arbeit in der Pflanzung und im Garten, alle Reparaturen gemacht werden. Da muss ich auf dem Platze sein...*

Nun eine Frage, die Ihnen zeigt, dass ich lebhaftes Interesse an Ihrem Unternehmen nehme: Warum als Thema Wissenschaft und Religion? Nicht die Wissenschaft als solche setzt sich mit der Religion auseinander, sondern das Denken. Das Denken setzt sich mit dem in ihm vorhandenen Wissenschafts-Element mit der Religion auseinander und noch mit anderen in ihm vorhandenen Bestimmtheiten, zu denen die Ethik gehört und auch die Einstellung zur Welt (Weltbejahung oder Lebensverneinung als Grundbestimmtheit). Diese allgemeine Auseinandersetzung ist die richtige und tatsächlich stattfindende. Die mit der Wissenschaft stattfindende ist nur ein Fragment ...

Ich schreibe Ihnen das in der Nacht nach einem schweren Tag. Ich kann nicht formulieren, wie ich möchte. Aber ich meine, dass man die Frage der Religion in ihrer Mannigfaltigkeit und Ganzheit aufwerfen muss... Die grosse Frage ist für uns der zentrale Gedanke der Religion, der ihr Wesen bestimmt. Ich meine es ist das Ergriffensein von dem Geiste Jesu. Alles andere legt sich um diese Grundüberzeugung der Frömmigkeit herum. Die Frömmigkeit, nicht der ‹Glaube› ist das Grundelement der Religion. Die Frömmigkeit ist die Energie des Glaubens. Im Geiste Jesu haben wir Gottesreich in uns und bemühen uns Gottesreich zu verwirklichen... Reich Gottes und Geist Jesu gehören zusammen. Dies ist die natürliche Fundamentierung der auf Jesus zurückgehenden Religion, in der die Ankündigung ‹Das Reich Gottes ist nahe herbeigekommen› als eine Botschaft für unsere Zeit in neuem Klang erklingt. Alles andere tritt zu dieser Frömmigkeit hinzu, und hat seine Bedeutung je tiefer es mit ihr verbunden ist. Unsere Zeit verlangt, dass wir wieder ernst machen mit dem Gedanken des Reiches Gottes... Diese Diesseits-Religion darf man nicht missachten. Sie ist mehr im Geiste Jesu als die Geistespaläste der gewöhnlichen Dogmatik. PS. Also laden Sie auch in meinem Namen ein, aber unter Vermeidung des Wortes Ehrenpatronat.»[9]

Nach der Schliessung des Albert-Schweitzer-Colleges und seiner Pensionierung als Seminarlehrer gründete Hans Casparis das «Forum Albert Schweitzer». Hier sollten Studenten aus Entwicklungsländern und aus Europa in Kontakt kommen, um Verstehen und gegenseitige Hilfe zu fördern.

Das Symbol der Berge

In seinem siebzigsten Altersjahr starb Hans Casparis nach längerem Leiden. Ich hielt am 22. April 1971 im Krematorium Chur die Trauerpredigt. Als Text wählte ich den 121. Psalm, der mit dem Ruf beginnt: «Ich hebe meine Augen auf zu den Bergen.» Und ich erinnerte daran, dass in Zeiten der Angst, Hitlerdeutschland könne auch die Schweiz überfallen, Hans Casparis am 1. August 1940 als Feldprediger in Anwesenheit von General Henri Guisan in Arosa diesen Psalm ausgelegt hatte. Da wurden ihm die Berge zum Symbol der Dauer, deren Grund Gott selbst ist. Zugleich erschienen ihm die Berge als Bild für glaubende, mutige Menschen. «Menschen wie Berge» hiess das Thema seiner Predigt. Nun an seinem Sarg, zitierte ich daraus die Worte: «Ja, – wir wollen uns doch ernstlich prüfen, ob nicht auch wir, wir Nachkommen von Berglern, Nachfahren von Menschen, die waren wie Berge, ob nicht auch wir etwas zu weich geworden sind, Oberflächengestalten, Geröll- und Schuttnaturen? Ob wir nicht die wirkliche, innere Bindung mit Gott und die Bindung untereinander verloren haben, ob wir nicht nur noch eine rechnende Wirtschafts- und Interessenverbindung sind, statt einer opfernden, dienenden Schöpfungs- und Lebensgemeinschaft?»[10]

Wasser wird zu Wein

Während meiner Churer Amtszeit kam es mitunter zu theologischen Zusammenstössen. In einer sechsten Klasse der Primarschule erzählte ich die Geschichte von der Hochzeit zu Kana, in der davon die Rede ist, dass Jesus aus Wasser Wein macht. Danach streckte ein Knabe, dessen Interesse mir schon mehrmals aufgefallen war, spontan den Finger in die Luft und rief: «Herr Pfarrer, das isch es Märli!» Der Schüler war offensichtlich stolz, herausgefunden zu haben, dass es sich hier nicht um einen historischen Bericht handelte.
Nun konnte ich dem Primarschüler natürlich nicht ausführlich darlegen, wie er mit seiner Bemerkung das weite Feld der Formgeschichte angesprochen habe, jene wissenschaftliche Methode, welche Texte nach literarischen Gesichtspunkten erforscht. Ich hätte ihm erklären müssen: Wie die Welt der biologischen Organismen Gattungen und Arten umfasse, so gliederten sich auch die literarischen Gattungen in dichterische Arten. In der Epik sprächen wir etwa von Sagen und Märchen, Legenden und Fabeln, Schwänken und Anekdoten, Novellen und Romanen. Demnach sei die Geschichte vom Weinwunder in Kana (Johannes 2,1-11) der Form nach eine Legende. Und zum Wesen der Legende gehöre, dass sie vor allem aus dem Wunderbaren heraus lebe und die Fantasie des Menschen stark in Anspruch nähme.[11] Das Wunder gehöre gleichsam zur Legende wie das Licht zur Laterne. Dabei zeige sich, dass die Legende durchaus von geschichtlichen Erfahrungen erzähle, dass sie diese aber in symbolische Bilder übersetze und verdichte. Biblische und später entstandene christliche Legen-

den, darunter beispielsweise die vom Christophorus, seien also Erzählungen, die unseren Glauben «ins Bild setzen.»[12]
Dieses zu behandeln, reichte weder die Zeit noch vermutlich das Fassungsvermögen des jungen Schülers. Auch zeigte die Klasse für dessen Äusserung kein weiteres Interesse. Aber der Erwartung des Knaben auf mein Echo musste ich entsprechen. So sagte ich ihm: «Wie du es verstehst, ist diese Geschichte ein Märchen. Doch eigentlich ist es eine Glaubensgeschichte, die Jesus als den Freudenbringer preist, wie wir auch den Glauben, den er in die Welt gebracht hat, Evangelium – Frohe Botschaft – nennen.» Auf meine Rückfrage antwortete der Schüler mit Einverständnis.
Das Stichwort «Märchen» muss ein paar andere aus dieser Klasse befremdet haben. Nach dem Motto «Erzähl' mir kein Märchen» gelten ja bis heute Märchen als unwahr. So sprach mich kurz nach jener besagten Religionsstunde der Churer Kirchgemeindepräsident darauf an, Eltern hätten sich bei ihm beschwert, ich würde im Religionsunterricht lehren, was in der Bibel stände, das seien Märchen. Und er bat mich freundlich, das an der Universität Gelernte nicht sogleich den Schülern vorzutragen. Darauf erwiderte ich mit der Bitte um Verständnis: Wenn ich persönlich zur Antwort herausgefordert würde, müsse ich der Wahrhaftigkeit entsprechen, indem ich bei den biblischen Texten die Auslegung vertrete, von der ich überzeugt sei. Dankbar wäre ich zudem, wenn die reklamierenden Eltern mich zu einem Gespräch auffordern würden. Den Namen jener Eltern habe ich nicht erfahren, und so verlief die Geschichte im Sand.

Der Engel und das leere Grab Jesu

Ein anderer Fall ging wiederum, und thematisch ähnlich gelagert, vom Religionsunterricht aus. Es waren die munteren und hübschen Schülerinnen der ersten Klasse an der

Töchterhandelsschule. Sie zählten etwa sechzehn Jahre und waren zu meiner Freude geradezu Liebhaberinnen des offenen Gesprächs, das wir über Religion in Geschichte und Gegenwart pflegten. Auch sangen sie gerne die damals in «Schlagermelodien» aufkommenden Choräle mit geistlichen Texten, darunter den, inzwischen zum Klassiker gewordenen: «Danke für diesen guten Morgen, danke für jeden neuen Tag. Danke, dass ich all meine Sorgen auf dich werfen mag.» Dabei kam jeweils Bewegung, so etwas wie Swing, in der Klasse auf. Zudem waren die Schülerinnen neugierig im Sinne von wissbegierig.

Einmal fragten sie mich unverblümt: «Was halten Sie vom leeren Grab Jesu, von dem in den Evangelien die Rede ist?» Weil ich bei ihnen die Kenntnis von literarischen Gattungen voraussetzen konnte, erklärte ich, das sei eine Legende. Ein Merkmal unter anderen sei der Engel, bei Lukas und Johannes seien es zwei, die mit den Frauen sprachen, welche am Ostermorgen zum Grab eilten, um den Leichnam Jesu mit wohlriechendem Öl zu salben, damals ein Brauch erinnernder und bewahrender Verehrung, nicht aber zum Ziel ihres Bemühens kamen, sondern aus Engelmund vernahmen: «Ihr sucht Jesus von Nazareth, den Gekreuzigten. Er ist auferstanden, er ist nicht hier. Siehe da die Stätte, wo sie ihn hinlegten.» (Markus 16,6) Legenden seien, und hier besonders, Nachfolge-Geschichten. Das sei ihre Wahrheit. Dann sagte ich weiter, die Legende vom Grab ziele auf die nach seinem Tod im Kreis zuerst seiner Jüngerinnen, dann seiner Jünger erfolgten Erscheinungen Jesu. Die Freundinnen und Freunde Jesu wurden durch den auferstandenen Jesus in Anspruch genommen. Denn: «Sie sollen selbst Gottes Nähe glauben und verkündigen. Dazu beruft sie der Auferstandene. So kann dann Paulus sagen: ‹Wir sind Botschafter an Christi Statt› (2. Korinther 5,20) oder Luther: dass einer dem anderen ein Christus werde.»[13]

Eine meiner Schülerinnen fragte damals noch zurück: «Also

halten Sie die Geschichte vom leeren Grab für nicht historisch?» «So ist es; davon haben mich meine neutestamentlichen Lehrer überzeugt.»

Schweitzers historisches Verständnis

Später bin ich dem einmal nachgegangen, wie denn Albert Schweitzer die Angelegenheit mit dem leeren Grab gesehen hat. In seiner «Geschichte der Leben-Jesu-Forschung» schilderte er ausführlich die kritische Arbeit des Leipziger Philosophieprofessors Christian Hermann Weisse (1801-1866) zur Evangelienfrage. Er zitierte Weisse: Sicher ist nur, «dass die Auferstehung Jesu überhaupt nur eine dem Gebiete des Geistes- und Seelenlebens, nicht der äusseren Körperlichkeit angehörende Tatsache sei, dass an ihr der irdische, ins Grab gelegte Leib keinen Anteil habe.»[14] Hierzu betonte Schweitzer: *«Seine Ausführungen sind historisch und religiös das Sympathischste, was über den Gegenstand überhaupt geschrieben worden ist; das gezierte und vorsichtige Gerede der allermodernsten Theologie über das ‹leere Grab› nimmt sich daneben sehr armselig aus. Weisses Psychologie bedarf nur einer Korrektur: dass man die eschatologischen Prämissen in sie einsetzt.»*[15]

Schweitzer blieb in seiner Forschung Historiker. Den visionären Charakter der Erscheinungen des Auferstandenen fand er auch beim Apostel Paulus als historisch bezeugt (1. Korinther 15, 5-8). Er ging, was auffällig ist, noch weiter, hielt er doch auch für historisch, *«dass die Frauen, die sich frühmorgens am dritten Tage, um den Leichnam einzusalben, zum Grabe, in das er gelegt worden war, begaben, dieses leer fanden. Wann und durch wen er aus ihm entfernt worden war, wird sich nie feststellen lassen.»*[16]

Nicht die sogenannte «Leibliche Auferstehung» sondern die Auffindung des leeren Grabes war für Schweitzer ein historischer Bericht. Damit widersprach er seinem theologischen Freund Adolf von Harnack, der bereits 1909 in seinem «Lehrbuch der Dogmengeschichte» zu dem Ergebnis kam, es «bietet doch für den, dem es mit der Feststellung geschichtlicher Tatsachen Ernst ist, auch nicht den geringsten Anlass zu der Annahme, Jesus sei nicht im Grab geblieben.»[17]

Jenseits dieser kleinen historischen Kontroverse beschäftigte sich Schweitzer seit Jahren mit einer weitaus grösseren. Sie fasste er 1952 in die Worte: *«Die Schule der ‹Formgeschichte› konnte ich nie ernst nehmen... In Matthäus besitzen wir einen Bericht, der bis ins Detail authentisch ist, den man aber nur verstehen kann, wenn man anerkennt, dass Jesus die messianische Erwartung gemäss dem Buche Henoch teilte. Wir können die Wirksamkeit Jesu und seine Lehre wiederherstellen, rekonstruieren. Zu Unrecht will uns die ‹Formgeschichte› dazu bringen, auf historische Kenntnis des Wirkens Jesu zu verzichten.»*[18]

Neutestamentler kritisieren wohl zu recht, dass Schweitzer das Matthäus-Evangelium historisch überbewertet hat. Für mich steht zur Debatte, ob Schweitzer mit seiner geradezu notorischen Frage nach dem historischen Jesus, und damit auch nach dessen uns heute anmutendem Fremdsein, die Formgeschichte ablehnte, weil er die darin liegende Gefahr erkannte, diesen fremden Jesus uns gleichsam anpassungsfähig zu machen. Für andere und mich bleibt der Verdienst Schweitzers, die Frage nach dem historischen Jesus wachgehalten zu haben. Sie ist gleichsam der bleibende Stachel im Fleisch der Formgeschichte. Diese aber braucht es zugleich, weil die Bestimmung der literarischen Form eines Textes auch diesen Schlüssel zu seinem Verständnis benötigt.

Albert Schweitzer war kein Ideologe. Wenn ich Legenden als Nachfolge-Geschichten bezeichne, so ging es Schweitzer mit seiner historischen Methode letztlich auch darum. In seiner Predigt vom 24. April 1904, dem Sonntag nach Ostern, rief er aus: *«Und ist es nicht bedeutungsvoll, dass vor unserem Textworte: ‹Ich bin bei euch alle Tage bis an der Welt Ende› (Matthäus 28,20) sein Befehl steht, sein Werk fortzusetzen: ‹Gehet hin in alle Welt und lehret alle Völker.› Das ‹Ich› in diesem ‹Ich bin bei euch› ist vor allem ein Wille. Es heisst, ich lasse euch nicht los, ihr müsst mein Lebenswerk fortsetzen.»*[19]

Und wieder sei an die Worte Schweitzers am Ende seiner «Leben-Jesu-Forschung» erinnert, wenn er von Jesus sagte: *«Als ein Unbekannter und Namenloser kommt er zu uns, wie er am Gestade des Sees an jene Männer, die nicht wussten wer er war, herantrat. Er sagt dasselbe Wort: Du aber folge mir nach! Und stellt uns vor die Aufgaben, die er in unserer Zeit lösen muss.»*[20]

Die natürliche Betrachtung des Todes

Der Churer Freund und Kollege Hans Berger war damals Mitglied der Redaktion des «Schweizerischen Reformierten Volksblatts», einer «Schrift für freies Christentum», kurz SRV genannt. Er bat mich schon bald, hierfür ab und zu einen Artikel zu schreiben. Sein Ansinnen lehnte ich mit der Begründung ab, zum Schreiben sei ich ungeeignet. Doch Hans Berger liess nicht locker: «Du kannst es!» Dann wurde er konkret. Nach Plan solle die SRV-Nummer vom 29. Februar 1964 unter dem Thema «Für solche, die krank sind und es werden können» herauskommen. Folgende Beiträge seien zugesagt: «Kranksein in der heutigen Zeit», «Das körperbehinderte Kind und seine Umwelt», «Wieder gesund». Sein Beitrag handle «Vom Sinn des Leids», es fehle noch über einer den Tod, «und den schreibst bitte du.» Da konnte ich nicht mehr nein sagen und fand den Titel «Der Tod – Bringer des vollkommenen Friedens».

Als 1966 Ulrich Neuenschwander Albert Schweitzers «Strassburger Predigten» herausgab, las ich in der Predigt

«Zum Totengedächtnis» vom 17. November 1907 Ähnliches: *«Schon in der natürlichen Betrachtung des Todes liegt etwas Beruhigendes... Wir alle müssen uns mit dem Gedanken an den Tod vertraut machen, wenn wir zum Leben wahrhaft tüchtig werden wollen.»*[21]
Die Beiträge jener erwähnten SRV-Nummer erschienen dann im Sonderdruck als «Jahresgabe 1964 der Vereinigung freigesinnter evangelischer Kirchgenossen Chur», wie sich damals die liberalen Protestanten dieser Stadt nannten. Hans Berger hatte mir die Hemmschwelle, publizistisch tätig zu werden, genommen. Mit der Zeit fand ich meinen Stil, vor allem im theologischen Essay.

Ereignisse, welche die Zukunft prägten

Anfangs 1965 stellte sich für meine Frau Brigritte und mich die Frage, wohin wir denn wohl im November nach Ablauf unserer Churer Zeit ziehen würden. Die erste ernsthafte Anfrage kam von den beiden Berggemeinden Versam und Tenna, eine zweite kam aus Basel. Ich sollte Nachfolger des in Pension gehenden Pfarrers an der St. Elisabethenkirche Willy Bremi, einem Schüler und Freund Albert Schweitzers, werden. Das Angebot war verlockend. Allzugern wären wir damals in die Humanistenstadt gezogen. Doch ich mochte die Bündner, die mich ordinieren wollten, nicht in Stich lassen, denn der Pfarrermangel in Graubünden war damals gross. Zudem ging ich in meinem Beruf so auf, dass meine Tochter ihren Vater nicht mehr erkannte, wenn ich mal heimkam. «Das muss anders werden», sagte Brigitte. So entschieden wir uns für das Pfarramt von Versam und Tenna.
Am 27. Juni 1965 wurde ich in Tschiertschen ordiniert und in die Synode, das Bündner Pfarrerparlament, aufgenommen. Kurz vor unserem Umzug nach Versam kam unser Sohnes Thomas am 12. Oktober 1965 zur Welt.

Zeichen am Weg

Unter den Büchern, die wir mit nach Versam brachten, befand sich das eben in deutscher Übersetzung erschienene «Tagebuch» des Schweden Dag Hammarskjöld (1905-1961) unter dem Titel «Zeichen am Weg». Während draussen Schnee fiel und Versam in herrliche Winterlandschaft verwandelte, lasen meine Frau und ich es innerlich bewegt, dessen Tiefsinn uns bis heute ergreift. Von 1953 bis zu seinem Tod war Hammarskjöld Generalsekretär der Vereinten Nationen. 1961 als Friedensvermittler zwischen Kongo und Katanga unterwegs, fand man am 17. September sein Flugzeug zerstört, geplündert, seine Begleiter von Kugeln durchbohrt, ihn selber tot, unverletzt «wie ein Schlafender, mit angelegten Armen, neben dem Wrack gelegen».[1]
Sein Tod hinterliess Spuren, auch in unserer Erinnerung. Nun hielten wir Bekenntnisse von ihm in unseren Händen, darunter:

1953
«– bald naht die Nacht.
Dem Vergangenen: Dank,
dem kommenden: Ja!»[2]
(Thema einer meiner Sylvesterpredigten)
«Kommt oder kommt er nie,
Tag, an dem Freude wird gross,
Tag, an dem Sorge sich mindert?»[3]

25.12.1955
«Sonne und Ruhe. Durch das jadegrüne Wasser siehst du des Seegrunds Ungeheuer auf dem Riffe spielen. Ist dies der Anlass, Angst zu haben? Fühlst du dich sicherer, wenn die stürmische See verbirgt, was unter der Oberfläche ist?»[4]

25.11.1956
«Geheiligt werde Dein Name
nicht der meine,

Dein Reich komme
nicht das meine,
Dein Wille geschehe
nicht der meine,
Gib uns Frieden mit Dir
Frieden mit den Menschen
Frieden mit uns selbst
und befreie uns von Angst.»[5]

Diese Bekenntnisse haben eine persönliche Geschichte.

Ein Schlüssel zur Welt des Evangeliums heute

Über seine Weltanschauung schrieb Hammarskjöld: «Von Generationen von Soldaten und Verwaltungsbeamten väterlicherseits erbte ich den Glauben, dass kein Leben befriedigender sei als das selbstlosen Dienstes für Vaterland oder Menschheit... Von Gelehrten und Geistlichen mütterlicherseits erbte ich den Glauben, dass in dem wirklichen radikalen Geist der Evangelien alle Menschen gleich sind als Kinder Gottes, und so von uns betrachtet und behandelt werden müssen... Die beiden Ideale, welche die Welt meiner Kindheit beherrschten, sind mir in völliger Harmonie – und den Forderungen unserer heutigen Welt angepasst – in der Ethik Albert Schweitzers wiederbegegnet... In seinem Werk habe ich auch einen Schlüssel für den modernen Menschen zur Welt des Evangeliums gefunden.»[6]
Dag Hammarskjöld und Albert Schweitzer führten während einiger Jahre sogar einen Briefwechsel. Unter dem 19. Dezember 1953 schrieb Albert Schweitzer erstmals aus Lambarene:

«Lieber Herr Hammarskjöld.
Als Sie zum Generalsekretär der UNO gewählt wurden, las ich in einer englischen Zeitschrift, dass Sie Sympathien für meine Gedanken hegen, und dass Ihr Wahlspruch heisst:

‹Dienen›. Ich wollte Ihnen damals schreiben, nicht um Ihnen zu ihrer Wahl zu gratulieren, denn man soll Ihnen nicht dazu gratulieren, dass Sie nun einen der schwierigsten Posten ausfüllen sollen, sondern um Ihnen meine besten Wünsche zu schicken. Aber da ich in der Arbeit und in der Müdigkeit ertrinke, wurde dieser Brief nicht geschrieben, was das Los vieler anderer Briefe war. Aber in Gedanken habe ich Ihnen meine guten Wünsche geschickt.»[7]

Hammarskjöld nahm darauf die briefliche Verbindung mit Schweitzer auf und dankte in einem persönlichen Schreiben vom 21. Juli 1955 für dessen Handeln und Denken im Sinne der Völkerverständigung.[8] In seinem Brief vom 15. August 1960 aus Leopoldville hiess es: «Mein lieber Herr Dr. Schweitzer,... Ich habe zu lange auf die Gelegenheit, Sie persönlich kennen zu lernen, gewartet, und dieser Wunsch geht schon 30 Jahre zurück, wenn ich erst die Geschichte der Lebens Jesu Forschung gelesen habe, ein Werk, das einen tiefen und dauernden Eindruck auf mein eigenes Denken gehabt hat... Ich bin Ihnen besonders dankbar für Ihre Eindrücke über die Bestrebungen der Vereinten Nationen, den Kongo zu retten... Von jetzt an kann ich nur sagen, dass ich mein Letztes geben werde, um den Kongo vor einer Katastrophe zu bewahren...»[9]
Wohl der letzte Brief, den Schweitzer von Lambarene aus am 7. März 1961 an Hammarskjöld sandte, sei hier ungekürzt wiedergegeben:

«Lieber Herr Hammarskjöld. Seitdem die Dinge im Kongo so übel laufen, denke ich Tag für Tag und auch nachts so gar manchmal an Sie und alles, was Sie ertragen und erkämpfen müssen. Die Undankbarkeit und die Hetze, die gegen Sie losgehen, sind unfasslich. Aber die Leute werden nicht über Sie Herr werden.
Als alter Afrikaner bin ich der Meinung, dass es weniger Tote geben wird, wenn man die Afrikaner ihre Fehden gegenein-

ander auskämpfen lässt, als wenn man sich einmischt. Die Gegenwart von indischen Truppen ist eine gefährliche Sache. Wer steht dafür, dass die indischen Truppen wirklich als UNO-Truppen auftreten und als solche angesehen und anerkannt werden? Etwas anderes wäre es, wenn die UNO eine eigene Truppe besässe, statt solche Truppen gewissermassen in Miete und Sold zu nehmen. Die Afrikaner werden indische Truppen niemals als UNO-Truppen ansehen, fürchte ich. Das wird nicht in ihre Schädel eingehen. Das ist für sie zu kompliziert.

Hoffentlich wird alles besser ausgehen, wenn die Afrikaner sich selber miteinander über den Zerfall des Belgischen Kongostaates in fünf oder sechs Nationalstaaten einigen. Der Belgische Kongostaat war etwas Künstliches, das nur als Kolonie bestehen konnte, aber nicht als freier Afrikanischer Staat. Nun komme ich ins Schwätzen. Verzeihen Sie mir. Wenn Sie nochmals nach Zentralafrika kommen, machen Sie es möglich, bitte, dass wir uns sehen. Ich bin über 86 Jahre alt. Da darf man das Bekanntwerden nicht zu lange hinschieben. Mit besten Gedanken Ihr ergebener Albert Schweitzer»[10]

In Dag Hammarskjölds New Yorker Wohnung fand man nach seinem Tod das Manuskript der «Wegzeichen» mit einem undatierten Brief an seinen Freund, den schwedischen Kabinettsekretär Leif Belfrage. Darin hiess es am Schluss: «Wenn Du findest, dass sie verdienen gedruckt zu werden, so gib sie heraus – als eine Art Weissbuch meiner Verhandlungen mit mir selbst – und mit Gott.»[11] Der Begriff «Weissbuch» bezeichnet die Zusammenstellung politischer Dokumente, welche der Öffentlichkeit vorgelegt werden. Solchen Dokumenten gehen jeweils Verhandlungen voraus. Wenn Hammarskjöld seine Tagebuchnotizen «als eine Art Weissbuch» benannte, so wurde ihm wohl der Begriff zur Metapher für seine Verhandlungen mit sich selbst und mit Gott in der Verantwortung vor Gott für die Welt.

Mystische Weltverantwortung

Die Verhandlungen mit dem Ich und seinem Gott hatten für Hammarskjöld ihre Wurzeln vor allem in den alttestamentlichen Psalmen, aus denen er oft zitierte, und in der Mystik, darunter die Meister Eckharts (1260-1327). Nach dem Suez-Krieg und dem Ungarn-Aufstand im Herbst 1956 notierte der UNO-Generalsekretär am Heiligabend desselben Jahres in seinem Tagebuch die Worte Eckharts: «Ist, ohne Nebenblick, Gott unser Ziel, führwahr! So muss er der Täter unserer Taten sein. – Dieser Mensch sucht nicht die Ruhe: ihn stört keine Unruhe – er muss eine innerliche Einsamkeit lernen, wo und bei wem's auch sei: er muss lernen, durch die Dinge durchzubrechen, muss seinen Gott darinnen ergreifen.»[12]
Möglicherweise ging Hammarskjölds innere Beziehung zu Schweitzer auch über die Mystik. Bei Schweitzer spielte die Mystik ja eine ebenso elementare Rolle, die sich unter anderem schon in dem Titel seines Buches «Die Mystik des Apostels Paulus» sowie in «Mystik und Ethik», dem Untertitel seines Werkes «Die Weltanschauung der indischen Denker», widerspiegelte. Er antwortete auf die Frage:

«Was ist Mystik? Mystik liegt überall da vor, wo ein Menschenwesen die Trennung zwischen irdisch und überirdisch, zeitlich und ewig als überwunden ansieht und sich selber, noch in dem Irdischen und Zeitlichen stehend, als zum Überirdische und Ewigen eingegangen erlebt.»[13] *Und:»In der christlichen Mystik Meister Eckharts und seiner Nachfolger handelt es sich um das Sein in dem lebendigen Gott.»*[14]

Auffällig ist, dass Albert Schweitzer nicht ausführlicher auf Meister Eckhart Bezug nimmt. Vermutlich haben dessen Schriften, die er kannte, einen eher ihm selber unbewussten Einfluss auf ihn ausgeübt. Denn es gibt eine geradezu frappierende relative Verwandtschaft zwischen Meister Eckhart und Schweitzer, die Zeitunterschiede zwischen Mittelalter und Moderne mitbedenkend. Dazu drei Beispiele:

Eckhart: «Vernunft ist der Tempel Gottes. Nirgends wohnt Gott eigentlicher als in seinem Tempel, in der Vernunft.»[15]
Schweitzer: *«Die Vernunft entdeckt das Mittelstück zwischen der Liebe zu Gott und der Liebe zu dem Menschen – die Liebe zur Kreatur.»*[16]
Eckhart: «Dann ist der Wille Gottes vollkommen und recht, wenn er... in den Willen Gottes hineingebildet und -geformt ist.»[17]
Schweitzer: *«... dass unser Wille eins werde mit dem unendlichen Willen und unser Menschenwille mit Gottes Willen.»*[18]
Eckhart: «Vollkommen vielmehr ist der Gerechte, der, wenn er von einem siechen Menschen hört, der eines Süppleins von ihm bedürfte, mitten aus seiner inneren Sammlung und Versunkenheit, und wäre sie so gross wie St. Pauls Verzückung, auffährt und hineilt, dem Bedürftigen helfend zu dienen.»[19]
Schweitzer: *«Die Weltanschauung der Ehrfurcht vor dem Leben ist ethische Mystik. Sie lässt das Einswerden mit dem Unendlichen durch ethische Tat verwirklicht werden.»*[20]

Möglicherweise gab die Mystik, in der ich so etwas wie «die Internationale der Religionen» sehe[21], dem international tätigen Dag Hammarskjöld den geistigen und geistlichen Grund. In seiner eigenen mystischen Sprache bekannte er: «Frucht des Vergangenen, zukunftsschwanger, ist das Jetzt gleichwohl immer in der Ewigkeit – stets in der Ewigkeit, ein Schnittpunkt zwischen Zeit und der Zeitlosigkeit des Glaubens, frei gegenüber Vergangenheit und Zukunft.»[22]
Der Weg nach Versam und Tenna war für uns äusserlich und innerlich ein Weg ins Unbekannte. Äusserlich waren es die an Abgründen vorbeiführenden, im Winter nicht selten vereisten, uns ungewohnten schmalen und steilen Strassen. Innerlich war es das Risiko, ob wir als Städter einen Weg zu

den Menschen dieser Berggemeinden finden würden. Die «Zeichen am Weg» zu finden, hat uns unter anderem Hammarskjölds Buch mit seinen Aphorismen verholfen: «Keine Angst vor sich selbst, sondern seine Eigenart ausleben – ganz, aber zum Guten. Nicht anderen folgen, um Gemeinschaft zu kaufen... Befreiung und Verantwortung.»[23] «Doch ohne... Wärme, die du erreichen musst in deinem Verhältnis zu jenen, in deren persönliches Leben du eingefügt bist, kannst du nichts tun.»[24]

Umbrüche und Aufbrüche

Während meiner Vikarszeit in Davos hatte ich verschiedene Kurse besucht. Einer fand in der Evangelischen Heimstätte Boldern oberhalb von Männedorf am Zürichsee statt. Dabei erhielten wir Kursteilnehmer vom Zürcher Pfarrer am St. Peter, Gotthard Schmid, den Rat: «Wenn ihr in eine Gemeinde gewählt seid, dann befasst euch zu allererst mit deren Lage und Geschichte.»

Überliefertes und Kommendes

Versam liegt auf der Höhe von 900 und Tenna auf der von 1650 Meter über dem Meer. Die Einwohner, zu meiner Zeit waren es in Versam rund 300 und in Tenna rund 150, sind vorwiegend Nachfahren jener Oberwalliser Kolonisten, die im 13. Jahrhundert durch das Quellengebiet des Hinterrheins und von da aus ins Safiental, also auch nach Tenna und Versam, kamen. Im Alpenraum gibt es verschiedene solcher Walsersiedlungen. Die Reformation wurde in Versam und Tenna wie in den umliegenden Gemeinden im 16. Jahrhundert eingeführt. Seit vielen Jahrhunderten also prägte das Bergbauerndasein die Bevölkerung.
Im Gespräch mit verschiedenen Gemeindegliedern wurde relativ bald der Wunsch laut, ich solle mal einen Vortrag über «Versams Vergangenheit und Gegenwart halten». Mir kamen Zweifel, ob einer, der erst anderthalb Jahre in Versam wohnte, überhaupt zu solchem Unternehmen befugt sei. Doch hiess es: «Nur vorwärts, Herr Pfarrer!» Mein Referat erfolgte dann im April 1967. Im historischen Teil konnte ich mich auf verschiedene Quellen berufen, angefangen mit der, dass das Wort «Versam» in einer Schenkungsurkunde Kaiser Heinrich III. vom Jahre 1050 unter Bezeichnung «a valle Versamia» erstmals erwähnt wird.

Im Jahr 1925 hatte Hauptmann Sebastian Sutter-Juon eine Abhandlung «Aus Versam's Vergangenheit» vorgelegt, die im «Bündnerischen Monatsblatt» 1929 veröffentlicht wurde. Das geschichtliche Interesse der Versamer war mir schon bald aufgefallen. So hatte bei einem meiner ersten Hausbesuche ein Landwirt die «Bündner Reformationsgeschichte» von Emil Camenisch aus seinem Bücherregal genommen und mich gefragt, ob ich die schon kenne.
Zur Gegenwart nahm ich unter anderem das Thema «Dorfgemeinschaft» auf. Hierzu hatte erst kürzlich Fritz Wartenweiler im Rathaus zu Safien-Platz referiert. Anlass war der jeweils in den ersten Monaten des Jahres dort stattfindende Bildungskurs für Erwachsene, den mein mir freundschaftlich zugetaner Safier Nachbarkollege David Gredig organisierte und auch meine Gemeinden dazu einlud. So ergänzten sich Bildung und Begegnung. Wartenweiler, von dessen Freundschaft mit Albert Schweitzer anschliessend erzählt sein soll, hatte in seinem Vortrag skizziert, was ich auch in meine Ausführungen aufnahm: Die Dorfgemeinschaft weise allerorts Risse auf und sei vom Zerbröckeln bedroht. Der Grund dafür liege nicht am Dorf selbst, sondern in einer Zeiterscheinung, die sich zunächst in städtischen Verhältnissen breit gemacht habe und nun auf das Land übergriffe. Sie mache sich im Schwinden des Gemeinschaftsbewusstseins deutlich. Früher hätten die Menschen sich viel mehr als «wir» erlebt, nun aber seit einiger Zeit viel mehr als «ich». Das Ich-Bewusstsein des heutigen Menschen sei ohne Zweifel von wichtiger und positiver Bedeutung, aber es werde zu einem Blatt im Winde, wenn es nicht in menschlicher Gemeinschaft Wurzeln fände.
Am Schluss meines Vortrags, den ich als einen Versuch bezeichnete, zitierte ich die alten Worte, die auf der mittleren Glocke der Versamer Kirche stehen: «Wann ir hert mein Gedon, solt ir flisig zur Kirchen gan, und heren fleisig Gottes Wort, denselben brisen hier und dort.» Das sei, so deutete ich

aus der Vergangenheit in die Gegenwart, kein Müssen und erst recht kein Zwang, sondern eine Einladung. Das sonntägliche gemeinsame Zusammensein vor Gott gäbe unserem Reden und Leben miteinander die Seele im schön gelegenen Versam.

Die Seele des Sonntags

Heute fällt auf, dass ganz allgemein bestimmte sporadische Anlässe zu einem angegebenen Zweck sehr gefragt sind, doch nicht mehr solche, die regelmässig wöchentlich einmal stattfinden. Gefragt ist das Momentane, nicht das Kontinuierliche, «action and not continuation». Wie bedeutsam für Albert Schweitzer die Sonntagsgottesdienste in seinem Lambarene-Spital waren, geht aus dem ersten Gebet seiner hierfür von ihm eigens gestalteten Liturgie hervor:

«Gott unser Vater! Wir danken dir, dass du uns wieder diesen Sonntag gibst als Tag der Ruhe. Hilf uns, dass wir ihn feiern, wie er gefeiert werden muss: nicht nur als einen Tag der Ruhe für den Körper, sondern auch als einen Festtag für unsere Seele. Lass uns an diesem Tag dein Wort hören. Lass uns unser Herz öffnen für dein Evangelium. Lass uns zu dir kommen in unserem Gebet. Dass unsere Seele sich zu dir erhebe. Lass uns diesen Sonntag nicht nur feiern, sondern ihn wirklich heilig halten, damit wir von den irdischen Gedanken frei werden, um mit den himmlischen Dingen beschäftigt zu sein. Gib, dass überall, wo Christen an diesem Tag vor dir versammelt sind, sie diesen Sonntag heilig halten. Lass diesen Sonntag für uns alle einen gesegneten Sonntag sein. Amen.»[1]

Bildung verinnerlicht

Nun sei weiter von Fritz Wartenweiler (1889-1985) berichtet: Er war ein Pionier der Erwachsenen- oder Volksbildung in der Schweiz und nannte sich selber «Den bauernden Volksbildner».[2] Mit seinem Rucksack zog dieser Mann, klein von Gestalt, aber drahtig, durch die Lande. Die Vorträge des Siebenundsiebzigjährigen waren humorvoll, spritzig, kritisch und weitsichtig. Er strahlte Volksverbundenheit aus; seine Beliebtheit hatte sich längst herumgesprochen. So war er auch den Safiern kein Unbekannter, als ich ihn dort anfangs 1967 traf. David Gredig und ich assen mit ihm zu Mittag. Da bestätigten sich in seiner Person die Worte Martin Bubers: «Altsein ist ein herrlich Ding, wenn man nicht verlernt hat, was Anfangen heisst.»

Ein Jahr zuvor war Wartenweilers Buch «Zum neuen Tag» herausgekommen, das aus seinen also benannten Radio-Betrachtungen entstanden war. Die das ganze Buch kennzeichnende positive Haltung bestimmte darin gerade auch den Abschnitt über Albert Schweitzer, mit dem Wartenweiler eine lebenslange Freundschaft verband. Albert Schweitzer hatte in Königsfeld im badischen Schwarzwald ein Haus gebaut, weil die Luft dort den Lungen seiner Frau Helene gut tat. Um 1922 fuhr Fritz Wartenweiler erstmals zu Besuch nach Königsfeld. Der Luftkurort war nur mit dem Postauto erreichbar. An dessen Endhaltestelle «wartet Albert Schweitzer. Er hatte wohl gedacht, ich müsse soviel Gepäck in der Welt herumschleppen wie er, wenn er mit seiner ganzen Bach-Orgel-Literatur und mit ungezählten unbeantworteten Briefen durch die Lande fährt: ‹Ich konnte ja nicht wissen, woher Sie kommen›. Er hat ein Wägeli mitgebracht, eines aus der guten alten Zeit, das nicht so leicht umkippen kann. Nun, meine Tasche hat wenigstens Platz darauf. Wir spannen uns davor, ‹wie zwei geduldige Pferde›.»[2] Dem Gespräch an jenem Abend, da Wartenweiler Fragen stellte, sind folgende Aussagen Schweitzers entnommen:

«In allem Suchen nach dem Kommenden habe ich stets das aus der Vorzeit Gegebene, das Überlieferte, als etwas unge-

heuer Wertvolles angesehen. Sturm und Drangperioden habe ich nie gekannt. Immer habe ich das, was kommen soll, als eine Synthese von Altem und Neuem empfunden. Immer habe ich das Gefühl gehabt, dass in der Überlieferung etwas Unersetzliches gegeben ist. Überall habe ich gesucht, in Ehrerbietung Überliefertes als Wertvolles anzuerkennen.»[3]

Wartenweiler fragte zurück, ob es denn nicht zwei Überlieferungen gäbe, die des Guten und die des Schlechten, und erhielt zur Antwort: *«Da habe ich nur auf das Wesentliche geschaut. Von Jugend auf war mir selbstverständlich, dass wir nach dem Wesentlichen suchen müssen.»*[4]
Schweizer sagte weiter: *«Wenn keine Verinnerlichung kommt, geht unsere Menschheit zu grunde. Wir sind jetzt durch alles das, was uns veräusserlicht, gefangen. Wir müssen daraufhin arbeiten, dass wir innerlich davon befreit werden. Das ist unser furchtbares Schicksal: Das Leben des Menschen wird immer ruheloser. Er kennt keine Sammlung mehr. An diesem Mangel gehen wir geistig und moralisch zugrunde.»*[5]
«Meine Beurteilung der Zeit ist streng; aber meine Anerkennung der in ihr wirkenden Menschen kennt keine Grenzen. Wir müssen die Zeit streng beurteilen, die Menschen aber immer mit mehr als Gerechtigkeit, mit Güte. Da helfen mir zwei Sachen: die Heiterkeit und die Feierlichkeit... Dieses Urzeichen geistiger Gesundheit ist etwas ungeheuer Wertvolles. So viele tüchtige Menschen kommen in grosse Traurigkeit und bringen andere in Traurigkeit hinein, weil sie dieses Gleichgewicht und dieses Mass in der Schätzung der Dinge nicht haben, und weil ihnen die Fähigkeit abgeht, schwierige Fragen zwischen Menschen in das Gebiet des Heitern zu erheben, wo sie nicht mehr ihre Gefährlichkeit und Erdenschwere besitzen.»[6]

«Mit Albert Schweitzer in Frauenfeld und quer durch den Thurgau» lautete einer der Berichte Wartenweilers, die er in der Folgezeit schrieb: «Das war zur Zeit des stärksten Sturmes und Dranges, damals, als Schweitzer am heftigsten umstritten war, um die Fünfzig herum. Nur eine halbe Stunde sass er unter dem Nussbaum. Am Abend zuvor hatte er in St. Gallen auf der Orgel ‹gepredigt›. Das bescheidene Mahl des Heute hatte ihm Didi Blumer in Neukirch an der Thur bereitet. Im Stübli des ‹Heim› hatte der gefeierte Organist für kleine Mädchen sogar ein Tänzlein erklingen lassen auf einem ‹Tschäderi› Klavier. Wie dieser Afrikaner-Elsässer die Thurgauer Landschaft in sich aufnahm – auf der Fahrt nach Schaffhausen! Lange hielt er die Augen geschlossen, musste er doch abends wieder ‹ans Brett›. Schaute er aber auf, sah er Dinge, die unsereiner nicht beachtet. Überraschend war sein Vergnügen, ja seine helle Begeisterung über freistehende Zwiebel-Scheiterbeigen und gezöpfelte Miststöcke, wie sie nur unsere Berner so kunstvoll zu gestalten verstehen. Eine Betonmauer um eine Düngerstätte war ihm ein Dorn im Auge. *‹Da hört ja jede Kunst auf›*, reklamierte er.

An diese Miststock-Freude erinnert die Urwald-Antwort auf die Frage eines hergereisten amerikanischen Kultur-Philosophen an den Nobelpreisträger: ‹Womit beginnt die Kultur, Herr Professor?› Der Bewunderer aus Amerika traute seinen Ohren nicht, als er von Schweitzer den Bescheid erhielt: *‹Die Kultur beginnt mit dem Mist.›* Kultur beginnt, wenn wir die verweslichen Ausscheidungen und Reste von Pflanzen, Tieren und Menschen nicht mehr als ‹Sauerei› herumliegen lassen, sondern sie sorgfältig aufbewahren, um sie zur gegebenen Zeit dem Boden wieder zurückzugeben, als Nahrung».[7]

Als der Urwalddoktor am 14. Januar 1965 neunzig Jahre alt wurde, schrieb Fritz Wartenweiler: «Albert Schweitzer ist weder ein Gott noch ein Teufel. Er ist ein Mensch wie wir, mit unendlich viel gutem Willen und ebenso wie wir dem Irrtum ausgesetzt. Er ist nicht der erste, nicht der einzige

Missionsarzt oder Menschenfreund. Er ist auch kein blinder Idealist, der sich ahnungslos auf das Glatteis der Atompolitik begibt. Suchen wir hinter dem Verehren eines Helden und dem Heruntermachen eines Gegners die Haltung, die seinem Wesen entspricht! Treten wir ihm gegenüber wie jedem andern Zeitgenossen, der etwas Wichtiges anstrebt und sich seinem Werk hingibt!»[8]

Krise der Agrarbevölkerung und der Parochie

Von Versam aus besuchte ich an der Theologischen Fakultät der Universität Zürich eine Vorlesung des mir vom Studium her vertrauten Sozialethikers Arthur Rich, die er zusammen mit dem Landwirtschaftsexperten Jakob Nussbaumer, später Leiter der Berner Heimstätte Gwatt, hielt. Hier wurde der «Umbruch in der Landwirtschaft», den ich hautnah erlebte, thematisiert. Darüber wollte ich mehr erfahren, um als seelsorgerlicher Begleiter einfühlsamer in meinen Gemeinden wirken zu können. Bei Rich und Nussbaumer lernte ich:

Das Aufkommen von Zivilisation und Technik löste eine Revolutionierung der bisherigen Gesellschaft in all ihren Bereichen aus. Der Umbruch in der Landwirtschaft war ein Teil dieses Ganzen. «Doch ist», so Rich wörtlich, «die Landwirtschaft relativ spät und mithin in einem sehr hoch entwickelten Stadium der Technik davon betroffen worden. Die durch die Technisierung verbundenen Wandlungen erfolgten hier somit verhältnismässig schnell und radikal. Insofern ist doch von einem ‹Sonderfall› Landwirtschaft zu sprechen.»
Der traditionelle Schweizer Theologentag, veranstaltet vom Schweizer Verein für freies Christentum, fand 1969 unter dem Thema «Theologie als Beruf» in Zürich statt. Es referierten der Zürcher Theologieprofessor Walter Bernet, die Zürcher Theologiestudentin Ursula Herter, der Basler

Stadtpfarrer Hans Buser und ich als Landpfarrer. Ich schilderte zunächst die sich aus dem Umbruch in der Landwirtschaft ergebenden menschlichen Probleme, deutete den Pfarrerberuf, weil er selber im Umbruch stehe, als Entdeckerberuf. Dabei erhob ich unter anderem die Forderung, der Landpfarrer müsse heute längere Zeit am Ort bleiben - in den Landgemeinden Graubündens ist ein relativ häufiger Wechsel im Pfarramt zu verzeichnen –, um Einzelne, Familien und das Dorf durch eine Zeitspanne des Lebens hindurch zu begleiten, was in dem Masse weder Psychotherapeuten noch Bauernsekretären möglich sei. In Frage stellte ich eine übertriebene Entwicklung, nämlich die, dass in einer Region sich Theologen zu einem Spezialistenteam zusammenfinden sollen, der eine spezialisiert auf Predigt, der andere auf Katechetik, der dritte auf Seelsorge. Wohl hielt ich dafür, dass man die verschiedenen Begabungen recht nutzen solle. Doch hielt ich es für ein Unwesen, wenn nicht mehr gesehen würde, dass der Theologe und Pfarrer es mit dem ganzen Menschen zu tun habe und darum sachlich-fachlich seiner Spezialisierung Grenzen gesetzt seien.
Meinen Vortrag «Theologie als Beruf des Landpfarrers» publizierte ich[9] und sandte ihn etwas später an Rudolf Bultmann nach Marburg. Dieser «neutestamentliche Spezialist» schrieb mir daraufhin im Juli 1970: «Sie haben ganz recht, wenn Sie sagen, dass der Spezialisierung der Theologen Grenzen gesetzt sind, weil Theologie und Pfarrer es mit dem ganzen Menschen zu tun haben.»
Fritz Wartenweiler notierte einst in Königsfeld Albert Schweitzers Aussage: *«Vielleicht interessiert Sie meine Beziehung zum Pfarramt. Ich habe es als etwas unfasslich Schönes empfunden, predigen zu dürfen. Das hat mein ganzes Leben hell gemacht. Oft habe ich vor leeren Bänken gepredigt, besonders am Anfang. Aber das hat mich nie entmutigt. Immer musste*

ich an die Worte denken: ‹Wenn zwei oder drei versammelt sind in meinem Namen, dann bin ich mitten unter ihnen.›... Bei jeder Gelegenheit habe ich mich bemüht, Lehrern und Theologen klar zu machen: ‹Wie herrlich ist das, dass ihr in eurer täglichen Arbeit Geistiges schaffen dürft›... Besondere Freude machte mir das Unterrichten der Jugend in Konfirmandenunterricht und Sonntagsschule. Das hat mich eigentlich mehr gefesselt als der wissenschaftliche Unterricht an der Universität, obwohl ich auch diesen mit Leidenschaft betrieb.»[10]

Dass Schweitzer ausserdem in der Seelsorge tätig war, wissen wir. Predigt, Katechese und Seelsorge sind auch heute die drei Säulen des Pfarrerberufes. Fehlt bei einer Pfarrerin oder einem Pfarrer eine dieser Säulen ganz, so ist sie oder er berufsbehindert.

Jugendliche denken über die Zukunft nach

Der Schweizerische Zwinglibund hatte mich gebeten, seinen Ferienkurs im Oktober 1966 zusammen mit den Vorstandsgliedern, dem mir von Chur vertrauten Fritz Peer und dem Basler Bernhard Theiler, als theologischer Berater zu leiten. Der Ferienkurs fand im Campo Enrico Pestalozzi statt, welches oberhalb des Tessiner Dorfes Arcegno liegt. Dieses Campo verdankt seine Entstehung ebenfalls Julius Kaiser. Dieser schrieb:

«Als ich 1928 mit dem Bau des Jugendlagers Campo Enrico Pestalozzi in Arcegno durch freiwillige Jugendliche begann, stellte sich Martin Werner unserer Arbeitsgemeinschaft zur Verfügung. Er übernahm für Jahrzehnte das Amt des Rechnungsprüfers. In den schweren Anfangszeiten richtete er uns in entscheidenden Stunden durch seine Zuversicht und seinen Mut zum Wagnis auf. Im Frühjahr 1942 bereiteten wir uns im Campo Pestalozzi vor, 112 serbische kriegsgeschädigte Kinder zur Erholung aufzunehmen. Es fehlte uns an Arbeitskräften. Martin Werner zog Handwerkskleidung an, stieg mit uns aufs Dach, arbeitete als Zimmermann und Dachdecker. Ein Zimmer sollte einen Holzboden erhalten. Martin Werner sägte fachgerecht die Tannenriemen zu und wusste den Nagel auf den Kopf zu treffen. Während Jahren leitete er als Referent die ‹Arcegno-Wochen für Erwachsene›. Seine Ausführungen waren auch hier wie für die Studenten aufs genaueste vorbereitet und allgemein verständlich. In der Casa Albert Schweitzer im Campo Pestalozzi hat Martin Werner während seiner Ferien eine Menge Quellenmaterial durchgearbeitet, das er in seinem Werk ‹Die Entstehung des christlichen Dogmas› verwertet hat.»[11]

Die mit der Zeit entstandenen Gruppenhäuser erhielten Namen, welche für den Zwinglibund Vorbildcharakter hatten. So gab oder gibt es neben der Casa Albert Schweitzer die nach Anna Zwingli, Ulrich Zwingli, Anna Pestalozzi, Enrico Pestalozzi, Abraham Lincoln, Fridtjof Nansen, Henry Dunant, Henry Guisan, Alexandre Vinet und Julius Kaiser benannten sowie das Forum Martin Werner, ein treppenartiges Halbrund mit Glockenstuhl im Freien.

Zu jenem Kurs kamen, wie es auf der Teilnehmerliste hiess, Mädchen und Burschen. Sie waren zwischen siebzehn und einundzwanzig Jahre alt. Mit meiner Frau zählten wir zusammen fünfzehn Personen. Das von der Zwinglibundleitung gestellte Thema hiess «Menschsein in Gefahr durch Überbevölkerung und manche Folgen der Technik».

Für mich war es erstaunlich zu erleben, mit welchem Ernst und mit welcher Leidenschaft, gepaart mit heiterer Gelassenheit, die jugendlichen Gesprächsteilnehmer das Thema des Kurses anpackten. Einer verlieh dem Trend der Tagung mit den Worten Jean Pauls Ausdruck: «Mut besteht nicht darin, dass man die Gefahr blind übersieht, sondern dass man

sie sehend überwindet.» Unsere Arbeit begann mit einer ausführlichen Behandlung des Textes Markus 3, 1-6. Dabei stiessen wir in Vers 4 auf ein Wort, das – nach den Ergebnissen neutestamentlicher Forschung – mit grösster Wahrscheinlichkeit von Jesus selbst so gesprochen worden ist. Es lautet: «Ist es erlaubt, am Sabbat Gutes zu tun oder Böses zu tun, ein Menschenleben zu retten oder zu vernichten?» Die Antwort darauf kann nur positiv ausfallen. So merkten wir, wie Jesus verkündet: Gottes Wille ist «Gutes tun». Aber dieses «Gutes tun» bleibt nicht farblos, es beginnt zu leuchten durch die Zielsetzung, die Jesus ihm gibt, und das ist die: Gutes tun heisst Leben erretten. Demgegenüber ist nichts tun bereits Böses tun, und Böses tun heisst Leben vernichten. Wir vermuteten, dass hier Albert Schweitzers prophetische Forderung nach der «Ehrfurch vor dem Leben» seine Wurzel haben könnte.
Der Wille Gottes, Leben zu erretten, zog sich wie ein roter Faden durch all unsere Gespräche und wies uns die Richtung. Er blieb Richtungsweiser in dem Sinne, dass wir uns ständig vor die Frage gestellt sahen: Was heisst Leben?[12]

Mitgeschöpflichkeit

Auf diesen Ferienkurs, für mich bislang der interessanteste und schönste, hatte ich mich im Studierzimmer des Versamer Pfarrhauses vorbereitet. Hierbei waren es Ausführungen des Zürcher Kirchenhistorikers Fritz Blanke, deren ich mich erinnerte und die mich besonders ins Nachdenken trieben. Während meines ersten Zürcher Semesters, im Sommer 1959, hatte die Theologische Fakultät zum Thema «Mensch und Kosmos» eine Ringvorlesung für Hörer aller Fakultäten veranstaltet. Ein Jahr später erschien sie zu Blankes sechzigstem Geburtstag als Buch. Fritz Blanke (1900-1967) trug auf elementare Art und mit eher leiser Stimme die Licht- und

Schattenseiten in der Kirchengeschichte einsichtig und durchsichtig vor. Er hat Generationen von Theologiestudentinnen und -studenten für Kirchengeschichte begeistert, die, wie ich aus vielen Echos weiss, auch später im Pfarramt hierfür dankbar waren. Mir ist es ebenso ergangen.
Die letzte der Ringvorlesungen hielt Blanke zum Thema «Appell an die Verantwortung». Seine kirchengeschichtliche Klarsicht setzte sich in der für die Gegenwart fort. So betonte er: «Der Mensch ist im Begriff, für die perfekte Welt, die er selbst ins Leben gerufen hat, den höchsten Preis zu zahlen, nämlich sich selber. Das ist unsere Gefahr. Wenn wir sie erkannt haben, müssen wir uns fragen, was wir wollen. Wir können uns zurückziehen in eine Arche Noah und die Sintflut über die Welt hereinbrechen lassen. Wir können auch in vornehmer, distanzierter akademischer Haltung diesem ganzen Gefälle zusehen. Wir können alles darauf abstellen, dass wir wenigstens persönlich noch einmal davonkommen... Vielleicht ist es zu spät. Aber das soll uns nicht beeindrucken. Es braucht heute einen Rest der Treuen und Überzeugten, die, ohne an den Erfolg zu denken, für den Menschen und für die Schöpfung einstehen. Warum eigentlich? Warum sollen wir uns gerade als Christen um diese Sorgen und Entwicklungen kümmern? Wir sind es Gott schuldig, dem Gott, der die Erde geschaffen hat.»[13]
Im selben Jahr 1959 erschien in «Der Auftrag der Kirchen in der modernen Welt», eine «Festgabe für Emil Brunner» zu dessen siebzigsten Geburtstag. Blankes Beitrag lautete «Unsere Verantwortlichkeit gegenüber der Schöpfung». Darin setzte er folgende Akzente: «Alle protestantischen Dogmatiker behandeln die Lehre von der Schöpfung, aber keinem kommt in den Sinn, die Würde und die Grösse der Urlebensstoffe Erde, Luft und Wasser herauszustellen.»[14] «Die Natur hat einen Daseinszweck, der mit der Erhaltung der Menschheit nichts mehr zu tun hat. Aber welches könnte

dieser Zweck sein? Darauf gibt uns die Bibel die Antwort: Die Natur soll Gottes Grösse, Kraft und Ehre darstellen (Psalm 8,19,29,104,148). Sie ist das Spiegelbild des Schöpfers, die sinnliche Offenbarung der Herrlichkeit Gottes. Gott hat also die Welt nicht nur unsertwegen, sondern auch seinetwegen gemacht. Also die Welt nicht einfach nur ein Mittel für unsere Bedürfnisse, sondern ein Kosmos von eigenem Wert und eigener Schönheit, ein Kunstwerk, das aus der Hand des göttlichen Bildners hervorgegangen ist.»
Und Blanke fährt fort: «In diesem Sein der Welt steckt ein Sollen, eine Aufgabe. Wie wir dem Kunstwerk eines irdischen Meisters Sorge tragen, so werden wir auch die vom Schöpfer gebildeten Kreaturen so behandeln, wie es ihrem Adel entspricht, wir werden ihnen taktvoll, menschlich, ehrfürchtig gegenübertreten. Bei Thomas von Aquino findet sich die eigentümliche Vorstellung, jede von den Klassen der Organismen habe ihren Schutzengel. Ich möchte diese Auffassung ins Menschliche übersetzen und sie so wenden: In der Gegenwart sollte der Mensch zum Schutzengel der Geschöpfe werden. Verkörpert ist dieses Ideal heute in der Gestalt Albert Schweitzers. Sein Satz *‹Die Ethik der Ehrfurcht vor dem Leben ist die ins Universelle erweiterte Ethik der Liebe›* sagt genau das, was wir oben auszusprechen versuchten, nämlich, dass alles Geschaffene heilig ist, und dass sich unser einfühlendes Verstehen nicht bloss dem Menschlichen, sondern auch dem Aussermenschlichen zuwenden müsse.»[15]
Im Zürcher Tages-Anzeiger vom 14. Januar 1965 erschien Fritz Blankes Artikel aus Anlass von Albert Schweitzers neunzigstem Geburtstag. Darin hiess es: «Die Einrichtung des Schweitzerspitals hat sich in den letzten 50 Jahren nicht stark verändert. Schweitzer hat die technische Entwicklung nur zögernd mitgemacht. Deswegen erfährt er heute harte Kritik. Es wird ihm seine patriarchalische und ‹altmodische›

Einstellung vorgeworfen. Dazu ist zweierlei zu bemerken. Erstens ist es offenkundig, dass die Schwarzen immer noch sehr gerne zu Albert Schweitzer kommen; Lambarene ist überfüllt. Zweitens liegt die bleibende und vorbildliche Bedeutung Schweitzers nicht in seiner medizinischen Leistung im engeren Sinne, sondern in dem Beweggrund, der ihn dazu geführt hat, Missionsarzt zu werden... Das Grösste an Schweitzer ist nicht seine denkerische Leistung, sondern sein Beispiel. Mit seinem Beispiel ist Albert Schweitzer ein wahrer Jünger von Jesus Christus, der nicht gekommen ist, damit er sich dienen lasse, sondern damit er diene und sein Leben hingebe.»

Unzeitgemäss zeitgemäss – liberales Christentum

1947 richtete Albert Schweitzer von Lambarene aus eine *«Botschaft an die Teilnehmer der Tagung des Weltbundes für Freies Christentum in Bern»*. Darin schrieb er: *«Lassen Sie mich Ihnen sagen, wie leid es mir tut, nicht an der Tagung zugegen sein zu können. Aus verschiedenen Gründen ist es mir nicht möglich, schon jetzt nach Europa zu fahren. In Gedanken aber bin ich mit Ihnen zusammen in diesen Tagen. Auf dieser Tagung verhehlen Sie sich nicht, dass Sie einer unzeitgemässen Sache dienen. Unzeitgemäss, unzeitgemässer als je, ist freies Christentum heute, weil der in unserer Zeit waltende Geist sich gegen freies religiöses Denken ablehnend verhält. Zeitgemäss aber, zeitgemässer als je, ist es, weil es für das geistige Leben unserer Zeit eine Notwendigkeit bedeutet.»* Und weiter:... *mögen wir alle das Bedürfnis in uns wach erhalten, an uns zu arbeiten, dass unsere Frömmigkeit immer tiefer und lebendiger werde, auf dass die Kraft des Geistes Jesu von uns ausgehe; nicht nur freies, sondern tiefstes Christentum sei unser Ideal.»*[1]

In einer Redaktionsgemeinschaft

Der volle Wortlaut dieser Botschaft erschien sogleich im Schweizerischen Reformierten Volksblatt, in dessen Redaktionskommission ich fast zwei Jahrzehnte später gewählt werden sollte. Den Anlass hierzu gab jene erwähnte Ermutigung des Churer Kollegen Hans Berger. Diese fand Echo bei dem damaligen Redaktor und Basler Pfarrer Hans Kirchhofer. Er und seine Frau luden mich zu einem Besuch nach Basel ein. Wir kamen uns spontan nahe.

Im Herbst 1966 war die Redaktionskommission des in der Abkürzung weiterhin benannten SRV teilweise erneuert wor-

den. Hans Kirchhofer übergab die Redaktion an den pensionierten Basler Kollegen Willy Bremi, dessen Nachfolger im Pfarramt ich hätte werden sollen, aber aus den geschilderten Gründen nicht werden konnte. Im SRV stellt sich Bremi mit den Worten vor: «Geboren 1896 in Zürich, Theologiestudium in Zürich, Basel und Marburg. Dann, während des Überflusses an Pfarrern, der nach dem Ersten Weltkrieg auftrat, achtmal Vikar. 1923 bis 1936 Pfarrer in Rheinau ZH, wo ich mich verheiratete und ins Volksblatt zu schreiben begann. 1936 bis 1966 Pfarrer an der Elisabethenkirche in Basel. Seither lebe ich mit Frau und Dackel in Muttenz, verwickelt in allerlei theologische Schreibpläne und andere Tintensachen. Meine Freunde Karl Zimmermann und Hans Kirchhofer haben es zu verantworten, wenn ich nun Schriftleiter des SRV wurde.»[2]
In dieser Eigenschaft hiess er damals die neuen Mitglieder Dorothea Kirchhofer, die Berner Theologin Sonja Sulser und mich willkommen. Dorothea Kirchhofer leistete im Nebenamt einen besonderen Einsatz für Behinderte, den Worten Schweitzers, wie sie mir sagte, entsprechend: *«Es muss jeder im Leben sein Nebenamt suchen, etwas, wo er seine Pflicht an nahen und fernen Menschen erfüllt.»*[3]

Das Feuer des Geistes weitergeben

Das Ehepaar Dorothea und Hans Kirchhofer hatte zwei Töchter. Die jüngere ist behindert, mongoloid, die ältere war Lehrerin. Sie betreute zudem milieugeschädigte Menschen. Einen davon nahm sie bei sich auf, um ihn wieder in die Gesellschaft einzugliedern. Der brachte sie in einem Wahnsinnsanfall um. Für die Eltern war das in mehrfacher Hinsicht schrecklich. Einmal war ihre Tochter Beatrice ein Opfer ihrer eigenen Barmherzigkeit geworden. Zum anderen hatte ihre behinderte Tochter Susi ihre Schwester verloren, welche sie später betreut hätte, wenn die Eltern nicht mehr waren. Und dann hatte das Ehepaar Kirchhofer noch selber so manche Gemeindeglieder – Hans Kirchhofer war seit 1968 Pfarrer am Berner Münster – zu trösten, die von der Frage erdrückt wurden: «Wie kann Gott solches zulassen?» Mich hat persönlich tief beeindruckt, was es bei solchem Schicksalschlag heisst, Haltung zu bewahren. «Das gilt in ganz besonderer Weise vom religiösen Leben. Nur von Mensch zu Mensch kann das Feuer des Geistes weitergegeben werden; nur erweckte Menschen können andere zum Leben erwecken.»[4]

1953 war Willy Bremis bedeutendes Buch «Der Weg des protestantischen Menschen von Luther bis Albert Schweitzer» erschienen. Da schrieb er mir 1973 als Widmung hinein:

«Nach dem Krieg hab ich das Buch begonnen
Und war dann sieben Jahre drein versponnen.
Den Tag, an dem ich's Dir verschenken kann
Den streich ich rot in dem Kalender an!»

Bremi starb 1984. Er war ein Mensch, der mit grossen leuchtenden Augen zuhören und lebhaft antworten konnte, begabt in theoretischer und praktischer Theologie, der Dichtung, der Musik und dem Reisen zugetan. Einst war er Vikar im Elsass gewesen, «wo Albert Schweitzer mir begegnet, langsam aufgehend, nie mehr verlöschend». Das Kapitel über Schweitzer begann er in seinem Buch «Der Weg des protestantischen Menschen» mit der Feststellung: «Das erste nachhaltige Ereignis für den Protestantismus des 20. Jahrhunderts wurde... Albert Schweitzer.» Als 1966 Hans Jürgen Schultz, damals Hauptabteilungsleiter beim Süddeutschen Rundfunk Stuttgart, das Buch «Tendenzen der Theologie im 20. Jahrhundert. Eine Geschichte in Porträts» herausgab, lieferte Bremi hierzu das Porträt Albert Schweitzers.

Als am 13. Juni 1967 Philipp, unser jüngstes Kind, zur Welt kam, gratulierte Bremi bei der nächsten Redaktionssitzung mit einem köstlichen Gedicht, in welchem er der Geburt des Philippos, des Pferdefreundes wie der Name zu deutsch heisst, pries und «dem jüngsten Redaktionsmitglied» ein frohes Leben wünschte. Bremi hatte wohl gemerkt, dass ich ohne den Hintergrund meiner Familie gar nicht um das Elementare bemüht hätte schreiben können. Denn sobald ich mal ins Nebulöse abhob, holte mich meine Familie, so ist es bis heute, gleich wieder auf die Erde zurück.

Schweitzer und die Unitarier

Seit jeher hat es in der Kirchengeschichte Bewegungen gegeben, die mit dem Dogma von Gott Vater, Gott Sohn und Gott dem Heiligen Geist, der also bezeichneten Dreieinigkeit Gottes, nichts anzufangen wussten. Das Fremdwort für Dreieinigkeit ist Trinität, vom lateinischen trini, die Vokabel für drei. Der bekannteste Bestreiter des Trinitätsdogmas im Zeitalter der Reformation war der Spanier Michael Servet (1511-1553). Er wurde deshalb auf Betreiben Calvins zum Tode verurteilt und als Ketzer in Genf lebendig verbrannt. Ein Alters- und Gesinnungsgenosse Servets war der Siebenbürger Theologe Franz David (1510-1579). Weil sie gegen die Trinität waren, wurden sie auch Antitrinitarier genannt, zogen jedoch die Bezeichnung Unitarier vor. Es entstand 1568 eine erste Unitarische Kirche im damaligen Fürstentum Siebenbürgen. Franz David wurde ihr erster Leiter. Übrigens ist Siebenbürgen das einzige Land in Europa gewesen, das schon 1568 vier Konfessionen – den Calvinisten, den Lutheranern, den römischen Katholiken und den Unitariern – volle Religionsfreiheit sicherte und eine fünfte, die Orthodoxie, duldete. Bei der Gründung der Unitarischen Kirche in Siebenbürgen mag die geographische Nähe zu islamischen Gebieten mit dem dort polemisch betonten Monotheismus möglicherweise eine moralische Unterstützung geboten haben.
Ihre Nähe zu Albert Schweitzer sehen die Unitarier in dessen Theologie, die das Dogma der Gottessohnschaft Jesu ebenso wie das der Dreieinigkeit ablehnte. Dazu ein Auszug aus dem Brief, den Schweitzer am 19. September 1957 von Günsbach aus an den Knaben Hans-Peter Fischer schrieb: *«Es tut mir leid, dass Du und andere protestantische Knaben Euch meinetwegen schämen musstet, weil man sagt, ich habe nicht den rechten Glauben an die Dreieinigkeit. Ich teile dies mit*

so manchen Christen der vergangenen Zeit und der Jetztzeit. Ich glaube an Gott, der unser Vater ist, an den Herrn Jesus, der unser Erlöser ist, an den Heiligen Geist, der in unserem Herzen herrschen soll... Und seid friedfertig und lieb mit denen, die anders denken in Sachen Religion.»[1]

Eine erste Begegnung

Der erste Unitarier, dem ich begegnete, war der Budapester Pfarrer Imre R. Filep. Meine Frau und ich lernten ihn 1966 durch Peter Dalbert in Chur kennen. Mit Filep verband uns spontan eine tiefe Freundschaft. Er besuchte uns öfters in Versam und wurde 1967 einer der Paten unseres Sohnes Philipp. Dieser Freund war ein Hüne von Gestalt, voller Humor und Temperament. Einmal, als mir ein Ereignis im Beruf zum quälenden Fixpunkt geworden war, schloss er mich in seine Arme, so dass ich gleichsam an ihm baumelte, und stellte mich dann wieder mit den Worten auf den Boden: «Peter, was willst du denn, wir haben doch die ganze Ewigkeit vor uns!»
Von seiner Ungarisch-Unitarischen Kirche, deren Bischof er bald wurde, erhielt er ab und zu einen Erholungsurlaub, weil er herzkrank war. Die Erlaubnis hierzu musste er sich mit viel Mühen und Wartezeiten von den kommunistischen Staatsbehörden besorgen. Dann ging er für ein paar Wochen nach Splügen. Weil das Pfarramt in diesem Bündner Bergdorf mehrere Jahre vakant war, amtete er dort verschiedentlich als Stellvertreter. Er verstand sich gut mit der reformierten Splügener Gemeinde. Als Unitarier liebte er besonders den Splügenpass, weil er annahm, dass die italienischen Väter des Unitariertums, Georg Biandrata (1515-88/90) und Fausto Sozzini (1539-1604), über den Splügenpass in die Schweiz und weiter bis nach Siebenbürgen gereist sein sollen.

In meinen Gesprächen mit Imre Filep spielte die Frage nach dem historischen Jesus, wie sie Albert Schweitzer aufgeworfen hatte, eine wesentliche Rolle. Über seine Forschungsarbeit in dieser Sache schrieb Schweitzer: *«Ergreifend am historischen Jesus ist seine Unterordnung unter Gott. In dieser steht er grösser da als die um der griechischen Metaphysik willen allwissend und irrtumslos gedachte Christuspersönlichkeit des Dogmas.»*[2]
Zugleich beschäftigte uns Albert Schweitzers Ethik. Für Filep hatte das auch einen geschichtlichen Hintergrund, insofern seine Kirche als ein kleiner Zweig am «Baum der Reformation» im Gegensatz zu den grossen Zweigen, den protestantischen Grosskirchen, in Ansätzen die Gedanken der Menschlichkeit, der Vernunft und des praktischen Christentums predigte. Schweitzer dürfte wohl diese Tradition weitergeführt haben, wenn er in seiner «Kultur und Ethik» schrieb: *«Jede denkende Religion hat zu wählen, ob sie ethische Religion sein will oder Religion, die die Welt erklärt. Wir Christen wählen das erstere als das Wertvollere.»*[3]

Freundschaft mit den Unitariern in Siebenbürgen

Unter der Leitung des Churer Freundes Peter Dalbert, der damals Präsident des «Weltbundes für freies Christentum und religiöse Freiheit» war, reiste 1968 eine zwölfköpfige Schweizer Delegation, darunter meine Frau und ich, zur Vierhundertjahrfeier der Unitarischen Kirche zunächst nach Siebenbürgen in Rumänien, wo das harte Regime des kommunistischen Diktators Nicolae Ceausescus (1918-1989) spürbar wurde, schon an der Grenze verschärfte Kontrollen stattfanden und wir in Rumänien ständig beobachtet wurden. Vergleichsweise kam uns das kommunistische Ungarn, durch das wir gereist waren, freier vor. Unterwegs waren wir, eine fidele Gruppe aus fünf Ehepaaren und weiteren

zwei Kollegen, mit drei Autos, die wir uns in Wien geliehen hatten.
Die Festlichkeiten begannen am 17. August in Cluj, ungarisch Kolozsvar, deutsch Klausenburg, genannt. In der dortigen Unitarischen Kirche versammelten sich Synode, Gemeinde, Vertreter anderer einheimischer Kirchen und Gäste aus aller Welt. Die atheistische Regierung hatte den Einheimischen die Teilnahme an den Gottesdiensten und Veranstaltungen in der Kirche erlaubt und wohl der ausländischen Gäste wegen gar empfohlen, um einen liberalen Eindruck vorzutäuschen. Bewegend wirkte der frische Kirchengesang und die Feier des heiligen Abendmahls. Wir standen neben Bauern; ihre Sprache verstanden wir nicht, doch durch Händeschütteln und Abendmahl spürten wir die innere Gemeinschaft der Mitchristen, wozu auch ihre eindrückliche Gastfreundschaft beitrug.

Bei den Unitariern in Ungarn

Von Cluj reisten wir dann nach Ungarn, um an den dortigen Feierlichkeiten der Unitarischen Kirche teilzunehmen. Wir fuhren durch die in ihrer grenzenlosen Weite und mit ihrer eigenartigen Flora bezaubernde Pussta. Mitten drin hielten wir an einem Gasthof und liessen uns ein gleich daneben liegendes Pferdegestüt zeigen. Während ich hochgestimmt die schönen Pusstapferde betrachtete, kam ein Deutscher, der dort Reiturlaub machte, neben mich zu stehen, zupfte mich am *f*rmel: «Haben Sie heute schon Nachrichten gehört?» Ich dachte, der Mensch käme vom Mond, denn wie sollte uns auf dieser herrlichen Reise in grossartiger Stimmung so etwas Gewöhnliches wie Nachrichten interessieren. Doch der Herr in Reitstiefeln flüsterte mir leise ins Ohr: «Heute morgen sind die Warschauerpaktstaaten in die Tschechoslowakei einmarschiert.» Ich erzählte das gleich unseren Freunden. Die

Stimmung sank sofort auf Null. Auf Kommando des sowjetischen Generalsekretärs Leonid Breschnew (1906-1982) wurde der sogenannte «Prager Frühling» zerschlagen, wie man diese Reformbewegung unter der Führung des tschechoslowakischen Kommunisten Alexander Dubcek (1921-1992) nannte.
Als wir in Budapest ankamen, waren etliche ausländische Gäste in Panik geraten. Ein Amerikaner stand mit seinem kleinen Koffer vor dem grossen Gebäude der Unitarischen Kirche und erklärte, er ginge jetzt zu Fuss nach Hause. Ungarns Grenzen nach dem Westen waren geschlossen, was ihn schliesslich bewog, in Budapest zu bleiben. Peter Dalbert hatte sich gleich bei der Schweizer Botschaft erkundigt und die Auskunft erhalten, uns werde nichts geschehen, und wir dürften gerade jetzt unsere ungarischen Freunde nicht im Stich lassen, in wenigen Tagen sähe die Lage auch wieder anders aus. Brigitte und ich konnten mit meinen Eltern in Siegen telefonieren, bei denen unsere Kinder waren.

Am Abend jenes denkwürdigen Augusttages fand, weil die eigene Kirche zu klein war, der Festgottesdienst zur Vierhundertjahrfeier in der lutherischen Kirche Budapests statt. Mit brennenden Kerzen als Symbol der Freiheit in den Händen verliessen, angeführt von Bischof Filep, die ungarischen und ausländischen Pfarrer am Schluss die Kirche durch das Mittelschiff. Auf den bewegten Gesichtern der stehenden Gemeinde konnte man lesen, was dann Imre Fileps Frau Manyi in die Worte fasste: «Ihr könnt euch nicht vorstellen, was das alles für uns bedeutet.»

Da ging es inmitten äusserer Unfreiheit um die innere Freiheit. Gerade hierzu las ich später bei Albert Schweitzer: *«Die tiefste innere Freiheit von der Welt ist diejenige, nach der der Mensch strebt, um eine ethische Persönlichkeit zu werden und als solche der Welt zu dienen.»*[4]

Bei den unitarischen Gottesdiensten in Siebenbürgen und Ungarn fiel uns auf, dass sie unserer reformierten Liturgie entsprechen. Im Frühjahr 1969 war Bischof Filep offizieller Gast bei der «450-Jahrfeier Zürcher Reformation». Filep starb 1970 im 55. Altersjahr. Er hatte den seit der Reformation nie ganz abgerissenen Kontakt zwischen seiner Unitarischen Kirche und der Reformierten Schweiz neu belebt. Sein Nachfolger wurde Josef Ferencz.

Albert Schweizer wurde Ehrenmitglied

Zu den unitarischen Freunden, die uns im Pfarrhaus von Versam und dann in dem von Tamins besuchten, gehörte der rumänische Bischof Lajos Kovacs aus Cluj. Er und sein Landsmann Pfarrer Ferenc Nagy waren 1977 Gäste der Evangelisch-rätischen Synode in Arosa. Um die Mitte der dreissiger Jahre hatte Lajos Kovacs an der Universität Strassburg studiert und dort seine Dissertation über Albert Schweitzers Christologie geschrieben.[5] Wir sind uns das erste Mal 1968 bei der Vierhundertjahrfeier seiner Kirche in Cluj (Klausenburg) begegnet. Er vertrat seine Kirche im Exekutivkomitee des «Weltbundes für freies Christentum und religiöse Freiheit», der sich seit seinem Kongress 1969 in Boston (USA) «Weltbund für religiöse Freiheit», englisch «International Association for Religious Freedom» und abgekürzt IARF nennt, um sich auch weiteren freireligiösen Gruppierungen zu öffnen.

Auf Anregung der amerikanischen Unitarier wurde ein Albert-Schweitzer-Preis geschaffen. «Dieser Preis ist die höchste Auszeichnung, welche die IARF anlässlich ihres alle drei Jahre stattfindenden Kongresses verleiht. Er wurde 1975 in Montreal zum erstenmal bei der Hundertjahr-Gedächtnisfeier von Albert Schweitzers Geburtstag verliehen. Der erste Preisträger war Bischof Kovacs von Rumänien.»[6] Albert

Schweitzer bedankte sich 1961 beim Bostoner Pfarrer George Marshall für das Angebot, ihn «zum Ehrenmitglied der unitarischen Kirche machen zu wollen» und nahm es «mit Freuden an». Kritikern gegenüber erklärte er hierzu in einem Interview des Magazins Time: Von einem Bruch mit seiner lutherischen Kirche könne keine Rede sein, er sei Protestant und als solcher stünde er *«mit allen protestantischen Kirchen auf gutem Fuss»*.[7]

Das Bunte zu lieben sind wir da

In Budapest hatten wir 1968 den Lausanner Theologen Bernard Reymond kennen gelernt. Er war mit dem Flugzeug angereist, um dort mit uns an den Feierlichkeiten zur Vierhundertjahrfeier der Unitarischen Kirche in Ungarn teilzunehmen. Reymond war damals Gemeindepfarrer in der Waadt. In diesem Kanton der Schweiz «findet man die grösste französischsprechende reformierte Landeskirche der Welt».[1] Als Vertreter seiner Landeskirche gehörte er später dem Vorstand des Schweizerischen Evangelischen Kirchenbundes an. Inzwischen lehrt er seit Jahren Praktische Theologie an der Universität Lausanne. Bernard Reymond arbeitet in der Redaktion der Monatsschrift Le Protestant mit, die die «Union Protestante libérale», die Genfer Sektion des «Schweizerischen Vereins für freies Christentum», herausgibt.

Seit Jahrzehnten ist Reymond einer der Wortführer des religiösen Liberalismus in der französischen Schweiz. Einmal wurde er, so hat er mir erzählt, von dem für die welsche Schweiz damals zuständigen römisch-katholischen Freiburger Bischof Pierre Mamie gefragt, was denn das Anliegen des religiösen Liberalismus sei. Er habe den Bischof darüber informiert und von ihm als Echo erhalten, wenn er selber so denken würde, könnte er nicht Bischof sein.

Schon bei unserer ersten Begegnung beeindruckte mich Reymond durch seine theologische Leidenschaft, die mitgeprägt wurde durch Alexandre Vinet, Albert Schweitzer und Paul Tillich. – Der Waadtländer Theologe Alexandre Vinet (1797-1847) empfand die Bekenntnisschriften der Reformationszeit nicht mehr als Ausdruck unseres christlichen Zeitbewusstseins und verfocht die freie Lehre in der Kirche. Vom erwähnten Fritz Wartenweiler auf Alexandre Vinet 1922 angesprochen, äusserte Schweitzer: *«Vinet habe ich erst spä-*

ter kennen lernen können; ich musste ja immer philosophische Schriften lesen.»[2]

Reymond verstand es auch, die religiös liberalen Theologen aus dem französischen Sprachraum zu sammeln und die Taschenbuchreihe «alethina» (Wahrheit) herauszugeben. Anlässlich der Hundertjahrfeier des «Schweizer Vereins für freies Christentum» am 25. September 1971 in Genf-Cartigny hatte er mich zu dem Vortrag mit dem Thema «Pluralität – ein Beitrag theologisch liberalen Denkens zur Chance der Kirche»[3] angestiftet. Albert Schweitzer drückte das, wie erwähnt, so aus: *«Seiner Natur nach ist der Protestantismus etwas Vielgestaltiges. Von seiner Kirche gilt das Wort: ‹In meines Vaters Hause sind viele Wohnungen.›»* (Johannes 14,2)[4]

Gleich anschliessend an die Hundertjahrfeier fand auf Reymonds Initiative hin ein theologisches Kolloquium zum Anliegen «Apologetik heute» statt. Gross war namentlich die Teilnahme aus Frankreich, Belgien und der welschen Schweiz. Neben dem Systematiker André Gounelle aus Montpellier faszinierte das Referat des Berner Systematikers Ulrich Neuenschwander. Unter dem Titel «Apologie als Begegnung des Glaubens mit den wesentlichen Fragen des Menschseins» führte Neuenschwander, ein Schüler Martin Werners, aus: «Ist Apologetik die Verteidigung des Glaubens gegen den Zweifel, oder bedeutet sie vielmehr, dass der Glaube sich in Frage stellen lässt, um sich selbst durchsichtig zu werden?... Die Frage nach dem Menschen wird, im Hinblick auf das Letzte, Unbedingte, Umgreifende, verwandelt in die Frage nach Gott. Die letzte Frage als Frage nach Gott verstehen, heisst bereits im Horizont des Glaubens fragen... Es ist die Stärke der Apologetik, dass sie diese Frage unüberhörbar stellt. Es ist aber ihre Problematik, dass sie nicht unübersehbar auf die Präsenz Gottes als Antwort hinweisen kann. Auch die Apologetik kann Gott nicht demonstrieren.»[5]

Als der «Schweizer Verein für freies Christentum» im Juli 1985 zu einer Europäischen Konferenz zum Thema «Die unvollkommene Religion» nach Genf einlud, war Reymond wieder die treibende Kraft. Damals war ich gerade Zentralpräsident des Vereins, hatte 40 Teilnehmerinnen und Teilnehmer aus sechs Nationen zu begrüssen und sagte dabei: «Religion ist nicht einzufangen, wir bekommen sie nicht in Griff. Ja auch den bekommen wir nicht in Griff, dem wir unsere christliche Religion verdanken, den Jesus von Nazareth. Zwar hat man das immer wieder versucht und versucht es heute wieder.
Dazu rufe ich kurz in Erinnerung: Man hat es unternommen, jeweils ein Jesusbild dem Geist der eigenen Zeit entsprechend zu entwerfen. Daraus schaute uns bald der aufklärerische Lehrer von Gott, Tugend und Unsterblichkeit, bald das religiöse Genie der Romantik, bald der Ethiker Immanuel Kant und bald der Vorkämpfer für soziale Ideen an. Obwohl Albert Schweitzer in seinem klassischen Werk ‹Die Geschichte der Leben-Jesu-Forschung› solchen Jesusbildern ein Denkmal gesetzt und zugleich deren Grabrede gehalten hat, setzten sich doch trotz historisch-kristischer Einwände weitere, dem Zeitgeist entsprechende, Jesusbilder durch. So proklamierte man etwa in den sechziger Jahren Jesus als Sozialrevolutionär, und heute verehren ihn viele als Pazifisten. Und doch haben sich bislang alle Jesusbilder als fragwürdig erwiesen. Offenbar lässt er sich nicht in den Griff bringen. Er bleibt im Letzten ein göttliches Geheimnis. Aber von ihm gehen soviele Impulse zum Glauben, Hoffen, Lieben aus, dass wir uns selbst getrost riskieren können.»[6]

Recht auf Zorn?

Unter den Teilnehmern waren auch Unitarier aus Rumänien und Ungarn. Aus dem nordirischen Belfast kam Pfarrer William MacMillan angereist. Er gehört jener protestantischen Kirche an, die die alten christlichen Bekenntnisse nicht mehr unterschreibt und dies ähnlich wie Alexandre Vinet begründet. William MacMillan kannten wir schon durch einige gemeinsame Tagungen der International Associotion For Religious Freedom (IARF). Er ist ein besonderer Mann, nimmt er sich doch der Terroropfer beider Seiten in Nordirland an. So leben er und seine Familie zwischen den Fronten gefährlich, unter Androhungen von Attentaten. 1978 wurde ihm in Oxford der Albert Schweitzer-Preis der IARF verliehen. Dazu hiess es: «Es ist bemerkenswert, dass schon Rev. MacMillans Schwiegervater mit Dr. Schweitzer korrespondiert hatte. Dr. Schweitzer unterstützte vor einem Vierteljahrhundert (so hiess es 1981) in einem Antwortbrief den Plan, Kontakte zwischen katholischen und protestantischen Jugendlichen zu schaffen.»[7]

Im Juli 1989 hatten wir wieder eine Tagung in Genf zur Aufgabe «Denken als Herausforderung des Christentums heute». William McMillan (seine Frau und ich sassen anfangs der achtziger Jahre im Rat der IARF) hielt einen Vortrag, den er unter die Frage stellte: «Keinen Platz für Zorn?» Weil ich darin ein gültiges Manifest sehe, gebe ich seine Worte in jener gekürzten Fassung wieder, wie sie meine Frau und ich, die damals die Schriftleitung des SRV inne hatten, in dieser Zeitschrift abdrucken liessen: «Was sollen wir mit Vergebung sagen? Wie machen wir diese tiefe Lehre Christi relevant, vor allem für die Leute, deren Familienleben durch einen Terrorakt vernichtet ist, der später als Fehler – es traf leider die Falschen – zugegeben wird? Dann bekommt die Familie von dem einen Brief, der das Verbrechen begangen hat. Er drückt Bedauern oder Entschuldigung aus, als ob es ein Recht auf Verzeihen oder Vergeben gäbe. Oder wie sollen wir die Lehre von der Vergebung auswerten, wenn sich ein Mörder oder Terrorist im Gefängnis bekehrt und dadurch Vergebung und Heil gefunden hat? Als neugeborener Christ freut sich der ehemalige Terrorist über die Vergebung. Aber er erwähnt den Schmerz und das Leid nicht, welches absichtlich verursachte Terrorakte verursachen.

Natürlich ist Saul von Tarsus endlich der Apostel Paulus geworden. Aber ich frage mich oft, was die Mutter des Stephanus dabei gedacht haben müsse, die Mutter des Märtyrers, den auch Saulus verfolgte. Das Evangelium von Vergebung fordert mehr, als wir vielleicht vorher gedacht haben. Es ist ohne Zweifel anspruchsvoller, wenn wir es aus dem Bereich der Doktrin oder der Theologie herausnehmen und es im eigenen Haus festmachen. Und christliche Liebe, christliches Verständnis? Wie üben wir diese Qualitäten in einer Gesellschaft, wo Angst und Misstrauen die Menschenseele zerfressen und das Familienleben der einfachen Freuden berauben, die viele sonst selbstverständlich hinnehmen? Gibt es keinen Platz in diesem, unserem Christentum für Abscheu, für Zorn, für Verdammung bezüglich solcher Ungerechtigkeiten? Müssen wir immer die andere Wange hinhalten?

Die Bergpredigt ist die herausforderndste Moralpredigt, die je gehalten wurde. Derjenige, der heute noch die Lehre Christi als Ethik für Feiglinge oder Idioten verspottet, der hat die Bergpredigt nie ernst genommen. In jeder Situation ist diese Predigt anspruchsvoll, aber besonders in Ulster. Da schneidet sie tief in die Einstellung der bigotten wie der selbstzufriedenen religiösen Menschen. Denn eigentlich muss jeder Schlag den Aufschrei hervorbringen: ‹Das darf nicht sein.›

Dann gibt die Rolle des liberalen Christen zu denken. Ihre theologischen Standpunkte sind ständig in Frage gestellt, und das mit Recht. Die Kritik innerhalb unserer eigenen Ränge und besonders von jungen Leuten ist nützlicher als die Kritik des Fundamentalismus oder der Orthodoxie. Viele von unseren jungen Leuten begehren gegen das auf, was sie ‹einen

Mangel an Rückgrat› bei den religiös Liberalen nennen. Wir seien so grosszügig, dass wir schon oberflächlich geworden seien. Wir hätten für fast jede Perspektive Platz, dass wir gar keinen Standpunkt mehr verträten. Jene religiösen Gruppen, die zahlenmässig wachsen – und nicht nur in Nordirland – sind die Fundamentalisten, deren klar umrissene Zusicherungen und Forderungen gewaltige Anziehungskraft haben. Ihre Überzeugungen sind die ersten Schritte dem Fatalismus entgegen.
Im Vergleich hierzu sind die religiös Liberalen zaghaft und zahm. Leider gibt es innerhalb unserer eigenen Reihen eine Tendenz, immer noch das Gute im bösen Menschen zu suchen, obgleich das Böse ohne Unterbrechung triumphiert. Es gibt unter uns einen Mangel an rechtschaffener Entrüstung, einen Mangel an energischem, leidenschaftlichem und entsetztem Protest. Doch wir müssen uns der Herausforderung der Worte von Edmund Burke stellen: ‹Der Triumph des Bösen braucht nur, dass gute Menschen nichts machen.› Auch halte ich die Bemerkung Martin Luther Kings für höchst relevant: ‹Es muss geschichtlich dokumentiert werden, dass die grösste Tragödie dieser Zeit... nicht die lautstark erhobene Forderung der bösen Menschen, sondern das entsetzliche Schweigen der guten Menschen war.› Es genügt nicht, dass wir uns von Extremismus, Konfessionalismus, Terrorismus und Fanatismus distanzieren. Ihnen muss der Name Christi durch Wort und Tat entgegengesetzt werden, selbst wenn das zum Verlust von Kirchgängern und zur Entfremdung von Freunden führt.»[8]

Denken sucht Klarheit

Meine Frau Brigitte und ich hatten den Berner Theologen Ulrich Neuenschwander 1970 bei den Unitariern in Budapest kennen gelernt. An einem vergnügten Abend in Bischof

Fileps Wohnung fragte er damals einen jungen Ungarn, was er denn morgen tun würde. Dieser antwortete, er würde den Sozialismus weiter aufbauen. Neuenschwander, der verschmitzte Bemerkungen liebte, äusserte, das würde ihn sehr interessieren, und so würde er morgen kommen, um zuzuschauen. Damit löste er unter den anwesenden Ungarn ein geradezu wieherndes Gelächter aus.

Ich schätzte sein klares Denken sehr. 1966 hatte er eine Sammlung Strassburger Predigten von Albert Schweitzer und 1967 dessen Werk «Reich Gottes und Christentum» herausgegeben. Nach Sichtung weiterer Handschriften plante er eine mehrbändige Nachlassausgabe von theologischen und philosophischen Manuskripten Schweitzers. Gemeinsam mit seinem Assistenten Johann Zürcher traf er bereits die Vorbereitung für die Edition des ersten Bandes. Doch 1977 ereilte ihn plötzlich der Tod. Er starb im Alter von 55 Jahren. Johann Zürcher, der vor seiner Forschungstätigkeit Gemeindepfarrer im Kanton Bern gewesen war, hat in sich aufopfernder Weise den Nachlass Schweitzers weiter bearbeitet, wofür ihm die Theologische Fakultät der Universität Bern 1996 den Ehrendoktortitel verliehen hat. Wegen Verlagsschwierigkeiten konnte der erste Nachlassband erst 1995 erscheinen. Bald sollen die weiteren folgen.

Während meiner Amtszeit in Versam und Tenna wohnten wir im geräumigen Versamer Pfarrhaus, aber in Tenna gab es noch eine Pfarrwohnung. Als ich diese anlässlich eines Ausfluges nach Tenna Ulrich Neuenschwander einmal zeigte, rief dieser spontan aus: «Hier will ich ein Buch schreiben!» Auf meine Bemerkung, es gäbe hier aber nur fliessend kalt Wasser, meinte er, das störe ihn nicht. 1973 bezog er dann diese Wohnung in einem alten Walserhaus, um an seinem Werk «Denker des Glaubens» ungestört weiterarbeiten zu können. Er tat es mit Begeisterung. Vermutlich hat er dort in meiner Tenner Pfarrwohnung, in die auch ich mich ab und zu in Klausur begab, sein Kapitel über Albert Schweitzer geschrieben, in dem es hiess:

«Schopenhauer und Nietzsche vermochten ihn zu bewegen, aber nicht zu überzeugen. An Schopenhauer ergreift ihn das unendliche Mitleid mit der leidenden Kreatur, eben das, was ihn später auch mit dem asiatischen Denken verband. Besonders lobt er, dass Schopenhauer das Mitleid nicht auf den Menschen beschränke, sondern auf jedes noch so armselige Geschöpf ausdehne. Aber er kann sich nicht damit abfinden, dass Schopenhauer dem Leben keinen letzten Sinn zubilligt und in einer pessimistischen Welt- und Lebensverneinung endet. Damit wird auch der ethische Ansatz Schopenhauers verdorben. Es bleibt beim zuschauenden Mitleiden, es kommt nicht zum Wirken. So sagt Schweitzer über Schopenhauers Welt- und Lebensverneinung: ‹*Einer unheimlichen Sonne gleich steht sie am Himmel und zehrt die Ethik wie ein Gewölk, von dem vergebens belebender Regen erwartet wird, auf.*› Gerade das Umgekehrte bewegt ihn an Nietzsche. Die Ehrlichkeit seiner leidenschaftlichen Polemik gegen die konventionelle Ethik und die Unnatürlichkeit der Askese spricht ihn an. Die höhere Lebensbejahung, zu der Nietzsche mit elementarem Lebenswillen vorstösst, scheint ihm am Ende wahrer als der müde Pessimismus Schopenhauers. Aber Nietzsche scheitert daran, dass für ihn höhere Lebensbejahrung nicht höhere Geistigkeit sein kann, sondern nur intensiveres Leben auf der Basis des Willens zur Macht. Bei Nietzsche wird die Ethik zwar nicht von der Lebensverneinung aufgezehrt, aber von dem Egoismus des Willens zur Macht, der sich nicht als Wille zum Leben inmitten von anderem Leben, das es ebenso zu würdigen gilt, versteht.»[9]

Der «Gedankenaufwühler» Friedrich Nietzsche

Albert Schweitzers Verhältnis zu Nietzsche war mal ein kräftiges Ja und mal ein kräftiges Nein, je nach dem Gesichtspunkt, unter dem er ihn betrachtete. Dabei spielte auch der Wandel der Zeit eine Rolle. Am 6. September 1903 schrieb er an Helene: *«Ich lese Nietzsche: ‹Jenseits von Gut und Böse› – diesen grossen, schönen Aufruf zum Leben, Bejahung des Lebens; ich höre wunderbar fremdartige Harmonien, mächtige, stolze, lachende, bezaubernde Klänge, die auch die meinen wären, wenn es meine Pflicht nicht gäbe... Sie wissen, dass ich den hl. Augustinus hasse; es ist nicht der Friede des frommen Mannes: ich bin nicht fromm... Ich lerne das Lachen... es ist jene Glückseligkeit des Daseins und des Handelns, die in mir erwacht ist; es ist Lachen über die grauen Wolken, die an den Bergen entlangziehen; dieses Lachen – das ist der Höhepunkt des grossen Ernstes, höher als der Ernst selbst! Es ist merkwürdig: ich verstehe die Worte Jesu besser, seit ich dieses grosse Lachen höre, mit dem er sie ausgesprochen hat. Etwas von diesem Lachen ist in ‹Jenseits von Gut und Böse›, diesem neuen Testament vom Stolz der menschlichen Natur, den man töten wollte. In Nietzsche war etwas von dem Geist Christi; dies zu sagen ist ein Sakrileg. Gleichviel: es ist dennoch wahr; schliesslich ist ja nur das Blasphemische wahr. Aber ihm fehlte die Aktivität; deshalb wanderte sein ‹Stolz› im Käfig herum wie ein eingesperrter Löwe, anstatt aus seiner Höhle herauszukommen und die Beute zu schlagen, und zerfetzte sich am Ende selbst. Aber er war edel, dieser Mann; hätte er 20 Jahrhunderte früher gelebt, wäre er Paulus geworden.»*[10]

In seiner Autobiographie «Aus meinem Leben und Denken» (1931) erinnerte sich Schweitzer: *«In der Pariser ‹Société de Langues étrangères› hielt ich, auf deutsch, in den ersten Jahren des Jahrhunderts eine Reihe von Vorträgen über deut-*

sche Literatur und Philosophie. In Erinnerung habe ich noch die über Nietzsche, Schopenhauer, Gerhart Hauptmann, Sudermann und Goethes Faust. Während ich im August 1900 an dem Vortrag über Nietzsche arbeitete, kam die Kunde, dass der Tod ihn endlich von seinem Leiden erlöst habe.»[11] (Nietzsche starb im 56. Altersjahr in Weimar.)

In demselben Buch bemerkte Schweitzer auch: *«Als das Vollendetste in Deutsch sehe ich Luthers Bibelübersetzung und Nietzsches ‹Jenseits von Gut und Böse› an.»*[12] Und in «Kultur und Ethik» (1932) sah Schweitzer Nietzsches Ethik so: *«Die Wahrheit, dass Ethik ihrem eigentlichen Wesen nach Selbstvervollkommnung sei, leuchtet bei ihm, wie bei Kant, wenn auch in anderem Lichte, auf. Darum ist sein Platz in der ersten Reihe der Ethiker der Menschheit. Diejenigen, die aus der Sicherheit gerissen wurden, als seine leidenschaftlichen Schriften wie ein Frühlingsföhn aus hohen Bergen in die Niederungen des Denkens des ausgehenden neunzehnten Jahrhunderts herunterstürmten, können die Dankbarkeit, die sie dem Wahrhaftigkeit und Persönlichkeit predigenden Gedankenaufwühler schulden, nie vergessen».*[13] *«Nietzsches Wille zur Macht ist nicht anstössiger als Schopenhauers Wille zur Selbstvernichtung, wie er in den asketischen Partien seiner Werke zu Worte kommt. Interessant ist, dass jeder von beiden anders lebt als seine Lebensanschauung lautet. Schopenhauer ist nicht Asket, sondern Bonvivant, und Nietzsche nicht Herrenmensch, sondern ein Zurückgezogener. Lebensbejahung und Lebensverneinung sind beide eine Strecke weit ethisch; bis zu Ende gegangen, werden sie unethisch.»*[14]

1944 aber kommentierte Schweitzer den Zweiten Weltkrieg mit den Worten: *«Als Zuschauer und Mitbetroffene haben wir zur Genüge Gelegenheit gehabt, Starke, die sich durchsetzen wollten und nach Belieben mit den Schwachen verfuhren, am Werk zu sehen. Wir konnten feststellen, dass der Wille zur Macht sich vorzugsweise in plebejischen Persönlichkeiten verkörpert. Weil wir die Wirklichkeit kennenlernten, macht uns die Heldenhaftigkeits- und Machtromantik Nietzsches, die auf Menschen der Generation um die Jahrhundertwende wie schäumender Champagner wirkte, keinen Eindruck mehr.»*[15]

Und im Rückblick auf den über Europa hinweggefegten Feuersturm des Faschismus wurde Schweitzer noch deutlicher und schrieb 1962 an den Pariser Organisten Marcel Dupré (1886-1971): *«Man beginnt zu verstehen, dass das Heil die Rückkehr... bedeutet... zu einem Humanismus, der tiefer und lebendiger ist als der, den man sich in früheren Überlegungen aneignete und den man gegen den bösen Geist Nietzsches, des Verneiners des Humanismus, nicht verteidigen konnte. Nietzsche wollte dem Humanismus die Verehrung des erhabenen Egoismus und der erhabenen Brutalität hinzufügen. Sein Geist hat Mussolini und Hitler beherrscht.»*[16]

Ähnlich urteilte der Heidelberger Philosoph Karl Löwith (1897-1983), der Deutschland 1934 seiner jüdischen Herkunft wegen verlassen musste: «Der Versuch, Nietzsche von seiner geschichtlich wirksamen Schuld entlasten zu wollen, ist darum ebenso verfehlt wie der umgekehrte Versuch, ihm jeden untergeordneten Missbrauch seiner Schriften aufzubürden. Gewiss hätte sich Nietzsche so wenig in Hitler wiedererkannt wie Rousseau in seinem Verehrer Robespierre, aber das ändert nichts daran, dass beide einen Umsturz vorbereiteten und andern Wege öffneten, die sie selber nicht gingen.»[17]

Persönlich fasziniert mich an Nietzsche der Kontrast zwischen sehr hellem Licht und tief dunklen Schatten bishin zur Spannung zwischen Sinn und Wahn.

Appell philosophischer Ethik

Karl Löwith, der 1952 wieder nach Heidelberg zurückkehrte, ist übrigens einer der wenigen Fachphilosophen, die Schweitzer als Philosophen ernst nahmen. Über ihn, dessen Vorträge in München Löwith 1932 gehört hatte, urteilte er: «Dieser unvergleichliche Mensch, Christ, Arzt, Musiker und Gelehrte hielt an der Münchner Universität drei Vorträge, deren Sprache und Inhalt so effektlos wie eindringlich war. Ich habe nie einen Redner gehört, der bloss durch die stille Macht seiner schlichten Persönlichkeit schon nach einigen wenigen, leise gesprochenen Sätzen eine mehr als tausendköpfige Zuhörerschaft so völlig zum Hörer gewann. Was von ihm ausging, war... der Ernst des Friedens und der Zauber der Mässigkeit.»[18]
Ein Mensch mit ebenfalls leiser Stimme war der Tübinger Philosoph Walter Schulz. Im überfüllten grössten Hörsaal der Universität Tübingen lauschte ich, wie alle anderen fasziniert, im Wintersemester 1957/58 seiner Vorlesung über «Philosophie der Neuzeit. Von Cusanus bis Leibniz». Mitte der siebziger Jahre habe ich einmal Ulrich Neuenschwander gefragt: «Gibt es ein Buch, das ich unbedingt lesen sollte?» «Ja, das von Walter Schulz ‹Philosophie in der veränderten Welt›.» Sofort besorgte ich mir das Buch meines Lehrers, in dem dieser mehrmals auf Schweitzer zu sprechen kam. Dabei stellte er heraus, dass Schweitzer heute noch recht habe, wenn dieser erkläre, dass zur philosophischen Ethik der Appell gehöre. Weiter treffe dessen Erkenntnis über die zur Ethik wesenhaft gehörende Resignation zu. Schulz formulierte das selber so: «Aber wir werden es nie fertig bringen, dem Bösen, das die Geschichte von Anfang an durchwaltet, ein Ende zu bereiten. Diese Einsicht nicht zu verdrängen und dennoch zu handeln, als ob eine bessere Menschheit eines Tages Wirklichkeit würde, dies ist die Paradoxie, der alle Ethik untersteht.»[19] Auch wandte sich

Schulz, Schweitzer weiter aufgreifend, gegen die Devise einer wertfreien Sachlichkeit. Es sei gerade die primäre Aufgabe der Ethik, «Unruhe zu wecken gegen die Gedankenlosigkeit, die sich als Sachlichkeit ausgibt».[20]
Wieder einmal mehr von Schulz begeistert, dankte ich ihm und schickte ihm etwas aus meiner Feder über Rudolf Bultmann sowie Ausführungen zu Albert Schweitzer. Schulz schrieb mir daraufhin unter dem 24. Januar 1977 aus Tübingen: «Ganz herzlich möchte ich Ihnen für Ihre Sonderdrucke danken... Auch ich bin Schüler von Bultmann und denke mit grosser Dankbarkeit an die Vorlesung, die ich bei ihm hörte, zurück. Erfreut hat mich auch Ihr Bezug zu Albert Schweitzer. Es ist merkwürdig, dass man in Deutschland von Schweitzer zur Zeit so wenig hält. In der Schweiz liegen die Verhältnisse offenbar anders. Aber es ist sehr schwer, dem allgemeinen Trend, der durch Technologie bestimmt ist, entgegenzutreten.»

Begegnung mit einer theologischen Querdenkerin

1971 hatte mich Ulrich Neuenschwander zu einer Tagung der «Arbeitsgemeinschaft Schweizer Pfarrer», der ASP, deren Gründungsmitglied er war, nach Spiez am Thunersee eingeladen. Die ASP, ein Freundeskreis reformierter Theologen, «die sich zur freien theologischen Forschung bekennen»[21] und von der Theologie Albert Schweitzers wesentlich mitgeprägt sind, traf sich erstmals 1950 und besteht bis heute. Seit 1972 bin ich deren Mitglied. Nun, damals in Spiez, referierte Dorothee Sölle zum Thema «Für und Wider einer politischen Theologie».
Dorothee Sölle, eine theologische Querdenkerin, bereitete mir in Predigt und Religionsunterricht manche Anregungen auch dann, wenn sie mir Anlass gab, in der Brisanz von Nähe und Distanz das eine vom anderen zu unterscheiden. Sie

wurde 1929 in Köln geboren, studierte Altertumswissenschaften und Philosophie, evangelische Theologie und Germanistik und erwarb den philosophischen Doktorgrad. Zu ihrer Tätigkeit vermerkte das dtv-Lexikon von 1990 weiter: «Wurde 1975 Prof. für Systemat. Theologie am ‹Union Theological Seminary› in New York; vertritt eine polit. Theologie, die eine rein säkulare Humanität sucht; bekannt durch den von ihr seit 1969 in Köln gesammelten Arbeitskreis ‹Politisches Nachtgebet›.»

Im Schweizerischen Reformierten Volksblatt vom 23. April 1970 hatte ich einen offenen Brief an Dorothee Sölle publiziert, der dann im Januar 1971 in der deutschen Monatsschrift Evangelische Kommentare, im Rahmen einer Anzeige von Büchern Sölles aus dem Kreuz-Verlag, ungekürzt erschien. Darin hatte ich geschrieben:

«Sehr verehrte Frau Sölle,...

Zunächst mein Kompliment, dass Sie sich in der theologischen Wissenschaft, die bis heute weithin von Männern geprägt wird, als Theologin zu behaupten wissen. Ich halte das nicht nur für erstaunlich, sondern auch für notwendig. Denn theologisches Denken will heute durch Männer und Frauen verantwortet sein. Die zeitgenössische Dichtung ist uns hier voraus. Und vielleicht ist es gerade die Dichtung, der Sie sich als ausgebildete Germanistin auch immer wieder zuwenden, welche Ihnen mit dazu verhilft, in der Theologie als Frau zu stehen.

Damit bringen Sie zugleich einen Schuss Künstlerblut in die Theologie hinein. Seit einiger Zeit wird mir eben dies immer deutlicher, dass zu einem Theologen ein Spritzer Künstlersein seit alters her gehört. Und der Künstler vermag sowohl die Dimension des Intellekts als auch die Dimension des Emotionalen im Menschen anzusprechen ...

Mit dem Stichwort ‹Gott› komme ich auf Ihr Buch ‹Stellvertretung› zu sprechen, dem Sie, sehr verehrte Frau Sölle,

den Untertitel gaben: ‹Ein Kapitel Theologie nach dem ‹Tode Gottes›.› Zunächst muss ich gestehen, dass mich das, was Sie zum Thema Stellvertretung sagen, gepackt hat. So etwa: ‹Die Frau, die heranwachsende Kinder grosszieht, denen die Mutter gestorben ist, ist nicht Ersatz für die Mutter, sondern ihre Stellvertreterin... Der Mensch ist unersetzlich, aber vertretbar.› Dann Ihre Übertragung auf den Stellvertreter Christus: ‹Christus vertritt uns auf Zeit, bedingt und unvollständig. Wir bleiben unersetzlich, gerade indem wir ihn als Vertreter brauchen ...
Gott gibt sich nicht zufrieden mit unserem Vertreter. Dieser leistet Fürsprache, aber wir sollen selber sprechen lernen. Dieser glaubt für uns, aber wir sollen selber glauben lernen. Dieser hofft, wo wir hoffnungslos sind, aber das ist nicht das Ende der Geschichte.› Solche Sätze haben Fleisch und Blut.

Ich allerdings hätte, und das sei als Kritik, als Unterscheidung zu Ihnen angefügt, nicht das Du Gottes eliminiert. Denn der Mensch braucht meiner Erfahrung nach das Du Gottes ebenso wie das Du des Mitmenschen. Sie sagen: ‹Gott muss vertreten werden heisst: Gott ist – jetzt – nicht da›. Das meinen Sie mit der Formulierung vom ‹Tode Gottes›, eine Formulierung, die ich für verwirrend halte, weil sie eine philosophische und geistesgeschichtliche Begrifflichkeit voraussetzt, die man selbst bei den meisten Akademikern nicht voraussetzen kann: Darum mit der Vokabel vom ‹Tode Gottes› in den Papierkorb! ...»

Auf diesen Brief redete mich Ulrich Neuenschwander an, und daraus ergab sich seine Einladung an mich nach Spiez. Frau Sölle war mit Ihrem Gatten Fulbert Steffensky, einem Theologen katholischer Herkunft, gekommen. Mit ihm verband mich gleich ein spontanes Gespräch, in dem er mir als ein Liebhaber des logischen Denkens erschien. Frau Sölle sprach ich auf den religiösen Sozialismus, von dem später noch zu berichten sein wird, an, weil ich diesen für jene der politischen Theologie vorauslaufende Bewegung in unserem Jahrhundert hielte. Frau Sölle gestand, vom religiösen Sozialismus noch wenig zu wissen, sie sei gerade dabei, die diesbezüglichen Schriften Paul Tillichs zu studieren.

Vornehm die religiöse Freiheit wahren

Einer der ersten Gäste in der ASP ist Albert Schweitzer gewesen. Man traf sich mit ihm am 14. Oktober 1951 in einem Zürcher Zunfthaus. Über diese Begegnung mit Schweitzer gibt es ein Protokoll. Daraus entnehme ich auszugweise folgende Äusserungen Schweitzers: *«Vor allem: Ihr müsst euch bevorzugt fühlen! Ihr habt in eurem Land und in eurer Kirche die Freiheit der Bewegung. Das kostbare Erbe der Väter dürft ihr hochhalten. Das bedeutet für euch unendlich viel, besonders, wenn man die Lage in Zentraleuropa betrachtet...*
Wenn die Kultur nicht innerlich religiös ist, vermag sie der Welt nicht zu geben, was diese am dringendsten bedarf. Das ist die gewaltige Rolle des freisinnigen Christentums: es muss den Sauerteig der Kultur ganz durchsäuern, damit nicht eine Kultur des Atheismus entsteht ...
In einer unglaublich leichtsinnigen Preisgabe haben die Theologen die Werte des freisinnigen Protestantismus verlassen und sind in einen alten Konfessionalismus zurückgefallen. Niemals ist diese Gefahr für den Bestand der protestantischen Welt klarer gesehen worden als bei Harnack. Er ist darum gegen das Spätluthertum geradezu ungerecht gewesen. Aber es hat keinen Sinn, die Geschichte zu analysieren – man begreift's doch nicht! Was ihr tun sollt? Vor allem die Freiheit wahren. Lasst euch weder durch eine Gesangbuchfrage, noch durch eine Liturgie, noch durch eine Kirchenverfassung oder irgend anderes dazu verführen, die Freiheit preiszugeben. Passt auf! ...

Es bewegt mich, dass bei euch das Volk für die Freiheit einsteht, und dass der Staat für die Freiheit im Kirchenvolk einsteht. In Deutschland ist dem nicht so. Da kümmert sich der Staat überhaupt nicht um die Kirche, er greift nicht ein und schluckt alles, was die Leitenden wollen. Auch im Elsass wollte man uns die Augsburger Konfession wieder geben, die doch z.B. in der Taufe vollkommen unevangelisch ist. Wir dankten. Seit alters haben bei uns im Elsass Lutheraner und Reformierte in bestem Einvernehmen gelebt. Nur wenn wir in der Schule gefragt wurden, sagten einige: ich bin lutherisch, andere: ich bin reformiert. Ich tat das nie. Ich antwortete: Lutherisch-reformiert, oder noch lieber: evangelisch ...
In allen Kämpfen vermeidet, dass das Gefühl von Zänkereien zwischen Theologen entsteht. Haltet alle euere Darlegungen in vornehmer Form. Wenn ein Angriff vorgetragen wird, soll er nie gedruckt werden, ohne dass ihn zwei oder drei der besten Freunde gelesen haben. Wir haben es seinerzeit so gehalten. Manche der fanfarenmässig klingenden Sätze sind zum Opfer gefallen. Aber das war nur gut so ...
Es ist schön von euch, dass ihr mich heute Abend ‹Pfarrer› nennt: denn ich bin's. Ich bedauere, dass ich diesmal in Europa nicht predigen konnte, aber ich bin müde, ich muss mit meinen Kräften sparen. Ihr sollt rechte Pfarrer sein. Die Leute haben ein lebendiges Christentum nötig. Ihr müsst ihnen Religion geben. Die innerliche Stärke der Kirche ist eure Sache. Treibt rechte Seelsorge. Der Pfarrer, der sich die Beine oder die Veloreifen abläuft, ist hochwichtig. Entweder wir siegen durch die Frömmigkeit oder wir gehen unter ...
Werdet nicht zu modern! Die Kirche ist die Kirche. Was zur Frömmigkeit führt, ist die Hauptsache. Denket daran, dass in allen Menschen eine grosse Sehnsucht nach dem wahren und echten Evangelium wohnt. Ihr könnt ihnen nur näher kommen, wenn ihr sie teilnehmen lasset an eurem Erleben. Euer eigenes Erleben soll in der Predigt zum Ausdruck kommen.

Das ist schwer, aber ihr müsst dieser Aufgabe gewachsen sein...
Jetzt soll (in Lambarene) eine Leprastation für 350 Kranke geschaffen werden und neue Hütten. Dazu braucht es Wellblech. Ihr guten Theologen wisst ja gar nicht, wie schwer es ist, Wellblech zu beschaffen. Da muss man nach England schreiben, nach Amerika... Und bis die Hütten dann stehen: wieviel Mühe, wieviel Geduld mit den Schwarzen! Im allgemeinen sind sie freilich gutmütig und naiv. Aber einmal wollten sie streiken. Gut, sagte ich, überlegt es euch. Wer morgen um 8 Uhr nicht bei der Arbeit ist, muss nicht mehr kommen, er darf heimgehen in sein Dorf. Am nächsten Morgen waren alle da, um zu arbeiten ...
Der Kommunismus wird von den Kolonialvölkern nicht verstanden. Er wird ihnen auch gar nicht erklärt, am wenigsten von den Kommunisten. Von Zeit zu Zeit werden sie zu Streik und Arbeitsverweigerung aufgehetzt. So entsteht ein Mélange von Kommunismus und Nationalismus ...»
Der ASP-Freund und Berner Pfarrer Hans Sulser (geb. 1919) war damals 1951 bei dieser Begegnung mit Albert Schweitzer dabei und erzählte später von zwei weiteren: «Ähnlich menschlich und unkompliziert bei aller Tiefe der Gedanken erlebte ich Albert Schweitzer einige Zeit später in Basel bei seinem Freund und Schüler Professor Fritz Buri. Obschon Dr. Schweitzer ein sehr ausgeprägtes Selbstbewusstsein hatte – oder vielleicht gerade deswegen – gab es keine unnatürliche Distanz zwischen ihm, dem Berühmten, und uns gewöhnlichen Sterblichen. Das Gespräch bewegte sich auf einem hohen akademischen Niveau, war aber durch ihn vor Abstraktheit bewahrt. Er selber und das was er dachte und sagte, waren ein Ganzes. Wieder von einer anderen Seite her und doch als denselben lernte ich den Urwalddoktor und Musiker im Sommer 1954 in seiner elsässischen Heimat kennen. Die kirchlich-fortschrittliche Vereinigung Oekolampad

Basel hatte einen Ausflug nach Günsbach geplant. Wir wussten nicht, ob der Doktor dort an dem betreffenden Tag auch selber anzutreffen wäre, wollten aber doch sein Geburtshaus in Kaysersberg und sein Wohnhaus in Günsbach sehen, wo wir unseren Besuch angemeldet hatten. Zu unserer grossen Freude und Überraschung war er dort und bereit, uns zu begrüssen. Wir durften nicht nur seinen Arbeitsraum sehen mit dem langen Tisch, an dem auf allen Seiten in kurzem Abstand an kleinen Haken die Stoffsäcklein hingen, in denen er seine Korrespondenz ordnete und aufbewahrte, sondern auch sein spartanisches Schlafzimmerchen mit dem Eisenbettgestell. Plötzlich sagte er in seiner spontanen Art: ‹Kommt mit mir in die Kirche hinauf. Ich werde euch etwas spielen.› Als wir durch die Dorfstrasse der Kirche entgegenstrebten, nahm der alte Herr mich ganz einfach am Arm und hängte ein. Unvergesslich ist mir dann, wie wir bei ihm auf der Orgelempore oben sassen oder standen. Er spielte uns in seiner ruhigen, überlegenen Art Präludium und Fuge in e-Moll von J.S. Bach und, wenn ich mich recht erinnere, noch ein Stück seines Lehrers Widor. Die Musik von Bach meine ich heute noch in den Ohren zu haben von damals. Er verliess die Kirche schnell als erster, stellte sich beim Ausgang hin und hielt seinen Hut hin wie ein armer Strassenmusikant, um etwas für sein Spital zu erbitten. Das dauerte zwar nur einen Augenblick, denn sofort nahm ihm unser Präsident dieses Ämtlein ab. Aber der Anblick bleibt mir unvergesslich. Lange durften wir dann noch mit ihm im schattigen Garten hinter dem Haus plaudern, er natürlich in seinem heimeligen Elsässisch.»[22]

War Jesus liberal?

Im Herbst 1978 war der Tübinger Neutestamentler Ernst Käsemann (geb. 1906) zu Gast in der ASP und referierte über «Paulinische Perspektiven». Käsemann (ich nannte ihn im

Kapitel «Suchen als Leidenschaft» im Zusammenhang mit der Bultmannschule) wurde von meiner Theologen-Generation hochgeschätzt, weil er eindrückliche «Exegetische Versuche und Besinnungen» bot, wie auch ein Sammelband seiner Aufsätze heisst. 1968 erschien sein vielbeachtetes Buch «Der Ruf der Freiheit» gleich in mehreren Auflagen. Darin hiess es: «Jesus war liberal, was immer er sonst gewesen sein mag. Daran soll nichts um Haaresbreite gestrichen werden, ob Kirchen und Fromme dagegen als lästerlich protestieren. Er war liberal, weil er im Namen Gottes und in der Kraft des heiligen Geistes Mose, die Schrift, die Dogmatik von der Liebe her interpretierte und mass und damit dem Frommen erlaubte, menschlich und sogar vernünftig zu bleiben.»[23]

Der ASP verdanke ich, Ernst Käsemann, einen der leidenschaftlichsten unter den Theologen, einen Menschen voller Zorn und voller Güte, kennen gelernt zu haben, damals 1978 an unserer Herbsttagung in Lenzburg. Auf meine Frage nach seinem Verhältnis zu Albert Schweitzer schrieb Käsemann mir am 26. Juli 1980 aus Tübingen: «Was Schweitzer angeht, habe ich in vielen Anläufen und Jahrzehnten mich mit ihm beschäftigt und bin ihm wie Tillich denn doch immer fremd geblieben, was Bewunderung nicht ausschliesst. Der radikal geführte Kirchenkampf hat mich dem Liberalismus entzogen».

Den radikal geführten Kirchenkampf betreffend schilderte er mir in einem Brief vom 21. September 1995: «Ich habe eben 10 Jahre lang unter den Nazis den Strick um den Hals getragen, als der Kreisleiter von Gelsenkirchen mich auf offenem Markt als Volksverräter ins KZ bringen wollte und Kirchmeister und Majorität der Kirchenvertretung mich in Berlin bei politischen und kirchlichen Höchstinstanzen verklagten. Wir – 3 Pastoren und 12 ‹Laien› – haben dann am Busstag 1934 35 deutschchristliche Prebyter und Gemeinde-Vertreter in feierlichem Gottesdienst als Haeretiker ihres

Amtes enthoben und dafür in Zuwahl 35 Glieder der Bekennenen Kirche in die Lücke berufen, wohl erstmals und vielleicht sogar einmalig in der preussischen Union (Bezeichnung für die aus Lutheranern und Reformierten bestehenden preussische Landeskirche). 10 Jahre lang haben wir Woche um Woche das durchgehalten. Hätte Deutschland den Krieg gewonnen, hätte ich spätestens einen Monat später am Laternenpfahl gehangen. Seitdem ist Kirche für mich Kampfplatz.»

Wider Fanatismus und Terror

In der ASP kommt es hie und da zu einer Teamarbeit. Ich hatte das Glück, dass ein Team von ASP-Freunden mir bei der Abfassung meines Buches «Das Bunte zu lieben sind wir da. Ansporn zur Menschlichkeit» half und diese kritisch begleitete. Das Buch erschien 1977. Angesichts von Fanatismus und Terror, welche der Hydraschlange gleich immer neue Häupter in unserem Jahrhundert erheben, sollte hier auf kritische Weise das Uranliegen des religiösen Liberalismus, die Befreiung vom Ausschliesslichkeitsanspruch des Dogmas und der Ideologie, in die Gegenwart übersetzt werden. Das Vorwort hierzu schrieb damals Hans Jürgen Schultz, Chefredakteur Kultur beim Süddeutschen Rundfunk Stuttgart und Autor zahlreicher Bücher. Er schloss es mit der Feststellung: «Noch nie hing von der Entdeckung und Verwirklichung der Brüderlichkeit, in der wir in der Solidarität der gemeinsamen Probleme und Aufgaben über alle Gräben hinweg samt und sonders Mitarbeiter im ‹Welthaus› (Martin Luther King) werden, so ultimativ wie heute die Zukunft der Menschen, der ganzen Schöpfung ab.»[24]

1983 erschien das Buch von Hans Jürgen Schultz «Ich habe versucht zu lieben». Es enthält vier Porträts: Martin Luther King, Dietrich Bonhoeffer, Reinhold Schneider und Albert Schweitzer.

Schwarz und Weiss

Mein Vater wuchs zusammen mit seinem drei Jahre älteren Bruder Albrecht im Altenbochumer Pfarrhaus auf. Albrecht promovierte 1930 an der Universität Rostock in Kunstgeschichte und plante eine Monographie über den niederländischen Maler Bartholomäus Spranger (1546-1611), aus der aber nach Angaben seiner Mutter, meiner Grossmutter, nichts wurde. Meine Grossmutter schrieb für jeden ihrer beiden Söhne ein Tagebuch; in das von Albrecht notierte sie im November 1933 (im Januar war Hitler an die Macht gekommen): «Ich glaube nicht, dass irgendeine Anstellungsmöglichkeit hier für Dich besteht, und in das neue Deutschland kannst Du Dich nicht finden. Das verstehe ich vollkommen. So hast Du in Berlin abgebrochen, die Koffer gepackt und bist jetzt ein paar Tage bei uns, um Abschied zu nehmen, um dann mit Freunden nach Paris zu ziehen.»
Albrecht, mein Onkel, blieb von da an in Frankreich, tauchte während des Krieges als Sacha Neuville in Südfrankreich unter und zog dann wieder nach Paris, wo ich ihn 1953 erstmals besuchte. Dabei lernte ich James Baldwin kennen, der etwa zehn Jahre später zum führenden Romancier des schwarzen Amerikas werden sollte.

Gespräche mit James Baldwin

Er, wir nannten ihn Jimmy, war mit Albrecht befreundet. Öfters kam er zum Mittagessen in die Avenue de Ségur, wo mein Onkel wohnte. James Baldwin, 1924 in New York geboren, war nur neun Jahre älter als ich. In seiner Jugend war er Laienprediger und Gelegenheitsarbeiter. Von 1948 bis 1957 weilte er in Paris. Das Essen bei meinem Onkel, er kochte selber, war einfach, aber besonders schmackhaft. Es begann eigentlich schon damit, dass er die sorgfältig eingekauften Esswaren auspackte. Als Vorspeise gab es beispielsweise Artischocken, dazu standen auf dem Tisch Öl, Essig, Salz und Pfeffer, als Hauptgang Linsen mit Speck, gewürzt mit verschiedenen Gemüsezutaten und saurer Sahne, den Nachtisch bildeten Käse und Früchte. Das Mahl erstreckte sich meist über vier Stunden. Da gab es Zeit genug, um miteinander zu reden.

So lernte ich Jimmy als einfühlsamen Gesprächspartner kennen, mit dem mich auch die religiöse Dimension verband. Manchmal gingen wir nach dem Mittagessen durch Paris spazieren. Einmal fragte er mich, ob ich auch eine schwarze Frau heiraten würde. Ich merkte, dass ich aus einer anderen Welt kam und sich mir die Frage so noch gar nicht hatte stellen können. Doch Jimmy liess nicht locker. Er wollte wissen, ob ich aus dem Christenglauben, dass vor Gott alle Menschen gleich sind, auf Erden Konsequenzen ziehen würde, ob ich auch schwarze genauso wie weisse Freunde haben könnte. Ich sollte ihm für diese Fragen mein Leben lang dankbar bleiben.

Auch erzählte er mir damals, 1953, von seinem eben erschienenen Buch. Es trüge nach dem Negro Spiritual den Titel «Go tell it on the Mountain», und er habe es seinen Eltern gewidmet. In diesem Roman schilderte er das Harlem der Gospels und Spirituals am Beispiel einer von Emotionen und Armut geprägten Negergemeinde. Durch Albrecht, meinen Onkel, liess er mir ein Exemplar zukommen. Später erschien dieser Roman auf Deutsch unter dem aus dem Englischen wörtlich übersetzten Titel «Gehe hin und verkünde es vom Berge», wozu es in diesem Spiritual heisst «dass Jesus ist geborn».

Jimmy, James Baldwin, zog selber daraus Konsequenzen, ging 1957 zurück nach Amerika und schloss sich mit seiner überschäumenden Intelligenz, wie man betonte[1], der schwarzen Bürgerrechtsbewegung um Martin Luther King an. Und noch zehn Jahre nach dem Mord an King in Memphis fragte Baldwin, dessen Romane und Erzählungen die Welt der «Neger» und «Nigger», für die King gekämpft hatte, auf das sinnenhaftetste vergegenwärtigten: «Denkt noch jemand daran, dass Martin nicht von einem, sondern von vielen umgebracht wurde? Wer ist denn noch betroffen von dem Umstand, in einem Land zu leben, in dem das Blei genügt, um zu beseitigen, was uns zur Menschwerdung hilft?»[2]

James Baldwin starb 1987 in Saint-Paul-de-Vence, bei Nizza. Gerne hätte meine Frau ihn kennen gelernt und ich ihn nach Jahrzehnten wiedergesehen, machen wir doch seit vielen Jahren unweit von Saint-Paul-de-Vence Herbstferien. Doch hatten wir zunächst keine Kenntnis von seinem Wohnort, und dann war es zu spät.

Klopfen um Mitternacht

Am 4. April 1968 wurde Pfarrer Martin Luther King in Memphis erschossen, am 9. April wurde er in Atlanta beerdigt, und am 12. April war in jenem Jahr Karfreitag. Kings Opfertod löste grosse Betroffenheit aus. So berichtete ich anfangs meiner Karfreitagspredigt in Tenna und Versam: «Es war im Jahr 1966. Über 400 Theologen, Juristen, Politiker, Gewerkschafter, Wirtschafts-, Sozial- und Naturwissenschaftler aus allen Erdteilen, die an der Weltkonferenz für Kirche und Gesellschaft teilnahmen, vereinigten sich in der traditionsreichen reformierten Kathedrale St. Pierre in Genf, um eine in Chikago auf Tonband genommene Predigt Martin Luther Kings zu hören. King hatte seine Teilnahme an der Oekumenischen Weltkonferenz telegraphisch abgesagt. Angesichts der blutigen Rassenkämpfe in Chikago sei sein Platz in dieser Stadt, um an der Wiederherstellung des Friedens mitzuwirken.

Heute möchte ich euch, liebe Gemeinde, den Wortlaut dieser Predigt in gekürzter Fassung sagen. Der Bibeltext dazu ist: ‹Welcher ist unter euch, der einen Freund hat und ginge zu ihm um Mitternacht und spräche zu ihm: Lieber Freund, leihe mir drei Brote; denn es ist mein Freund zu mir gekommen auf der Reise, und ich habe nicht, was ich ihm vorlege?›» (Lukas 11, 5-6) Unter anderem las ich aus Kings Predigt: «Diese Mitternacht im äusseren gemeinschaftlichen Leben des Menschen entspricht einer Mitternacht in seinem inneren persönlichen Leben. Es ist Mitternacht in psychologischer Hinsicht. Überall werden Menschen Tag und Nacht von lähmender Angst verfolgt. Grosse Wolken der Furcht und Niedergeschlagenheit verdunkeln unseren geistigen Himmel. Heute haben mehr Menschen ihr seelisches Gleichgewicht verloren als zu irgendeiner anderen Zeit der Menschheitsgeschichte... Aber selbst in den unausweichlichen Augenblicken, in denen alles hoffnungslos erscheint, wissen die Menschen, dass sie ohne Hoffnung nicht leben können, und im ‹Todeskampf der Verzweiflung schreien sie nach dem Brot der Hoffnung›... Der Glaube an das Morgengrauen erwächst aus dem Glauben, dass Gott gut und gerecht ist... Selbst eine völlig sternenlose Mitternacht kann das Morgengrauen einer grossen Erfüllung ankündigen. Amen!»[3]

Beim Verlesen der Predigt Kings blickten mich tiefbeeindruckte Augen an, die ich bis heute nicht vergessen habe. Über irgendwelche persönlichen Beziehungen zwischen Martin Luther King und Albert Schweitzer ist bisher nichts bekannt. Doch der Kampf gegen jede Art von Rassendiskriminierung ist ihnen gemeinsam.

Im Rückblick auf seine erste, viereinhalb Jahre dauernde Tätigkeit in Lambarene schrieb Schweitzer 1920 in seinem Buch «Zwischen Wasser und Urwald»: *«Würde die Geschichte alles dessen, was zwischen den Weissen und den far-*

bigen Völkern vorging, in einem Buche aufgezeichnet werden, es wären, aus älterer wie aus neuerer Zeit, massenhaft Seiten darin, die man, weil zu grausigen Inhalts, ungelesen umwenden müsste. Eine grosse Schuld lastet auf uns und unserer Kultur. Wir sind gar nicht frei, ob wir an den Menschen draussen Gutes tun wollen oder nicht, sondern wir müssen es. Was wir ihnen Gutes erweisen, ist nicht Wohltat, sondern Sühne. Für jeden, der Leid verbreitete, muss einer hinausgehen, der Hilfe bringt. Und wenn wir alles leisten, was in unseren Kräften steht, so haben wir nicht ein Tausendstel der Schuld gesühnt. Dies ist das Fundament, auf dem sich die Erwägungen aller ‹Liebeswerke› draussen erbauen müssen.»[4]

1952 bemerkte er in seinem Vorwort zu der französischen Ausgabe desselben Buches: *«Jetzt müssen wir uns darein finden, uns nicht mehr als die älteren Brüder zu fühlen und nicht mehr als solche zu handeln.»*[5]

Im Februar 1968 hatte Martin Luther King eine Rede in der Carnegie Hall in New York mit den Worten geschlossen: «Lasst uns unzufrieden sein, bis Brüderlichkeit nicht mehr ein leeres Wort am Ende eines Gebets, sondern erster Punkt auf der Tagesordnung eines jeden Gesetzgebers ist. Lasst uns unzufrieden sein, bis unser Bruder in der Dritten Welt – in Asien, Afrika und Lateinamerika – nicht mehr das Opfer imperialistischer Ausbeutung ist, sondern von der langen Nacht der Armut, Unwissenheit und Krankheit befreit wird. Lasst uns unzufrieden sein, bis dieses über uns schwebende kosmische Klagelied sich wandelt in einen schöpferischen Psalm des Friedens und ‹Gerechtigkeit strömt wie Wasser eines mächtigen Flusses›.»[6]

Die geistige Verwandtschaft zwischen Schweitzer und dem 54 Jahre jüngeren King wird auch in Schweitzers Kulturphilosophie von 1923 deutlich: *«So kam unsere Zeit, gedankenlos wie sie war, zu der Meinung, dass Kultur vor-*

nehmlich in wissenschaftlichen, technischen und künstlerischen Leistungen bestehe und ohne Ethik oder mit einem Minimum von Ethik auskommen könne.»[7] *«Das Verhängnis unserer Kultur ist, dass sie sich materiell viel stärker entwickelt hat als geistig.»*[8]
King schrieb 1967, vierundvierzig Jahre später, in seinem Buch «Wohin führt unser Weg? Chaos oder Gemeinschaft?»: «Das grosse Haus, in dem wir leben, verlangt, dass wir diese weltweite Nachbarschaft in eine weltweite Bruderschaft verwandeln... Wir müssen leidenschaftlich und unermüdlich daran arbeiten, die Kluft zwischen unserem wissenschaftlichen und unserem moralischen Fortschritt zu überbrücken... Je reicher wir materiell geworden sind, desto ärmer sind wir moralisch und seelisch geworden.»[9]
1954 nahm Albert Schweitzer den Friedensnobelpreis in Oslo entgegen. Seine Dankesrede endete so: *«Mögen die, welche die Geschicke der Völker in den Händen haben, darauf bedacht sein, alles zu vermeiden, was die Lage, in der wir uns befinden, noch schwieriger gestalten und uns noch weiter gefährden könnte, mögen sie das wunderbare Wort des Apostels Paulus beherzigen: ‹So viel an euch liegt, habt mit allen Menschen Frieden.› Es gilt nicht nur den Einzelnen, sondern auch den Völkern. Mögen sie in dem Bemühen um die Erhaltung des Friedens miteinander bis an die äusserste Grenze des Möglichen gehen, dass dem Geiste zum Erstarken und zum Wirken Zeit gegeben bleibe!»*[10]
1964, zehn Jahre später, stand Martin Luther King an derselben Stelle, um ebenfalls den Friedensnobelpreis in Empfang zu nehmen. Der Schlusssatz seiner Dankesrede lautete: «Ich glaube, Alfred Nobel wüsste, was ich meine, wenn ich sage: Ich nehme diesen Preis entgegen im Geiste eines Verwalters eines kostbaren Erbes, das er verwahrt für seine wahren Besitzer, für alle, denen Schönheit Wahrheit ist und Wahrheit Schönheit, und in deren Augen die Schönheit wahrer

Brüderlichkeit und wahren Friedens kostbarer ist als Diamanten oder Silber oder Gold.»[11]

Und die Unterschiede dieser beiden Friedensnobelpreisträger? Schweitzer demonstrierte mit dem Wort, King führte selber Demonstrationszüge an. Schweitzer starb neunzigjährig einen sanften Tod. King, der übrigens am 15. Januar, also einen Tag nach Schweitzer, Geburtstag hatte, starb mit neununddreissig Jahren eines gewaltsamen Todes.

Bewegende Musik

Es waren wenige Jahre nach dem Krieg. Pfeifend sprang ich das grosse Treppenhaus des Verwaltungsgebäudes der SAG hinauf. Droben in unserer Wohnung erwarteten mich meine Eltern. Die hatten sich gerade darüber unterhalten, ob sie mich in die Klavierstunde schicken sollten. Sie selber hatten einen Flügel geerbt, der den Krieg unversehrt in einem unserer beiden Wohnzimmer überstanden hatte, obwohl nebenan im Esszimmer eine Granate eingeschlagen und explodiert war, während wir im Luftschutzkeller sassen. Auf diesem Flügel spielten die Eltern manchmal vierhändig. Auch hiess es, sie hätten sich in ihrer Jugend auf diese Weise zusammengespielt.

Nun also stand ich vor ihnen. Mein Vater urteilte, ich sei wohl doch recht unmusikalisch, gerade eben hätte ich wieder so falsch eine Melodie gepfiffen, darum würden sie mich zum Klavierunterricht nicht zwingen. Ich war froh, selber entscheiden zu können. Auch sonst liessen mir meine Eltern viel Freiraum. In dieser Angelegenheit entschied ich, keine Klavierstunde nehmen zu wollen. Ich habe das nie bereut, weil ich meine Grenze spürte. Doch es blieb ein Wunschtraum, wie ebenfalls der, fliessend Französisch sprechen zu können. Nur Singen lag mir einigermassen; es trug mir gar von meinem gutmütigen Musiklehrer im Gymnasium die Note «gut» ein, neben Religion das einzige «gut», welches jeweils mein sonst gerade ausreichendes Zeugnis zierte. Ich hatte ein schlechtes Gedächtnis, konnte nur mit Mühe Vokabeln behalten. Doch eine gewisse Lust am Denken und Träumen war und ist mir wohl eigen. Singen tue ich bis heute mit meinen Schülern im Religions- und Konfirmandenunterricht, wobei ich nicht selten von ihnen den rechten Ton mitbekomme.

Verhältnis zu Beethoven

Zum Schlüsselerlebnis mich packender Musik wurden mir die Sinfonien Ludwig van Beethovens. Eindrücklich, ja gleichnishaft ist für mich eine Filmaufzeichnung von dem ersten Konzert der Berliner Philharmoniker unter Wilhelm Furtwängler nach dem Zweiten Weltkrieg im total zerstörten Berlin geblieben. In ihren Kleidern, die jeglichen Glanzes entbehrten und sich eher dürftig ausnahmen, sogen die Musiker und die Zuhörer die Musik, darunter eine Symphonie Beethovens, in sich auf. Ihre Gesichter entspannten sich, manche liessen den Tränen freien Lauf, Balsam war für sie die Musik.

Zehn Jahre später, während meines Studiums an der Theologischen Hochschule Wuppertal, sass ich eines Nachmittags im Zimmer meines dänischen Freundes Svend Clemen Boysen. Wir waren hungrig nach Musik. Er legte eine Platte auf, Beethoven erklang. Mir unerklärlich berührte mich diese Wiedergabe dermassen, dass ich eine Gänsehaut bekam. Als mein Freund dies bemerkte, sagte er: «Wir hören eine Aufzeichnung aus dem ersten Konzert der Berliner Philharmoniker nach Kriegsende.» Der Eindruck auf mein Gemüt war so stark, weil ich zum ersten Mal bewusst die Musik eines sogenannten «zeitlosen Werkes» im Horizont der Zeit erlebte.

Jahrzehnte später las ich, dass Albert Schweitzer für eine Beethoven-Nummer des Bonner Generalanzeigers am 3. April 1959 in Lambarene einen Beitrag mit folgenden Zeilen verfasst hatte: *«Als ich Sonaten von Mozart und Lieder ohne Worte von Mendelssohn-Bartholdy gespielt hatte, kam der Tag, an dem Eugen Münch, Organist der Stephanskirche in Mülhausen (Ober-Elsass), mein Klavierlehrer, aus dem Notenschrank meines Grossonkels, bei dem ich aufwuchs, den ersten Band der Sonaten Beethovens herausholte, mir mitteilte, dass ich jetzt an Beethoven gehen dürfe und mir die erste Sonate vorspielte. Es war wohl Ende 1886, dass sich dies ereignete. Ich war stolz darüber und zugleich in einer mir unbegreiflichen Weise erschüttert. Als ich beim Üben dann versuchte, mir darüber klar zu werden, warum diese Musik mir einen so besonderen Eindruck machte, kam ich darauf, dass sie mehr als jede andere, die ich kennengelernt hatte, Kundgebung eines Gemütserlebnisses des Komponisten war. In diesem Verhältnis zu Beethoven bin ich mein ganzes Leben hindurch verblieben.»*[1]

So sollte es denn auch am Ende seines Lebens sein. Uns wird berichtet: «Am 3. September (1965) liess man ihn die 4. Symphonie von Beethoven hören. Die Musik tat ihm wohl. Mit geschlossenen Augen hörte er während dieser letzten Tage Bach und Beethoven... Das letzte Stück Musik, das er hörte, war das Adagio aus der 5. Symphonie von Beethoven.»[2] Am 4. September 1965 starb Albert Schweitzer vor Mitternacht.

Auch Jazz gespielt

Anfang der fünfziger Jahre traf ich eines Tages im Bus meinen Musiklehrer, der damals auch Vorsitzender des Konzertvereins unserer nicht allzugrossen Stadt Siegen war. Aufgeregt sprach er mich an: «Du, Peter, ich könnte die Berliner Philharmoniker mit Furtwängler für ein Konzert gewinnen.» «Das ist famos», rief ich begeistert. «Ja, aber die Sache hat einen Haken. Um die Unkosten zu decken, brauchen wir den grössten Saal in der Stadt, und wie Du weisst, gehört der kirchlichen Gemeinschaftskreisen. Auf meine Anfrage erhielt ich einen abschlägigen Bescheid mit der Begründung: ‹Solch weltliche Musik gehört nicht in unser Haus›. Nun müssen wir auf dieses Konzert verzichten», schloss er traurig. Ich war wie vor den Kopf gestossen und habe bis heute diese engstirnige Reaktion nicht verschmerzt, obwohl ich in jenen Kreisen so manchen zu meinen Freunden zähle.

Auch denke ich an einen Klassenkameraden, dem die Musik im Blut liegt. Derzeiten weigerte er sich aus religiösen Gründen nahezu konstant, auf dem Klavier, das er wie kaum ein anderer beherrschte, einen Strausswalzer oder gar einen Schlager zu spielen. Nur klassische Musik erklang unter seinen begabten Händen, darunter mir unvergesslich Chopins Etuden und Polonaisen und Bachs Italienisches Konzert. Für ihn war klassische Musik bereits so etwas wie religiöse Musik. Doch zwischen sogenannt ernster und heiterer Muse bestand auch für ihn eine Kluft. Obleich vom Pietismus mitbewegt, habe ich intuitiv diese Kluft nie ernsthaft empfunden.
Unter Albert Schweitzers Händen erklang nicht nur klassische Musik. Robert Minder (1902-1980), ein ebenfalls gebürtiger Elsässer, lehrte später Germanistik an der Sorbonne und dem Collège de France in Paris, hatte in seiner Jugend 1919 Klavierunterricht bei Schweitzer. Davon erzählte er: «Zum Abschluss spielten wir als rhythmische Übung vierhändige Ouvertüren komischer Opern und Operetten... Schliesslich hielt er es für angebracht, dass ich noch ein paar Stücke lernte - auswendig, wie die übrigen, - deren zweifelhaftes Niveau er nicht in Frage stellte, die aber, wie er meinte, den älteren Verwandten und Bekannten vielleicht mehr zusagen würden als Bach und Beethoven.»[3] In Günsbach berichtete mir Antje Bultmann Lemke, Schweitzer habe auch Jazz auf dem Klavier in Lambarene gespielt, unter anderem zur Freude seiner amerikanischen Fotografin Erica Anderson.

Zwischen den Fronten

Den deutschen Dirigenten und Komponisten Wilhelm Furtwängler (1886-1954) lernte Albert Schweitzer 1908 in Strassburg kennen, wo dieser damals dritter Kapellmeister am Stadttheater war. Er versah dann die Stelle als Kapellmeister in verschiedenen Städten und leitete 1922-1945

und 1947 bis zu seinem Tod im Jahr 1954 die Berliner Philharmoniker, deren Dirigent auf Lebzeiten er 1952 wurde. Zugleich blieb er als Dirigent den Wiener Philharmonikern verbunden. Am 6. Dezember 1949 schrieb ihm Schweitzer: *«Ja, es ist lange her, dass wir uns in den schönen Strassburger Tagen und dem lieben Curtius'schen Hause sahen. Aber gar manchmal habe ich an Sie gedacht und Sie wohl an mich. Das letzte Mal glaube ich Sie unter meinen Zuhörern bei einem Vortrag über das Wesen der Kultur in Zürich gesehen zu haben, etwa 1936. Sie trugen ein helles Kleid. Viel, und ich glaube verständnisvoll, habe ich in den schweren Jahren, die Sie durchmachten, an Sie gedacht.»*[4]
Zum Hintergrund dieser Worte Schweitzers dürfte gehören, was Friedrich Herzfeld in seinem Buch «Magie des Taktstocks» so formulierte: «Zwar gerät Furtwängler nach 1933 in heftigem Gegensatz zu den damaligen Machthabern (den Nazis). Aber er schlägt den Weg in die Emigration aus, obwohl sich ihm in der freien Welt lockendere Möglichkeiten als irgendeinem anderen Dirigenten und viel grössere persönliche Aussichten als in der Heimat darbieten. Er will unter den Menschen bleiben, unter denen er geboren ist und für die zu wirken er als seine Aufgabe ansieht.»[5]
Nach dem Zweiten Weltkrieg stellten sich bei Furtwängler Anzeichen der Schwerhörigkeit ein. Er befürchtet, dass ihm das Schicksal Beethovens beschieden sei. Sein Leiden verschlimmerte sich. Als es für ihn keinen Zweifel mehr gab, dass er taub werden würde, da «wollte er nicht mehr leben und sprach dies schmerzlich bewegt, aber gesammelt aus. Eine Lungenentzündung brachte das Ende.»[6] Er ist dann in Baden-Baden gestorben.
An die Familie Furtwängler schrieb Schweitzer am 2. Dezember 1954 von Günsbach aus: *«Mit tiefer Bewegung erfuhr ich von dem Hinscheiden des grossen Künstlers. Lassen Sie mich aus der Ferne mein Beileid aussprechen. Gerne*

wäre ich zu der Trauerfeierlichkeit erschienen, denn ich weiss, dass der Verewigte mir dieselbe Freundschaft entgegenbrachte, wie ich ihm. In unserer Jugend, im Hause Curtius in Strassburg, haben wir uns kennen lernen [dürfen] und gleich Zuneigung für einander gefasst. Nur selten haben wir uns später sehen dürfen. Es war ein Fest für uns, wenn wir uns begegneten. Es war eine stille Freundschaft. Wir wussten von einander, dass einer das Wirken des andern mit Teilnahme verfolgte. Dieses Verstehen ohne Worte erlebten wir beide als etwas Schönes. Nun ist er, der jüngere, aus der Welt geschieden, nach einem herrlich vollbrachten Werke. Mit anderen gedenken wir dankbar der kostbaren Stunden, in denen er uns herrliche Musik spendete. In Dankbarkeit bleiben wir mit ihm verbunden. Und nicht nur des grossen Künstlers, sondern auch des lieben und edeln Menschen gedenken wir, die wir mit ihm bekannt werden durften. Er war in einer Zeit der Servilität ein aufrechter Mann und hat Anfeindung mit Würde und Vornehmheit ertragen. Als Mensch hat er seine Bedeutung in seiner Zeit gehabt. Auch dafür danken wir ihm, dass er sich selbst treu blieb. – Ich schreibe Ihnen mitten in dem Packen für meine in drei Tagen stattfindende Abfahrt nach Lambarene. Ich befinde mich in einem Zustande tiefer Müdigkeit und weiss nicht, wie mit der noch zu tuenden Arbeit fertig werden, wie überhaupt aufrecht halten. Darum darf ich auch nicht daran denken, am Radio das Wort zu ergreifen für die Trauerfeier. Still wie unsere Freundschaft war, muss nun auch meine Trauer für ihn bleiben.»[7]

Erquickender Bach

Mein Hören auf die Musik Johann Sebastian Bachs verdanke ich unter anderem einer Begegnung mit Günther Ramin und seiner Frau Charlotte. Günther Ramin (1898-1956) wurde 1918 Organist an der Thomaskirche in Leipzig und 1939 als

Nachfolger von Karl Straube Thomaskantor. Meine Begegnung mit dem Ehepaar Ramin ergab sich aus folgendem Umstand: Anfangs der fünfziger Jahre gastierte der Thomanerchor unter der Leitung seines Kantors in Siegen. Die Stadt war 1944 durch einen Bombenangriff nahezu völlig zerstört worden. So fehlten in den Nachkriegsjahren auch Hotels. Meine Eltern hatten sich ein geräumiges Haus in Siegen gebaut, das wir Ende des Jahres 1950 bezogen. So wurden sie von den Konzertveranstaltern gefragt, ob sie nicht in ihrem neuen Haus das Ehepaar Ramin beherbergen könnten.
Meine Eltern sagten spontan zu. Als es dann an der Haustür klingelte und ich Ramins öffnete, empfand ich sogleich Sympathie für sie. Antje Bultmann Lemke, die älteste Tochter des Marburger Theologen Rudolf Bultmann, der ich später davon erzählte, kannte auch die beiden und nannte sie ausserordentlich liebenswert. Mein Zimmer hatte ich für sie zu räumen gehabt, ein zweites Bett wurde hineingestellt, und als ich die beiden in dieses Zimmer führte, nahm ich voll Stolz gewahr, dass Günther Ramin in meinem Bett zu schlafen gedachte. Neugierig, wie ich nun einmal bin, kam ich an der bald folgenden Tafelrunde in unserem Wohnzimmer, wozu sich auch einige Thomaner gesellten, bei Kaffee und Kuchen neben Ramin zu sitzen und spitzte meine Ohren. Unter anderem erzählte er uns, dass ihn Hitler einst bedrängt habe, der Bachschen Matthäuspassion einen arischen Text zu geben. Dieses widerliche Ansinnen habe er mit schweigendem Protest beantwortet.
Als Ramin 1956 starb, schrieb Schweitzer an Charlotte Ramin am 14. März 1956 aus Lambarene: *«Sehr geehrte Frau Professor! Lassen Sie mich Ihnen sagen, wie sehr ich, mit so vielen andern, an Ihrer tiefen Trauer teilnehme. Ich war tief erschüttert, als ich die Nachricht von dem plötzlichen Abscheiden Ihres Mannes erhielt. Die Sache J.S. Bach verliert viel durch diesen Tod. Die erste Nachricht erhielt ich*

durch Dr. N., der sie mir im Namen des verwaisten Thomanerchores zugehen liess. Ihr Mann und ich sind uns nur wenige Male begegnet. Aber wir wussten einer von dem anderen, dass wir zusammen gehörten. Ich bewunderte ihn, dass er in so schwierigen Verhältnissen die Sache Bachs und des Thomanerchores in Leipzig und in der Welt vertrat und dass sein Bemühen so von Erfolg gekrönt war und solche Anerkennung fand. Die schönste Begegnung mit ihm hatte ich vor Jahren in Halle. Ich freute mich über jede Nachricht, die ich von ihm erhielt. In bestem Gedenken Ihr ergebener Albert Schweitzer.»[8]

Wie im Günsbacher Archiv festzustellen ist, hat Schweitzer die Todesanzeige Ramins aufbewahrt. Einen Brief an den Komponisten und Musikschriftsteller Hans Pfitzner (1869-1949), datiert vom 19. Juli 1908, unterzeichnete er mit *«Ihr Dr. A. Schweitzer Privatdozent und Musikschriftsteller».*[9]

Bereits 1905 hatte er in einem Schreiben an den Direktor der Pariser Mission, Alfred Boegner, in dem er seine Dienste als Missionar anbot, betont: *«Vielleicht haben Sie in letzter Zeit meinen Namen in einer Zeitung oder in einer Zeitschrift gelesen, denn man hat viel von meinem im Februar erschienenen Bach-Buch gesprochen. Ich vergass, Ihnen zu sagen, dass ich auch Künstler bin.»*[10]

Eben war sein in Französisch geschriebenes Bach-Buch unter dem Titel «J.S. Bach, le musicien-poète» herausgekommen. 1908 publizierte er es, auf fast doppelten Umfang erweitert, ein Wälzer von 791 Seiten, in deutscher Sprache unter dem einfachen Titel «J.S. Bach». «Das deutsche Bach-Buch übertrifft in der Auflagenhöhe samt Übersetzungen alles Vergleichbare in der Musikliteratur, obwohl der Autor viel mehr als in der Jesus-Forschung ein Fortschreiben für nötig gehalten hat.»[11]

In unserer Zeit, da ein Überhandnehmen von Spezialisierung unseren Horizont verengt, könnte uns das, was Schweitzer in seinem Bach-Buch über das Wesen des Künstlers aussagte,

zum Gleichnis für die Weite des Horizontes werden. Der Künstler, so Schweitzer, *«ist nicht nur Maler, oder nur Dichter, oder nur Musiker, sondern alles zusammen. In seiner Seele wohnen verschiedene Künstler beieinander. Sein Schaffen beruht auf ihrem Zusammenwirken. An jedem seiner Gedanken sind alle mitbeteiligt. Der Unterschied besteht nur darin, dass bei dem einen dieser, bei dem andern jener dominiert, und dass sie jedesmal diejenige Sprache wählen, die ihnen am geläufigsten ist.»*[12] *«Man nennt Heine unsern grössten Lyriker. Ob man ihn nicht, vom Standpunkt der ‹allgemeinen Kunst›, als den genialsten Maler unter den lyrischen Dichtern bezeichnen könnte?*
Böcklin ist ein Dichter, der unter die Maler gegangen ist... Er griff eben zu Pinsel und Palette, weil er meinte, seine Poeme von dem Leben der Elementargewalten so am lebendigsten wiedergeben zu können ...
Mit der Musik und der Dichtkunst ist es nicht anders. Wir rechnen Schiller zu den Dichtern... Am 25. Mai 1792 schreibt er an Theodor Körner: ‹Das Musikalische eines Gedichtes schwebt mir weit öfter vor der Seele, wenn ich mich hinsetze es zu machen, als der klare Begriff vom Inhalt, über den ich oft kaum mit mir selber einig bin.›... Nietzsche erging es mit der Musik wie Goethe mit der Malerei. Er glaubte es seinem Talente schuldig zu sein, sich in der Komposition zu versuchen. Seine musikalischen Schöpfungen stehen aber noch bedeutend niedriger als die Zeichnungen Goethes. Wie konnte er sich bei solcher Unbeholfenheit für einen Tondichter halten? Er war es dennoch. Seine Werke sind Symphonien... Darum ereifert er sich so gegen den modernen Menschen, der 'die Ohren im Schubfach liegen lässt' und die Seiten eines Buches mit den Augen abgrast.»[13]
«Bach», so fasst es Schweitzer in «Aus meinem Leben und Denken» zusammen, *«verfügt geradezu über eine Tonsprache... Sie wendet sich an die schöpferische Phantasie des Hörers...*

Was seinem Wesen nach dichterische und bildliche Musik ist, stellt sich als Klang gewordene Gotik dar... Eine Seele, die sich aus der Unruhe der Welt nach Frieden sehnt und Frieden schon gekostet hat, lässt darin andere an ihrem Erlebnis teilhaben.»[14]
Ein Echo über Schweitzers Bach-Buch ist mir Ende der siebziger Jahre, oder später, durch die Kopien zugekommen. Robert Epprecht, Jahrgang 1889 und emeritierter Pfarrer der Evangelischen Zürcher Kirche, leitete am 28. September 1963 einen Brief an Ernst Schäublin in Klosters weiter, den Schweitzer für diesen am 7. September 1963 aus Lambarene geschrieben hatte. Er lautete: *«Durch Herrn Pfarrer Epprecht erfahre ich, dass Sie auf einem Dachbalken seiner Zeit geschrieben haben: ‹Durch Gottes Wunder und der Hände Fleiss, woll uns die Erde ihre Früchte geben; benutze sie oh Mensch in Ehrfurcht vor dem Leben.› Das ist wohl das erste Mal, dass Ehrfurcht vor dem Leben auf ein Haus geschrieben ist. Nun hat dies Wort, ohne dass ich in Äquatorialafrika etwas dazu tun konnte, seinen Weg in die Welt gemacht und viele Menschen zur Erkenntnis gebracht, dass unsere Bestimmung ist, immer tiefere und geistigere Menschen zu werden und barmherzig für alle Kreatur zu werden. Es freut mich dass Sie diesem Wort schon vor langer Zeit auf Ihrem Gebälk einen Platz gegeben haben und im Herzen bewegten.»*
Im Dankesbrief, den Ernst Schäublin am 8. Oktober 1963 aus Klosters nach Lambarene sandte, hiess es: «Da ich als junger Mann im Jahre 1920 meine Heimatstadt Basel verliess, um hier im bündnerischen Klosters Bergbauer zu werden, kam ich... in nahe Berührung mit einfachen bäuerlichen Menschen, die noch Pestalozzische Einfalt wahrten... Oft genannt wurde in meinem Haus Ihr Name, als eine Ihnen bekannte Frau Sarah Vorster in Freiburg im Breisgau vor Kriegsbeginn im Jahre 1939 als Gast in mein Haus kam, um bis nach Kriegs-

ende als Emigrantin bei uns zu bleiben. Vorbildlich trug sie ihre schwierige Lage und wurde uns nah verbunden. Sie besass Ihr Bachbuch mit einer handschriftlichen Widmung von Ihnen. Dieses Buch las ich damals erstmals. Es ist seither immer in meiner Nähe geblieben, da ich Bach sehr liebe. Wenigstens eines seiner Lieder aus der geistlichen Liedersammlung spiele ich täglich. Hinter Ihren einfachen... Worten über Bach fühle ich Ihre erstaunliche Wissensfülle wie eine Naturerscheinung.»

Und immer wieder Orgeln

In meiner eigenen pfarramtlichen Tätigkeit haben mich Orgeln geradezu «verfolgt». Als Vikar in Davos konnte ich mit dem temperamentvollen, einfühlsamen jungen Organisten Werner Tiepner zusammenarbeiten. Uns beiden bereitete es Freude, gleichsam von Orgel zu Kanzel und von Kanzel zu Orgel die «Bälle» einander zuzuwerfen. Auch zu den Churer Organisten hatte ich dann ein herzliches Einvernehmen. Hier erlebte ich noch die Anfänge des Planens einer neuen Orgel für die Regula-Kirche.

In der Versamer Kirche wurde 1969 die Orgel restauriert, ein Prachtexemplar aus dem Jahre 1789. Die Restauration hatten junge Leute des jungen Unternehmens Orgelbau Felsberg AG bewerkstelligt. Als die Pariser Organistin Marie Claire Alain im Juni 1973 darauf ein hinreissendes Konzert gab – sie hatte noch nie auf einer Dorforgel mit neun Registern gespielt – begrüsste ich sie in der übervollen Kirche mit den Worten Albert Schweitzers, neben die sie später ihren Namen schrieb: *«Nun hat eine jüngere Generation als wir die Sache in die Hand genommen und weiter geführt. Sie hat Experimente über Pfeifen und Winddruck und Windlade angestellt und die alten Orgeln wissenschaftlich studiert, wo wir uns noch dagegen wehren mussten, dass dieselben verbrannt wurden. Und wir, die Kämpfer der ersten Zeit, freuen uns, dass die Jüngeren all dies über uns hinaus geleistet haben. Es tut uns sogar nichts, wenn manche dieser Jüngeren sich nicht mehr bewusst sind, dass wir den Graben gegraben haben, durch den die Wasser jetzt schäumen. Denn wer sich mit der Orgel beschäftigt, wird über alles Menschliche und Allzumenschliche hinausgetragen und zur reinen Freude an der Wahrheit geläutert und verehrt Orgel und Orgelklang als die grossen seelischen Erzieher zum Erleben der Ewigkeitsgesinnung.»*[15] – So hatte sich Schweitzer 1926 von Lambarene aus in einem Brief an die Teilnehmer der ersten Orgeltagung in Freiburg im Breisgau geäussert.

Für die Kirche in Tenna, in der ein altes Harmonium stand, auf dem der mich stets begleitende junge Landwirt Adam Bruderer spielte, gab es in den ersten Jahren meiner dortigen Amtszeit noch keinen Plan für eine Orgel. Eines Tages läutete das Telefon. Es meldete sich die mir unbekannte Kollegin Dora Wegmann aus Fällanden, einer wohlhabenden Vorortsgemeinde von Zürich. Sie würden gern eine kleine Bündner Berggemeinde unterstützen, ob wir in Tenna eine neue Orgel brauchen könnten. «Wir brauche keine Orgel, sondern ein WC für das Schulhaus», war meine Antwort.

Wenige Tage zuvor hatte mich eben daraufhin der Tenner Schulratspräsident Hans Peter Messmer angesprochen und gefragt, ob ich nicht auch der Meinung wäre, dass wir dringend eine WC-Anlage nötig hätten. Dasselbe hatte mir schon unser Lehrer Jakob Bardill gesagt, der die Tenner Gesamtschule (1.-9. Klasse), etwas über 15 Schülerinnen und Schüler, unterrichtete. Er stelle fest, dass bei einem Darmvirus die altertümlichen Toilettenanlagen ohne Wasserspülung ein Infektionsherd für das ganze Dorf wäre. Meine Kollegin in Fällanden erschien ob meiner Antwort so erstaunt, dass sie Zeit brauchte, bis sie dann laut in den Hörer rief: «Moment mal!» Bald darauf hörte ich ihre Stimme sa-

gen, sie hätten gerade Kirchenvorstandssitzung, die Kosten für das WC seien genehmigt. Nun verschlug es mir vor Freude die Stimme, hatten doch damals die Tenner kein Geld, um selber die nötige Anlage zu finanzieren. Aus der Beziehung zwischen Fällanden und Tenna wurde eine schöne Patenschaft, wir besuchten uns gegenseitig, und am Schluss gab es denn auch noch eine kleine Orgel für die Kirche von Tenna, was nach meinem Wegzug erfolgte.
Dann, im Herbst 1973, übernahm ich das Pfarramt der Kirchgemeinde Tamins mit den Diasporagemeinden Bonaduz, Rhäzüns und Reichenau-Station. Kaum war ich hier angekommen, bat mich der Kirchenvorstand, in eine eben gegründete Orgelbaukommission einzutreten. Die 1910 angeschaffte aus einer Zürcher Kirche stammende Occasionsorgel war nicht mehr reparabel. Es wurde beschlossen, eine neue Orgel anzuschaffen. Um Geld für dieses Werk zu sammeln, wurde unter anderem ein grosses Orgelfest mit Volksfestcharakter veranstaltet, das uns über 20 000 Franken einbrachte. Die Taminser Kirche erhielt dann den ersten Orgelneubau in der Schweiz mit einer mechanisch betriebenen Keilbalganlage für die Windversorgung, so wie man es noch bei historischen Instrumenten findet. Diese Orgel hat 18 Register. Ihr Intonateur, Jean-Marie Tricoteaux, ist Franzose und langjährig im Elsass tätig gewesen. Zur Zeit, da die Orgel auf der Empore der Kirche errichtet wurde, strahlte dieser eines Tages besonders. Er war zum ersten Mal Vater geworden, worauf wir unter den Orgelpfeifen auf der Empore mit einem Glas Sekt anstiessen.
Nach Albert Schweitzer befragt, sandte mir kürzlich der Orgelbauer Richard Freytag aus Felsberg, einem Nachbardorf von Tamins, etliches Material, darunter einen Beitrag von Bernhard Billeter zum Thema «Albert Schweitzer und sein Orgelbauer. Briefe an Fritz Haerpfer, 1879-1956, Bolchen (Boulay), Lothringen»

Mit einem kleinen Auszug aus Briefen Schweitzers an Haerpfer sei dieses Kapitel beschlossen.

Aus Strassburg am 5. Juli 1909: *«Sie schienen Samstag so müde und so deprimiert, dass ich Ihnen einen freundlichen Gruss für die kommende Woche schicken muss. Es gibt Momente im Leben, wo wir meinen, dass es nicht mehr geht und wo uns alles trübe erscheint. Das ist zu 80 Prozent Müdigkeit. Also guten Mut gefasst. Und schonen Sie sich. Nicht unnötig aufregen. Sie sahen nicht so gut aus, wie ich es liebe. Ich kenne solche Momente der Verzweiflung auch; darum kann ich so gut mit Ihnen fühlen. In diesem Brief nichts Geschäftliches. Es soll nur ein Freundeswort sein.»*[16]

Aus Lambarene, 18. August 1913: *«Hollah, ist die Tinte eingetrocknet in dem schönen Bolchen? Ich träume selten, aber dann immer entweder dass ich eine Reserve-Übung machen muss, oder dass ich etwas mit Orgelbauern habe und erwache dann schweissgebadet und in grenzenloser Wut! Da könnt Ihr sehen, was ich für Aufregungen mit euch durchgemacht habe!»*[17]

Aus Edinburgh Schottland am 27. Juni 1932: *«Mitte Juli kehre ich nach Günsbach zurück. Bitte sich bereithalten etwa vom 25. Juli ab, der Orgel in Günsbach die definitive Form geben, wie wir es besprochen... Heute Abend gab ich im Dom zu Glasgow mein (glaube ich) 35. Orgelkonzert seit 13. April - Jetzt geht es nach Heidelberg, München, Ulm. – Darf mit Erfolg in Holland, England, Schottland zufrieden sein –... Also alles rüsten, dass Günsbach Ende Juli etwas vollkommenes wird. Und auch die Sau-Oboe in Mühlbach ersetzen – Und dass ich nie mehr derartiges in einer Haerpfer Orgel finde. Das ist eine üble Assimilation. – Ich bin Doctor der Musikwissenschaft der Universität Edinburgh... Viel Liebes an Sie und die Ihren Ihr A. Schweitzer»*[18]

Neue Wege

Die Überschrift dieses Kapitels hat mit Leonhard Ragaz zu tun, von dem ich gleich erzählen werde. Doch sei zuvor noch eine persönliche Feststellung erlaubt. Man hat mich oft gefragt, wo eigentlich meine Heimat wäre. Die Antwort ist mir nie schwer gefallen. Sie lautet bis heute: Daheim bin ich in der deutschen Sprache.

Bergende Muttersprache

Unsere Eltern, die nicht im Siegerland aufgewachsen waren, sprachen mit meinem Bruder und mir Hochdeutsch. Zugleich lernten wir Kinder von den Einheimischen die siegerländer Mundart. Als nach Kriegsende viele Flüchtlinge im Siegerland eine neue Heimat fanden, bedingte das auch einen seltener werdenden Gebrauch der Dialektsprache im allgemeinen. Davon blieb allerdings für so manche jener, für das siegerländische typische, Akzent des rollenden R's, das heute etwa dem amerikanischen R vergleichbar ist. Diese Aussprache des R's könnte eine Art siegerländer «Exportartikel» in die Neue Welt sein. Das Gespür für die Dialektsprache, Wurzelboden des Hochdeutschen, erleichterte mir das intuitive Erlernen des Schweizerdeutschen, welches in der Variante des in Versam und Tenna gesprochenen Walserdeutschs (Höchstalemannisch) auf mich prägend wirkte.
Albert Schweitzer wuchs in seinem Günsbacher Elternhaus gleich dreisprachig auf. «Deutsch war die Amtssprache, elsässisch die Umgangssprache; die Familienkorrespondenz wurde auf französisch geführt.»[1]
Er selber schrieb darüber: *«Wohl spreche ich von Kindheit auf Französisch gleicherweise wie Deutsch... Deutsch ist mir Muttersprache, weil der Elsässer Dialekt, in dem ich sprachlich wurzle, deutsch ist... Den Unterschied zwischen*

den beiden Sprachen empfinde ich in der Art, als ob ich mich in der französischen auf den wohlgepflegten Wegen eines schönen Parkes erginge, in der deutschen aber mich in einem herrlichen Wald herumtriebe. Aus den Dialekten, mit denen sie Fühlung behalten, fliesst der deutschen Schriftsprache ständig neues Leben zu.»[2]

Auf Wegen in die protestantische Diaspora

Acht Jahre war ich als Pfarrer in Versam und Tenna tätig und sollte damit dort der zweitamtsälteste in diesem Jahrhundert werden. Von 1970 bis 1973 betreute ich zudem von Versam aus die Protestanten des Bündner Oberlandes, die sich in der «Evangelischen Vereinigung der Cadi» zusammengeschlossen hatten. Es war eine kleine, weit verstreut wohnende Gemeinde, von weniger als hundert Mitgliedern. Die Väter der Familien waren meist in den elektrischen Anlagen der Wasserkraftwerke tätig und schon während deren Errichtung aus anderen Kantonen zugezogen.
Im katholischen Pfarrhaus in Disentis erlebte ich Oekumene. Der Kollege stellte mir für den Religions- und Konfirmandenunterricht einen Raum zur Verfügung, in dem ich an die zehn muntere Schülerinnen und Schüler von der dritten bis zur neunten Klasse zu unterweisen hatte. Von diesen standen etwa vier in verschiedenen Dörfern an der Strasse nach Disentis, die ich dann in meinem Auto mitnahm. Die politische Gemeinde Disentis stellte uns zum Gottesdienst, der einmal monatlich an einem Wochentag stattfand, in ihrem Gemeindehaus den Gerichtssaal zur Verfügung. Besonders anregend fand ich jeweils die Predigtnachgespräche im Hotel Cristallina, dessen Besitzer holländischer Herkunft war und zum Vorstand unserer Vereinigung gehörte. Die Seele dieser oberländer Protestantengemeinschaft war deren rühriger Präsident Paul Keller und dessen Frau Maria.

1971 erwarb ich das Versamer Bürgerrecht und in der Folge die schweizerische Staatsangehörigkeit, wobei ich allerdings die deutsche aufgeben musste. Da nach damaligem Recht die Kinder die Nationalität des Vaters hatten, wurden unsere Kinder nun auch Schweizer. Jetzt waren wir eine komplette Schweizer Familie, denn bislang waren nur meine Frau und unser Hund Johannes eidgenössisch. Im Mai 1973 wählten mich die Evangelische Kirchgemeinde Tamins und ihre Diasporagemeinden Bonaduz, Rhäzüns und Reichenau-Station zu ihrem Pfarrer. Im Herbst 1973 zogen wir dann mit Hund Johannes und Katze Putzi nach Tamins.

Der religiöse Sozialist aus Tamins

In Tamins wurde am 28. Juli 1868 Leonhard Ragaz geboren, der hier auch seine Kindheit und Jugendzeit verbrachte. Seinen Namen hatte ich erstmals während meines Studiums in Zürich von Arthur Rich gehört, der dort an der Universität Systematische Theologie und vor allem Sozialethik lehrte. Rich nannte Leonhard Ragaz einen «der bedeutendsten, jedenfalls anregendsten Theologen, den die Schweiz hervorgebracht hat».[3] Ragaz amtete zunächst als Pfarrer in seinem Heimatkanton Graubünden am Heinzenberg und in Chur, dann am Münster in Basel. Seit 1908 war er Ordinarius für Systematische und Praktische Theologie an der Universität Zürich. Von dem Sinn seiner Lehrtätigkeit nicht mehr überzeugt, verzichtete er 1921 auf seine Professur. Wie schon kurz erwähnt, hätte Albert Schweitzer sein Nachfolger werden sollen, doch den zog es wieder nach Lambarene.

Leonhard Ragaz war Wortführer des Religiösen Sozialismus, gab die Zeitschrift «Neue Wege» heraus und engagierte sich zusammen mit seiner Frau Clara für Friedensarbeit und Völkerverständigung. Er starb am 6. Dezember 1945 in Zürich.

Unter den wichtigen Theologen unseres Jahrhunderts erscheinen mir Ragaz und Schweitzer am vielfältigsten miteinander verwandt. Beide hatten von Jugend auf ein intensives Verhältnis zur Natur, beide erlebten Phasen reger Begeisterung für die Musik Richard Wagners. Franz von Assisi gab ihnen immer wieder Impulse für das eigene Denken und den Glauben an die Schöpfung. Ihr philosophischer Nährvater blieb Immanuel Kant mit seiner Ethik. Ragaz und Schweitzer waren Jesus von Nazareth und dessen Reich-Gottes-Botschaft zugetan und haben darüber Bücher geschrieben, allerdings mit verschiedener Akzentuierung, Ragaz: «Die Botschaft vom Reiche Gottes», Schweitzer: «Reich Gottes und Christentum». Jedem von ihnen widerfuhr ein religiöses Urerlebnis, Ragaz «den Glauben an das Reich Gottes»[4] und Schweitzer «die Ehrfurcht vor dem Leben». Gemeinsam ist ihnen auch die Nähe zum Judentum, was Martin Buber im Vorwort seines Buches «Zwei Glaubensweisen» dankbar hervorhebt. Mir ist deutlich, dass die Gemeinsamkeiten bei weitem die Unterschiede in ihrem Denken und Glauben überwiegen.

In seiner Zeitschrift «Neue Wege» brachte Ragaz im Februar 1924 seine Besprechung von Schweitzers Buch «Zwischen Wasser und Urwald». Er begann sie mit den Worten: «Als ich vor wenigen Wochen zu Strassburg im Begriff war, in den Nachtschnellzug zu steigen, der mich nach Belgien und Holland bringen sollte, kam ein Mann, mir die Hand zu drücken, der zu den eigenartigsten und besten unserer so bösen und doch wieder so guten Zeit gehört. Er war grenzenlos müde von übermenschlicher Arbeit vieler Jahre, hatte den ganzen Tag in einem kalten Raum Kisten vernagelt und stand nun vor einer neuen grossen Anstrengung mancher Jahre, die eigentlich eine ganz frische Kraft verlangte. Es war Albert

Schweitzer, der sich anschickte, wieder an seinen afrikanischen Heilandsposten - man darf wohl dieses kühne Wort wagen – zurückzukehren. Einfach in Kleidung und Benehmen wie ein Arbeiter, jeder Zug Ehrlichkeit, Natürlichkeit, Bescheidenheit und Herzensgüte, stand er da,... so gar nicht der weltberühmte Mann, sondern nur ein Mensch, ein guter Mensch im intensivsten Sinn des Wortes.» Und Ragaz schliesst seine Rezension mit den Worten: «Wir wollen alle besonders auch dieses Helfers dort drüben auf einsamem, schwerem Vorposten des Menschentums und Reiches Gottes gedenken und senden ihm unseren brüderlichen Gruss. Gott segne ihn.»[5]

In der nächsten Ausgabe seines Blattes im März 1924 schreibt er in einer Fussnote: «Wir bringen mit Freuden diese Besprechung von Albert Schweitzers neuestem Buche (‹Verfall und Wiederaufbau der Kultur›) aus der Feder eines seiner Freunde. Vielleicht werden andere Äusserungen dazu folgen. Die Bemerkung darf vielleicht schon jetzt gemacht werden, dass die Hochachtung für Schweitzers Person und Afrikawerk noch nicht ohne weiteres Zustimmung zu seiner ganzen Philosophie und Theologie bedeutet.»[6] Besonders kritisierte Ragaz an Schweitzer: «Ganz umöglich ist die Vorstellung, dass Jesus sozusagen auf seine Erwartung der Nähe des Gottesreiches eine Art Ethik und Theologie aufgebaut habe.»[7] Nach Ragaz bestimmte nicht die Erwartung die Ehtik, das verantwortliche Handeln, sondern diese bestimmt die Erwartung. «Das Reich Gottes ist mit ihm (Jesus) gekommen.»[8]

Schweitzer ging davon aus, dass Jesus die uns heute fremde Vorstellungswelt spätjüdischer Apokalyptik teilte, wonach in Bälde auf übernatürliche Weise das Reich Gottes komme. Wenn Schweitzer die Bedeutung Jesu in dessen Fremdheit für das moderne Denken hervorhob, so zielte er zugleich von Veräusserlichung auf Verinnerlichung. Denn nicht der historisch erkannte, sondern der – so sah es Schweitzer – in den Menschen auferstandene Jesus kann ihnen etwas sein. Von Ragaz aus könnte etwas davon mitschwingen, wenn er in seinem Buch «Die Botschaft vom Reiche Gottes» auf die selbstgestellte Frage «Aber Schweitzer vertritt doch auch das Reich Gottes?» antwortete: «Sicher, und besonders in praktischer Beziehung auf herrliche Weise. Aber der Mensch Schweitzer ist sehr viel mehr als der Theologe und Philosoph.»[9]

Nun gibt es aber auch Aussagen über das Reich Gottes, wo Ragaz und Schweitzer übereinstimmen, wie ein Beispiel, in dem die Bewahrung der Schöpfung mitschwingt, zeigt. Für Ragaz galt: «Gott braucht für sein Reich die Menschen. Er ist gewissermassen an sie gebunden. Ihr Versagen ist eine Katastrophe; es ist seine eigene Niederlage.»[10] Schweitzer sah dieses Problem so: *«Für die Menschheit, wie sie heute ist, handelt es sich darum, das Reich Gottes zu verwirklichen oder unterzugehen.»*[11]

Zwischen Ragaz und Schweitzer sehe ich so etwas wie eine divergierende Gemeinsamkeit. Diese konnte Ragaz manchmal auch zu etwas unwirschen Äusserungen wie diesen verleiten: «Jetzt nur noch ein Wort über Schweitzer. Es ist gewiss etwas sehr Grosses an dem Mann und seinem Werk. Zwar ein Denker ist er nicht eigentlich, aber vielleicht mehr als das. Was mir nicht gefällt, ist der Umstand, dass er den 'Lohn' seines Tuns durch den Ruhm der Welt so rasch ausbezahlt bekommt. Bei uns ist es längst Mode, und zwar, wie es so zu gehen pflegt, besonders bei Leuten, die einem Manne, der im Urwald Europas etwas Ähnliches täte, und zwar ohne Affichierung, in weitem Bogen aus dem Weg gingen.»[12] So schrieb Ragaz unter dem Datum vom 23. Dezember 1926 in einem Brief. Viele Jahre später sagte er: «Die Ehrfurcht vor dem Leben, um dieses viel missbrauchte Modeschlagwort am rechten Orte zu brauchen, wird zum Grundelement einer neuen Welt.»[13]

1978 habe ich in der Zürcher Gartenhofstrasse Leonhards Tochter Christine Ragaz einmal gefragt, ob sich ihr Vater und Schweitzer auch menschlich nahe gekommen seien. Ihre Antwort: «Ach, Herr Pfarrer, das ist ein trauriges Kapitel.» Ich wagte nicht weiter zu fragen, empfand aber deutlich, sie selber hätte sich mehr Vertrautheit zwischen beiden gewünscht.

Im zweiten Teil seines Buches «Reich Gottes und Christentum»[14] äusserte sich Schweitzer einmal kritisch zur Geschichtsdeutung von Ragaz: *«Das Christentum darf sich auch nicht zu viel Wissen um den Heilsplan Gottes zutrauen. Von diesem begreifen wir nur so viel, dass er darin besteht, das Bitten, mit dem wir im Vaterunser vor ihn kommen, in Erfüllung gehen zu lassen. Vermessenheit ist es, ihn im Gang der Geschichte aufzeigen zu wollen. Wie kläglich nehmen sich die Versuche in dieser Richtung aus. Und doch wagt sich immer wieder ein Wissen um den Heilsplan in Andeutungen an den Tag, auch bei Vertretern des Christentums, denen wir Bedeutung zuerkennen und Hochschätzung entgegenbringen. So schreibt Leonhard Ragaz, einst theologischer Lehrer an der Universität Zürich (gest. 6.12.45): ‹Dass unsere alte Welt mit ihrer Kultur Stück für Stück zusammenbrechen wird, glaube ich, wünsche es sogar. Es ist Weltgericht. Auch die furchtbaren Offenbarungen des Bösen gehören dazu. Es kommt ans Licht und wird vom Licht gerichtet. Aber mit dem Gericht geht eine Schöpfung Hand in Hand. Ein Schöpfungswort tönt durch die Donner der Katastrophe: Siehe ich mache alles neu.› Wo ist in dem Grausigen, das wir erleben, zu sehen, dass das Böse vom Licht gerichtet wird? Wo ist im Donner der Katastrophe das Schöpfungswort ‹Siehe ich mache alles neu› zu vernehmen?»*

Wenn die Kirchen heute von der Bewahrung der Schöpfung reden, so hören sie noch zu wenig auf die Väter dieser Forderung, Leonhard Ragaz und Albert Schweitzer!

Jüdische Freunde

Zahlreich sind diese im Freundeskreis Albert Schweitzers. Ich nenne vier, weil deren Werk und Wirkung mich selber besonders angesprochen haben: den Philosophen und Theologen Martin Buber, den Psychoanalytiker Erich Fromm, den Dirigenten Bruno Walter, den Dichter Stefan Zweig. Gleich drei meiner theologischen Väter starben 1965: Martin Buber im Juni, Albert Schweitzer im September und Paul Tillich im Oktober.

Im Jahre 1972 nahm ich am Kongress des «Weltbund für Religiöse Freiheit», zu dem auch Vertreter des liberalen Judentums gekommen waren, in Heidelberg teil. Während einer Pause besuchte ich eine in der Nähe der Universität gelegene Buchhandlung. Dabei kam ich mit der bereits älteren Buchhändlerin auf den jüdischen Denker Martin Buber zu sprechen. Als der Name fiel, sagte sie spontan: «In dem Sessel da, in welchem Sie soeben Platz nahmen, hat er oft gesessen.» Unwillkürlich überkam mich ein wohltuendes Gefühl. Meine Augen wanderten zu dem Sessel zurück und dankten ihm im stillen für seinen Dienst an Martin Buber, an vielen anderen, an mir und für die darin liegende Verbundenheit.

Martin Buber (1878-1965)

Martin Buber wurde in Wien geboren. An der Universität seines Geburtsortes studierte er Philosophie und Kunstgeschichte und promovierte dort später in beiden Fächern. Von Wien zog es ihn weiter an die Universität Leipzig, wozu er bemerkte: Was in Leipzig «am stärksten auf mich gewirkt hat, war zweifellos das Hören von Bachs Musik.»[1]

Im Sommer 1899 bezog Buber die Universität Zürich. Sein vielseitiges Studienprogramm brachte ihn auch in das germanistische Seminar, wo er die Münchener Kommilitonin Paula Winkler kennen lernte. Sie, die Nichtjüdin, wurde seine Frau und nahm auf sein Schaffen lebensmässigen und formenden Einfluss. Buber schrieb ihr am 4. August 1900 aus Berlin: «... Liebste, die letzten Tage, die ich diesmal mit Dir zusammen war, so schön in ihrem ruhigen Licht, haben mir ganz neue Kraft geschenkt...»[2] Unter dem 18. Oktober 1901 hiess es in einem Brief von Paula Buber-Winkler an ihren Mann: «Ich habe einen neuen Willen, das muss ich Dir sagen, denn früher hatte ich ihn nicht: Ich möchte mit Dir für den Zionismus tätig sein, nein, ich werde es. Ich habe das Gefühl, ich kann, ich muss etwas tun dafür. Du Liebster, ich sehne mich so nach einem Wort von Dir, nach einem Wort aus Deinem Herzen.»[3]

Der Pfarrer und Dichter Albrecht Goes hat Paula Buber erst in ihrem letzten Lebensjahrzehnt kennengelernt und schilderte sie so: «Paula Buber, die sich als Erzählerin Georg Munk genannt hat (unter diesem Pseudonym veröffentlichte sie Romane), war eine grundgescheite bayrische Grossbäuerin; nein sie war es nicht, sie war durchaus Bubers Frau, aber sie hätte es sein können. Ein Hauch von München war im Zimmer, sobald sie eintrat, wenn München heisst: Barock und Koboldspiel, föhngelbes Licht an der Theatinerkirche, Valentins Logik und Valentins Hintersinnigkeit; Madonnen, die wie vom Viktualienmarkt aufsteigen zur Ehre des Altars; Canalettofarben ringsum und ein Lächeln, fast in der Luft noch...»[4]

Viele Jahre wohnte die Familie Buber in Heppenheim an der Bergstrasse. Seit 1923 war Buber Dozent und dann Honorarprofessor für Religionswissenschaft und jüdische Ethik an der Universität Frankfurt am Main. 1933 legte er seine Professur vor der offiziellen Entziehung der Lehrbefugnis durch die nationalsozialistischen Machthaber nieder. Nun reiste er durch Deutschland und hielt «Lernzeiten» ab, für

Rabbiner, Lehrer, Jugendleiter, kurz für alle, «die im Dienste der Unterweisung, Seelsorge und Menschenführung»[5] standen. 1938 verlassen Bubers Deutschland. Fortan ist Jerusalem ihr Wohnort. Buber übernahm dort einen Lehrstuhl für Sozialphilosophie.
Der Berner Theologe Ulrich Neuenschwander begann sein Werk «Denker des Glaubens» mit der Darstellung Martin Bubers und liess gleich die von Albert Schweitzer folgen. Neuenschwander schrieb: «Bis ins höchste Alter hinein blieb Buber schöpferisch. Sein Werk hat drei Schwerpunkte. Die Entwicklung der Ich-Du-Philosophie ist der eine. Daneben steht die Erhellung der Welt des Chassidismus und endlich die grossartige Übersetzung des Alten Testaments.»[6]
Am 3. Dezember 1932 betonte Albert Schweitzer in einem Brief nach Heppenheim: *«Lieber Martin Buber. Ihre Bücher sind mir sehr lieb... Aber besonders wertvoll ist mir ‹Zwiesprache›, wo Sie Ihr Eigenes geben und wo ich so viel finde, was wir gemeinsam haben... Dafür, für dieses so wunderbare Schlichte und tiefe Eigene, danke ich Ihnen besonders.»*[7]
Aus Bubers Buch «Zwiesprache» mögen unter anderen folgende Sätze Schweitzer angesprochen haben: «Wer mit den Menschen reden will, ohne mit Gott zu reden, dessen Wort vollendet sich nicht; aber wer mit Gott reden will, ohne mit den Menschen zu reden, dessen Wort geht in die Irre.»[8] «Echte Verantwortung gibt es nur, wo es wirkliche Antworten gibt. Antworten worauf? Auf das, was einem widerfährt, was man zu sehen, zu hören, zu spüren bekommt. Jede konkrete Stunde mit ihrem Welt- und Schicksalsgehalt, die der Person zuteil wird, ist dem Aufmerkenden Sprache.»[9] «Prinzip dort, Dogma hier, ich weiss die ‹objektive› Dichtigkeit des Dogmas zu schätzen, aber hinter beiden lauert der – profane oder heilige – Krieg gegen die dialogische Gewalt der Situation, lauert das Ein-für-alle-mal, das dem

unvorhersehbaren Augenblick widersteht. Das Dogma ist, auch wo sein Herrschaftsanspruch unbestritten bleibt, die erhabenste Form des Gefeitseins gegen die Offenbarung geworden. Die will kein Perfektum dulden, aber der Mensch mit den Künsten seines Sicherungswahns steift sie zur Perfektion ab.»[10]

1950 erschien in Zürich Martin Bubers Buch «Zwei Glaubensweisen». Ich habe noch ein Exemplar der Erstausgabe. In diesem Buch stellte Buber fest, dass sich letztlich nur zwei Glaubensweisen gegenüberstehen, die eine auf Vertrauen, die andere auf Anerkennung gegründet. Die des Vertrauens sah er in der Kernüberlieferung Israels und die der Anerkennung im paulinisch-johanneischen Christentum. In seinem Vorwort dankt Buber vier protestantischen Theologen: Rudolf Bultmann, Albert Schweitzer, Rudolf Otto und Leonhard Ragaz. Da hiess es: «Albert Schweitzer danke ich dafür, dass ich durch ihn, durch seine Person und sein Leben, zuerst die Weltoffenheit und damit auch die eigentümliche Israelsnähe, die dem Christen und auch dem christlichen Theologen (der zu sein Schweitzer ja nicht aufgehört hat) möglich ist, unmittelbar kennengelernt habe. Meinem Herzen bleiben die Stunden eines gemeinsamen Gangs durch die Landschaft Königsfelds und die des Geistes unvergesslich und kaum minder der Tag, als wir, sozusagen Hand in Hand, mit zwei eher unphilosophischen Vorträgen über religiöse Wirklichkeit die Tagung einer philosophischen Gesellschaft in Frankfurt am Main eröffneten. Sein Vortrag ist von ihm zum Buch über die Mystik des Apostels Paulus ausgebaut worden. In der Widmung, mit der er vor 20 Jahren es mir sandte, sagt Schweitzer, er weise nach, dass Paulus ‹in der jüdischen, nicht in der griechischen Gedankenwelt wurzelt›; ich kann jedoch die paulinische Lehre vom Glauben, die ich hier behandle, nur mit einem randhaften Judentum in Verbindung sehen, das eben ein ‹hellenistisches› war. Hingegen ist mir der erneute nachdrückliche Hinweis auf die Bedeutung des deuterojesajanischen Gottesknechts für Jesus fruchtbar geblieben; für meine Studien über diesen Gegenstand hatte mir Schweitzer schon 1901 eine starke Anregung gegeben.»[11]

Albert Schweitzer schrieb an Buber daraufhin ausführlich aus Lambarene am 4. April 1951: *«Lieber Martin Buber. Ihr Buch brauchte lange für die Reise und ich brauche lange zum Schreiben... Aber zum Lesen kam ich und habe ihr Buch mehr denn einmal gelesen. Lassen Sie mich Ihnen sagen, wie es mich bewegt, dass Sie mich zu den Theologen rechnen, zu denen Sie ein innerliches Verhältnis haben... Sätze wie die von Brunner ‹Gott würde aufhören Gott zu sein, wenn er seine Ehre antasten liess›, kann ich nicht begreifen. Da redet man von Gott als kennte man ihn durch und durch mitsamt seinem Ehrbegriff!... Und viel hat mich gefreut, dass Sie solches Gerede widerlegen. So unehrerbietig und so unwahr reden diese Leute von Ihm. Sein Erbarmen, auch im Alten Testament, ist so gross, dass Er nichts von beleidigter Ehre weiss – Er ist nicht der Gardeleutnant, zu dem ihn diese Leute machen.»*[12]

Im Winter 1977/78 traf ich Martin Bubers Schüler und Freund Schalom Ben-Chorin in Siegen. Dieser wurde 1913 in München als Fritz Rosenthal geboren. 1931 änderte er seinen Namen. Schalom, sein Vorname ist Hebräisch und bedeutet «Frieden». Den habe er im Sinne einer Hebräisierung seines Namens «Fritz, Friedrich, Friedenreich, Friede»[13] angenommen. Ben-Chorin, sein neuer Familienname, ist aramäisch und meint «Sohn der Freiheit». Er studierte Germanistik und Religionswissenschaft, wurde Zionist und siedelte 1935 nach grausamen Erfahrungen mit den Nazis nach Palästina um. 1956 kehrte er erstmals wieder nach Deutschland zurück, wo er dann von 1970 bis 1982 Gastprofessuren in München und Tübingen übernahm. Er lebt in Jerusalem.

Damals, als ich ihm in Siegen begegnete, besuchte ich meinen Vater und traf auch Frieder Bald, den Jugendfreund meines Bruders. Dieser machte mich auf einen Vortrag Ben-Chorins aufmerksam. Wir gingen beide hin und waren begeistert. Anschliessend sassen wir beide mit Ben-Chorin und seiner Frau im Siegener Restaurant «Kochs-Ecke» zusammen und unterhielten uns lebhaft. Am 17. April 1978 schrieb er mir aus Jerusalem: «Haben Sie besten Dank für Ihren Brief vom 10. April 1978 und Ihr Buch ‹Das Bunte zu lieben sind wir da›, das in derselben Reihe erschienen ist, in der auch drei ältere Bücher von mir vorliegen». (Es handelte sich um die Reihe «Evangelische Zeitstimmen» aus dem Hamburger Herbert Reich Verlag.) Zugleich vermerkte er kritisch: «Seite 31f. sind Sie wirklich dem üblichen christlichen Vorverständnis der Haltung Jesu zum Gesetz weitgehend erlegen.» Zu diesem Vorverständnis gehört, dass die Pharisäer, die damalige Partei der Schriftgelehrten, unterschiedslos zu den Feinden Jesu stilisiert werden.

Als ich dann Ben-Chorins Buch «Bruder Jesus. Der Nazarener in jüdischer Sicht» las, überzeugten mich Gedanken wie diese: Jesu Interpretation des Gesetzes, der Tora, gelte der «Verinnerlichung des Gesetzes, wobei die Liebe das entscheidende und motorische Element bildet»[14] «Jesus lehrte selbst wie ein pharisäischer Rabbi, freilich aus einer grösseren Vollmacht.»[15] Seither bezeichne ich mich, wie es auch mein Tutzinger Freund und Schriftsteller Heinz Flügel tat, der mit Ben-Chorin gut bekannt war, in der Symbolsprache als Judenchrist.

Über sein Verhältnis zu Martin Buber äusserte sich Schalom Ben-Chorin in einem Interview: «Er wurde mein Rabbi sozusagen. Er wurde mein Lehrmeister. Er zeigte mir ein sinnvoll erfülltes jüdisches Leben, auch ausserhalb einer streng gesetzlichen Tradition. Buber war ja noch viel freier in seiner Haltung gegenüber der jüdischen Tradition als ich selbst.»[16]

In demselben Interview nannte sich Ben-Chorin einen «Brückenbauer zwischen Deutschen und Juden in der Form eines Israelis, und zwischen Juden und Christen im Sinne von Angehörigen zweier verschiedener Glaubensweisen, die aber viel mehr gemeinsam haben, als man im allgemeinen sieht und annimmt.»[17]
Zu Albert Schweitzer hob Schalom Ben-Chorin in seinem Buch «Paulus» hervor: «In seinem Werk ‹Die Mystik des Apostels Paulus› versucht Schweitzer als einer der ersten christlichen Theologen nachzuweisen, dass Paulus in der jüdischen, nicht in der griechischen Gedankenwelt wurzelt. Schweitzer unterstrich diesen Kerngedanken in der Widmung, die er in das Martin Buber übersandte Exemplar schrieb.»[18] Im Gegensatz zu Buber, äusserte Ben-Chorin, «neige ich mehr zu der Auffassung Albert Schweitzers,... dass Paulus in der jüdischen, nicht in der griechischen Gedankenwelt wurzelt»[19].
Wie sehr zu Buber wie zu Schweitzer die Musik als «Seelennahrung» gehörte, deutete ich kurz mit Bubers Studium in Leipzig an. Es sei eine Äusserung Bubers hinzugefügt, zu der für mich folgende Begebenheit gehört: Wolfgang Hildesheimer, 1916 in Hamburg geboren, hatte Deutschland wegen seiner jüdischen Herkunft 1933 verlassen. 1946-1949 wirkte er bei den amerikanischen Kriegsverbrecherprozessen in Nürnberg als Dolmetscher, ab 1948 (nach Schluss der Verhandlungen) als Redakteur der gesammelten Protokolle. In seinen letzten Lebensjahrzehnten, er starb 1991, bewohnte er mit seiner Frau Silvia ein wunderschönes Haus in Poschiavo, einem Dorf im Puschlav, einem Südtal Graubündens. Es war, soweit ich mich entsinne, im Februar 1978: In der Evangelischen Buchhandlung zu Chur las Hildesheimer aus seinem damals neuestem Buch «Mozart». Anschliessend ergab sich ein kurzes persönliches Gespräch. Dabei äusserte ich, gerade in diesen Tagen auf einen Brief gestossen zu sein,

den der Biochemiker von Beruf und Religionswissenschaftler aus privater Neigung Eduard Strauss, einst Mitarbeiter Bubers am Freien Jüdischen Lehrhaus in Frankfurt am Main, am 28. Oktober 1947 aus New York an Buber geschrieben habe. «Es war», so hiess es darin, «in der Frankfurter ‹Taunus-Anlage›; ich habe Dir – ich weiss nicht mehr weshalb – die freundgeduldigen Ohren vollgeklagt; Du bliebst plötzlich (Deine Art von sichtbarer Spontaneität) stehen und sagtest; ‹Was willst Du eigentlich? Es gibt doch Mozart?›... Ich habe es, es ist fast schon ein Dauerzustand geworden, sehr nötig, an den Glücksfall ‹Mozart› häufig erinnert zu werden.»[20] Hildesheimer bat gleich um eine Kopie und die Literaturangabe. Bei einem Besuch in Poschiavo schenkte mir Hildesheimer eine seiner Tabakspfeifen.

Erich Fromm (1900-1980)

Hans Jürgen Schultz, geboren 1928, Publizist und Mitglied des deutschen PEN-Clubs, hat unter anderem auch ein Porträt Albert Schweitzers verfasst. Wie Erich Fromms Biograph, Rainer Funk, betont, gilt Schultz als der «Entdecker Fromms für die deutsche Öffentlichkeit».[21] Von seinem Wohn- und Wirkungsort Stuttgart aus schrieb mir Schultz unter dem 22. April 1980, wenige Wochen nach dem Tod Fromms: «Neulich war ich wieder mal in Tutzing» (gemeint ist die Evangelische Akademie Tutzing, wo wir uns auch verschiedentlich getroffen haben, und deren Studienleiter Heinz Flügel zu unseren gemeinsamen Freunden gehörte). «Aus der Geburtstagsrede für Erich Fromm musste unversehens ein Nachruf werden. Ich habe ihn unten in Locarno, in der Nähe von Fromms Grab, geschrieben, und bin oft die Wege nachgegangen, die er ‹sokratisch› mit mir hin und her spaziert ist. Das Symposion in Tutzing war völlig überfüllt mit vorwiegend jugendlichen Teilnehmern: es knisterte im Gebälk.»

Erich Fromm, Psychoanalytiker und Sozialphilosoph, wurde 1900 in Frankfurt am Main geboren. Seine Mutter und sein Vater entstammten Rabbiner-Familien. Neben Marcuse, Löwenthal, Adorno, Benjamin und Pollock gehörte Erich Fromm in den zwanziger Jahren zur weltbekannten «Frankfurter Schule» Max Horkheimers, ein Kreis von Sozial- und Kulturwissenschaftlern, der eine von Karl Marx und Sigmund Freud bestimmte kritische Gesellschaftsanalyse betrieb. 1933 emigrierte Fromm in die Vereinigten Staaten, wo er an verschiedenen Universitäten lehrte. 1949 nahm er eine Professur für Psychoanalyse an der Nationaluniversität in Mexiko City an. Seit 1974 bis zu seinem Tod lebte er im Tessin.

Seit den siebziger Jahren verdanke ich den Büchern Fromms so manche Denkanstösse. In meiner 1974 erschienenen Schrift «Brot auch für die Seele» spielte ich auf ein Fernsehinterview an, in dem sich Fromm zur gegenwärtig in unseren Breitengraden erlebten Sinnlosigkeit menschlichen Daseins mit der ethischen Forderung äusserte: «Mehr zu sein als mehr zu haben und zu benutzen».[22]

Als dann 1976 sein Buch «Haben oder Sein. Die seelischen Grundlagen einer neuen Gesellschaft» erschien, hat es dieses mir besonders angetan. Der Unterschied zwischen Sein und Haben, so führte hier Fromm aus, «ist nicht identisch mit dem Unterschied zwischen östlichem und westlichem Denken. Er entspricht vielmehr dem Unterschied zwischen dem Geist einer Gesellschaft, die zum Mittelpunkt Personen hat und dem Geist einer Gesellschaft, die sich um Dinge dreht».[23] Der Sabbat galt ihm als «die wichtigste Idee innerhalb der Bibel und innerhalb des späteren Judentums... Am Sabbat lebt der Mensch als hätte er nichts, als verfolge er kein Ziel ausser zu sein, d.h. seine essentiellen Kräfte auszuüben – beten, studieren, essen, trinken, singen, lieben.»[24]

Die Geschichte von der Versuchung Jesu deutete er so:

«Satan ist der Vertreter des materiellen Konsums und der Macht über die Natur und den Menschen. Jesus ist die Verkörperung des Seins und der Idee, dass Nichthaben die Voraussetzung des Seins ist.»[25]

«Gott» war ihm «eine der vielen poetischen Ausdrucksweisen für den höchsten Wert im Humanismus und keine Realität an sich».[26] Seine Position nannte er «nichttheistische Mystik»,[27] die ihn einen radikalen Humanismus vertreten liess. Unter radikalem Humanismus verstand er «eine globale Philosophie, die das Einssein der menschlichen Rasse, die Fähigkeit des Menschen, die eigenen Kräfte zu entwickeln, zur inneren Harmonie und zur Errichtung einer friedlichen Welt zu gelangen, in den Vordergrund stellt».[28]

Bei der Lektüre von Erich Fromms Büchern stösst man oft auf Albert Schweitzer. Das mag insofern erstaunen, weil für Fromm die Ideen von Freud – wenn auch dessen Triebtheorie kritisierend - und die Ideen von Marx, die im Kommunismus pervertiert worden seien, besonders prägend gewesen sind. Unter anderem fand er in der Erkenntnis Freuds die Bestätigung, dass «der ausschliesslich mit Haben und Besitz beschäftigte Mensch psychisch krank und neurotisch»[29] ist. Und Marx hat ihn immer wieder begeistert, so betonte Fromm: «Haben und Sein als zwei verschiedene Formen menschlicher Existenz sind der Kern der Marxschen Ideen über die Entstehung des neuen Menschen.»[30]

Mit Freud aber konnte Schweitzer wenig anfangen und mit Marx soviel wie nichts. Als Sigmund Freud im Jahr 1930 den Goethe-Preis der Stadt Frankfurt am Main erhielt, schrieb Schweitzer am 3. September 1930 aus Lambarene an Margit Jacobi, von deren familiärer Freundschaft mit Schweitzer noch berichtet wird: *«Also Freud ist mein Nachfolger geworden! Er ist ein bedeutender Kerl als psychischer Wissenschaftler, aber als Weltanschauung rien du tout und hat noch das Unangenehme an sich, dass er alles auf das Sexuelle zurückführt... was mich an seiner Lehre, die ich glaube wirklich zu kennen, immer kindisch berührt hat. Aber er hat in der Psychopathischen Wissenschaft grosse Verdienste. Ein Denker ist er nicht.»*[31]

Über Karl Marx steht bei Schweitzer in «Kultur und Ethik» der trockene Satz: *«‹Das Kapital› ist ein doktrinäres Buch, das mit Definitionen und Tabellen arbeitet, aber nirgends in tieferer Weise auf Lebensfragen und Lebensbedingungen eingeht.»*[32]

Vermutlich wäre Schweitzer erstaunt gewesen, seinen Namen einmal gleich hinter dem von Marx zu lesen. In seinem Buch «Ihr werdet sein wie Gott» schrieb Fromm 1966, ein Jahr nach Schweitzers Tod: «Es ist nur deshalb möglich, die Keime des radikalen Humanismus in den älteren Quellen der Bibel zu entdecken, weil wir den radikalen Humanismus eines Amos, eines Sokrates, der Humanisten der Renaissance und der Aufklärung sowie den von Kant, Herder, Lessing, Goethe, Marx und Schweitzer kennen. Man kann den Samen nur richtig identifizieren, wenn man die Blüte kennt; oft muss man die frühere Phase mit Hilfe der späteren interpretieren, wenngleich die frühere Phase der späteren genetisch vorausgeht.»[33]

In demselben Buch sprach Fromm über die biblische Geschichte von Gottes Bund mit Noah und seinen Nachkommen: «Ich habe meinen Bund mit euch geschlossen. Nie wieder sollen alle Wesen aus Fleisch vom Wasser der Flut ausgerottet werden; nie wieder soll eine Flut kommen und die Erde verderben» (1.Mose 9,11). Fromms Auslegung: «Gott verpflichtet sich zu einer unbedingten Ehrfurcht vor allem Leben, vor dem Leben der Menschen und aller lebenden Kreatur... Wichtig ist, dass der erste Bund (in der endgültigen Redaktion der Bibel) ein Bund zwischen Gott und der Menschheit... ist. Die Geschichte der Hebräer ist lediglich als ein Teil der Menschheitsgeschichte aufgefasst;

der Grundsatz der ‹Ehrfurcht vor dem Leben› (vgl. Albert Schweitzer) geht allen spezifischen Versprechungen an einen speziellen Stamm oder an ein bestimmtes Volk voraus.»[34]
Zwei Jahre später publizierte Fromm sein Buch «Die Revolution der Hoffnung. Für eine humanisierte Technik». Hier wurde er noch deutlicher: «Das Wertsystem, das dem in diesem Buch vertretenen Standpunkt entspricht, beruht auf einer Vorstellung, die Albert Schweitzer als ‹Ehrfurcht vor dem Leben› bezeichnet hat.»[35]
Und 1976 betonte Fromm in «Haben oder Sein» am Schluss seiner Darstellung von Schweitzers Denken: «Vermutlich weil Schweitzer Theologe war und zumindest als Philosoph durch sein Konzept der ‹Ehrfurcht vor dem Leben› als Basis der Ethik am bekanntesten wurde, ist vielfach übersehen worden, dass er einer der radikalsten Kritiker der Industriegesellschaft war und deren Mythos von Fortschritt und allgemeinem Glück entlarvte.»[36] Abschliessend verwies Fromm wenige Zeilen später darauf, dass «Schweitzer im Gegensatz zu dem metaphysischen Optimismus des Christentums ein metaphysischer Skeptiker war». Etwas von dem, was Fromm hier mit «metaphysischer Skeptiker» meinte, könnte sich in dem bereits genannten Schweitzer-Wort widerspiegeln: *«Für die Menschheit, wie sie heute ist, handelt es sich darum, das Reich Gottes zu verwirklichen oder unterzugehen.»*[37]
Im Film von Erica Anderson und Jerome Hill «Albert Schweitzer erzählt aus seinem Leben und Denken», der um 1955 gedreht wurde, sagte Schweitzer am Schluss aber auch: *«Wenn ich die grosse Reise in eine andere Welt angetreten haben werde.»* Andererseits konnte er gleichfalls sagen: *«Wenn das Denken sich ungehindert auf die Reise machen soll, muss es zu allem bereit sein, selbst dazu, bei einem intellektuellen Agnostizismus anzulangen... Selbst diese schmerzliche Enttäuschung ist besser für es als eine beharrliche Weigerung, seinen Standpunkt überhaupt zu durchdenken.»*[38]

Agnostizismus bedeutet, das übernatürliche Sein für unerkennbar halten.

Bruno Walter (1876-1962)

«Salzburg, dessen Lage und Umgebung Alexander von Humboldt neben Neapel und Konstantinopel zu den schönsten Gegenden der Erde zählt, war durch seine kulturelle Atmosphäre wie wegen seiner landschaftlichen Reize unvergleichlich zur Veranstaltung von Festspielen geeignet.»[39] So schilderte der Dirigent Bruno Walter die Stadt, an deren Festspiele er sich 1925, wenige Jahre nach deren Entstehung, erstmals beteiligte.

Im Sommer 1950 verbrachten mein Bruder Klaus und ich mit unseren Eltern sonnige Sommerferien im bayrischen Schönau bei Berchtesgaden. Von dort aus besuchten wir Salzburg, wo für mich ein Konzert unter der Leitung von Bruno Walter zum ersten grossen Musikerlebnis wurde. Wir hörten Werke von Josef Haydn und Gustav Mahler. Bruno Walter, der mir wie ein kleiner Bär zu dirigieren schien, übte Faszination aus, einen in die Weite führenden musikalischen Zauber.

Er, ein gebürtiger Berliner jüdischer Abstammung, gehörte bis zur Machtergreifung Hitlers zu den bedeutendsten Persönlichkeiten im deutschen Musikleben. Bruno Walter musste Demütigungen hinnehmen, verliess Deutschland, ging nach Österreich, wurde Leiter der Wiener Staatsoper, nach dem Anschluss Österreichs an Deutschland musste er wieder weiter ziehen, lebte seit 1940 in Amerika als Gastdirigent. Seit 1948 dirigierte er auch wieder in Europa. Er starb im Alter von 85 Jahren in Beverly Hills, Kalifornien.

Seit 1919 weilte Bruno Walter mit seiner Familie während der freien Sommerwochen regelmässig im Engadin bis es 1939 in Sils-Maria zu jener entsetzlichen Tat kam, welche ihn bis an sein Lebensende bedrücken sollte: Grete, seine

älteste Tochter, hatte ihre Ehe mit dem deutschen Filmproduzenten und Nazi-Sympathisanten Robert Neppach lösen wollen und weilte deshalb bei ihren Eltern im Engadin. Dort gewährte sie Neppach noch eine letzte Aussprache. Daraufhin erschoss dieser sie und sich selbst, weil ihm der Gedanke, Grete könnte sich einem anderen Mann zuwenden, unerträglich war.[40]
Bruno Walter, der in der Elsässer Strasse Berlins aufgewachsen war, beeindruckte schon früh das Wirken des Elsässers Albert Schweitzer. Der wiederum war am Wirken Walters «sehr interessiert».[41] Aus Edinburgh schrieb Bruno Walter am 4. September 1951:

«Lieber verehrter Albert Schweitzer!
Keine grössere Freude konnte mir zukommen als Ihre freundlichen Zeilen und der Bildergruss aus ihrer afrikanischen Umwelt. Worte und Bild bestätigen eine seit langem in mir wachsende Ahnung von einer lebendigen Beziehung zwischen uns, von einem einanderkennen, ja sogar von einer Art Gedanken- und Gefühlsverkehrs zwischen uns über die Schranken der ‹äusseren› Fremdheit hinweg...
Eine Phantasiefahrt mit Ihnen auf dem Kanoe, zu der Sie mich so freundlich auffordern, habe ich schon damals unternommen, als ich Ihr Buch über den Beginn Ihrer Tätigkeit in Afrika gelesen und mit innigstem Anteil in mich aufgenommen hatte.
Ich wünsche mir, die imaginierten Gespräche mit Ihnen – keineswegs nur über Musik, – die ich oft führe, noch in diesem Erdenleben durch lebendiges Beisammensein verwirklichen zu können ...
Mit allen guten Wünschen und herzlichen Grüssen Ihr Bruno Walter.»[42]

Im Kanoe auf dem Ogowe hätten beide vielleicht über den Zweifel gesprochen. Bruno Walter quälten lange Jahre nicht die Zweifel am Gottschöpfer, sondern an der göttlichen Güte. Denn wäre der Schöpfer allmächtig, so müsse dieser auch das Böse und das Leiden geschaffen haben; bestehe und wirke das Böse jedoch gegen Gottes Willen, so könne Gott nicht allmächtig sein. Erst bei zunehmender Reife habe er, Walter, andere Wege zur «Harmonie mit dem Unendlichen» gesucht, «wie sie mir von der christlichen Lehre gewiesen wurden, der sich mein Herz allmählich innigst zuwandte».[43]

Vielleicht hätte Walter auch über, wie er selber formulierte, «Luthers gewaltiges Leben»[44] den Urwalddoktor befragt, und dieser hätte in etwa geäussert, was er am 11. Februar 1959 aus Lambarene an seinen Leipziger Freund Rudolf Grabs schreiben sollte: *«Und zu Luther habe ich eine grosse Liebe und eine grosse Dankbarkeit! Als Knabe habe ich 1883 die Luther-Zentenarfeier in der Kirche meines Vaters miterlebt. Ich war tief bewegt davon. Luther hat die Reformation in Gang gebracht. Kein anderer zu seiner Zeit hätte es vermocht! Er hat die Frage ‹Was ist evangelisch?› wieder aufgeworfen und damit das Christentum auf den rechten Weg gewiesen! Er hat an Stelle der katholischen Lehre von der Taufe und der Erlösung eine andere, lebendige, gesetzt. Den Abend des 31. Oktobers verbringe ich seit meiner Kindheit in der Stille mit Luther, ihm dankend für das, was er dem Christentum gewesen ist. Und was tue ich in Theologie denn anderes als antworten auf die Frage ‹Was ist evangelisch suchen?› Und wie liebe ich seine innige Übersetzung der Bibel! Und seine Lieder! – Das spätere Leben Luthers ist in vielem tragisch. Er konnte den Weg des Fragens, was evangelisch ist, nicht zu Ende gehen... Die Zeit erlaubte es noch nicht. Er konnte sich nicht von dem Dogmatismus emanzipieren. Aber was er uns gegeben hat, bedeutet eine Erlösung.»*[45] (Zur Erinnerung an Luthers Thesenanschlag im Jahr 1517 wird der 31. Oktober als Reformationsfest begangen.)

Vielleicht hätten die beiden weisen Alten im Boot auch Gedanken über die Hölle ausgetauscht. Bereits am 17. Juni 1907 hatte Schweitzer in einer Predigt gesagt: *«Werden alle Menschen selig oder nur ein Teil? Auf die Frage antwortet Jesus, antwortet Paulus, antworten die Kirchenväter, antwortet Luther, antwortet Zwingli, antwortet Calvin: nicht alle Menschen werden selig, sondern einige zum ewigen Leben bestimmt, andere zur ewigen Verdammnis. Wir aber antworten gegen alle diese Autoritäten: Nein, das ist unmöglich, das ist nicht Gottes Wille ...»*[46]
Schweitzers Vorgesetzter in Strassburg, Pfarrer Knittel, war darüber, wie er an ihn schrieb, «geradezu entsetzt. Wohl sprechen Sie von der Hölle, die aber nur auf dieser Erde stattfindet...»[47] In seiner Autobiographie «Thema und Variationen. Erinnerungen und Gedanken» schrieb Bruno Walter vierzig Jahre später: «Ich... ging im Januar 1933 wiederum nach New York. Während ich dort war, wurde Hitler zum Reichskanzler ernannt, zündeten die Nazis das Reichstagsgebäude an – die Pforten der Hölle hatten sich aufgetan.»[48]

Ebenso ein Thema wäre für beide Rudolf Steiner (1861-1925), der Begründer der Anthroposophie, gewesen. Nach anthroposophischer Lehre führt die Entwicklung der menschlichen Erkenntnisfähigkeit zu einer fortschreitenden Wesensschau des Geistigen in Welt und Mensch. Im Christentum sah Steiner die zentrale Tatsache der Menschheitsentwicklung. Am 8. November 1960 schrieb Albert Schweitzer einen Brief von Lambarene an Bruno Walter nach Beverly Hills:

«Lieber Freund. Arbeiten, die nicht zum gewöhnlichen Programm gehören, kann ich nicht liefern, wie ich möchte. So haben Sie auf den Bericht über das Zusammensein von Rudolf Steiner und mir warten müssen. Ich danke Ihnen für die Zusendung von Schriften ihn betreffend. Die meisten

habe ich in meiner Bibliothek in Günsbach, aber es war einfacher, sie von Ihnen zu erhalten, als sie aus meiner Bibliothek kommen zu lassen. Das Wertvollste war mir die Autobiographie. In ihr lernt man ihn erst wirklich kennen.

Wie schade, dass der Tod ihm die Feder aus der Hand nahm. Ich erzählte also von unserer Begegnung in Strassburg, wo Annie Besant uns miteinander bekannt machte. Die Gespräche sind mir noch gut in Erinnerung. Sie haben zur Folge gehabt, dass ich mich innerlich fort und fort mit ihm beschäftigt habe und seiner Bedeutung stets bewusst blieb. Was wir beide gemeinsam haben, ist, dass wir beide die Kultur an die Stelle der Unkultur treten lassen wollen. Diese Verbundenheit ist uns in Strassburg aufgegangen. Er erwartete Kultur vom ethischen Denken und von den Erkenntnissen der Geisteswissenschaft. Meinem Wesen nach musste ich dabei verbleiben, sie rein aus der Versenkung in das wahre Wesen des Ethischen entstehen zu lassen. So bin ich zur Ethik der Ehrfurcht vor dem Leben gekommen und erhoffe von ihr Antrieb zur Entstehung von Kultur. Ich weiss, dass Rudolf Steiner mein Verbleiben in der alten Denkweise bedauert hat. Aber beide haben wir dieselbe Verpflichtung erlebt, die Menschen wieder zur wahren Kultur zu leiten. Ich habe mich gefreut über dass, was seine grosse Persönlichkeit und seine tiefe Menschlichkeit in der Welt vermochten. Jeder soll den Weg gehen, der der seine ist...»[49]

Im Dichter Stefan Zweig hatten Schweitzer und Walter einen gemeinsamen Freund. «Ich sah einmal», so hiess es in Walters Autobiographie, «bei Stefan Zweig in Salzburg das hölzerne Schreibpult Beethovens, dem Ansehen nach ein nüchtern uninteressanter Gegenstand ohne Besonderheit. Aber es bewirkte ein kaum erträgliches, stürmisches Zusammenschiessen von Vorstellungen, Bildern, Erinnerungen, Gedanken und Gefühlen – kurzum es übte Macht aus. Und es ist ein tröstender Gedanke, namentlich für den Künstler, dass auch in der nüchtersten Wirklichkeit sich das Materielle oft romantisiert, sich von einem stumpfen ‹Sein› zu einem lebendigen ‹Bedeuten› entwickelt.»[50]

Stefan Zweig (1881-1942)

Aus Wien schrieb der Dichter unter dem Datum vom 22. Februar 1935 an Schweitzer, bezugnehmend auf dessen 60. Geburtstag: «Hochverehrter Herr Doktor und liebwerter Freund, vom Schiff, auf der Reise nach Amerika, konnte ich Ihnen nur flüchtigen Glückwunsch drahten zu dem festlichen Tag. Nun rüstig weiter ins Patriarchen-Alter und hoffentlich mit unverminderter Lebensfreude und Glaubenskraft! Zurückgekehrt fand ich die so wertvolle Gabe Ihres Buches und muss Ihnen innig danken. Es ist das Verhängnis der meisten Werke, dass sie die indische Philosophie mehr verdunkeln als erleuchten, sie uns als ein Kuriosum, als eine kaum verständliche Form des Denkens darstellen. Ihr Buch dagegen führt wirklich ein und bereichert das innere Gefühl, indem es die Verwandtschaft der Ideen dartut und immer berühren sich ja auf ihrem obersten Gipfel die Rassen und Nationen. Nur das Untere lebt im Gegensatz und Streit und wer uns lehrt aufzublicken, hebt uns über diese trüben Zonen hinweg. Herrlich haben Sie dies getan... Selten war eine Zeit, die so sehr der bestärkenden Menschen bedurfte. – Mit herzlichen Grüssen von Haus zu Haus Ihr getreu ergebener Stefan Zweig.»[51]

Zweig bezog sich hier auf Schweitzers Buch «Die Weltanschauung der indischen Denker. Mystik und Ethik», das 1935 in Englisch erschien und Schweitzer sogleich, noch druckfrisch, an Zweig sandte.

Stefan Zweig, ein gebürtiger Wiener, lebte von 1919 bis 1935 in Salzburg. Wie bereits geschildert, besuchte er 1930

Albert Schweitzer in Günsbach. Es war eine beide bewegende Begegnung. Zweig gehörte zu den meist gelesenen Schriftstellern seiner Zeit. In den grossen Buchhandlungen von Kairo bis Lissabon, von Schanghai bis Mexico City fand man seine Bücher auf dem Ladentisch.[52] Von den Nazis wurden die Bücher des Juden Zweig geächtet, öffentlich verbrannt und aus den Bibliotheken fast vollständig entfernt. Nur im sogenannten «Giftschrank» hielt man einige Restexemplare versteckt – für «wissenschaftliche» Benutzer, was meistens zu «Beschimpfungszwecken» hiess.[53] Dass auch Bücher verbrennen Menschen verbrennen bedeutet, wurde Zweig zur Qual. Er emigrierte nach England und 1940 nach Brasilien. In Petropolis, Brasilien schied er zusammen mit seiner zweiten Frau, Lotte, 1942 freiwillig aus dem Leben. Von Friderike Maria, seiner ersten Frau, hatte er sich 1938 scheiden lassen. Sie blieb ihm eine Freundin.

Aus Lambarene sandte Albert Schweitzer am 28. Dezember 1952 einen Brief an Friderike Maria Zweig, in dem es hiess: *«Gar manchmal denke ich an Sie. Ich meine manchmal, Sie in Erinnerung in Günsbach vor mir zu sehen. Die Biographie, die Sie dem von uns geschiedenen Freunde geschrieben haben, hat mich tief ergriffen. Wie recht taten Sie, ihm dieses Denkmal zu setzen, in welchem Sie mit ihm uns entgegentreten. Wie viele Freunde sind Ihnen dafür von Herzen dankbar. Zu Ihrem 70. Geburtstag sende ich Ihnen meine besten Wünsche ...»*[54]

(Die hier von Schweitzer erwähnte Biographie «Stefan Zweig. Wie ich ihn erlebte» von Friderike Maria Zweig war 1948 erschienen.)

Auf Schweitzers Brief antwortete Frau Zweig spontan am 19. Januar 1953: «Ihr Brief hat mich unaussprechlich beglückt... Dass Sie der Biographie Lob zollen, bedeutet mir so viel, da es doch Zweifel hinterlässt, wenn man Vertrautes preisgibt ...»[55] Und am 30. März 1958 schrieb Friderike Maria

Zweig an Albert Schweitzer: «Ihr so ungemein gütiger Brief kam wie auf Engelsschwingen zu mir... Den Briefwechsel 1912-1942, den ich vor einigen Jahren herausgab, nachdem ich in Salzburg versteckte Briefe zurückerhalten hatte, erlaubte ich mir, nach Günsbach zu senden...»[56] Dazu äusserte Frau Zweig in einem, ebenfalls im Günsbacher Archiv aufbewahrten, Freundesbrief: «Überdies hatten die gemeinsamen Briefe heiter geklungen. Man blättere das in unserem ‹Briefwechsel› nach. Doch als ich später wieder sein Kleist-Essay las, wurde mir furchtbar klar, nur ein Gefährte solcher Todessehnsucht konnte dieses bejahende Verständnis aufbringen. Doch in der Welt der Schriftsteller, in der man die Fäden etwa selbst hält, lernt man das Durcheinanderspiel von Wirklichkeit und Einfühlungskunst kennen, ohne an den bitteren Ernst zu glauben und den heilenden Lebenskräften zu misstrauen ...»[57]

Stefan Zweigs Leben und Werk ist gekennzeichnet durch kräftige Kontraste, die das Gefühl der Leserinnen und Leser direkt ansprechen und sie mitreissen. So ist es mir in meiner Jugend bei der Lektüre seines Buches «Sternstunden der Menschheit. Zwölf historische Miniaturen» ergegangen. Diese verdichteten Biographien genialer Menschen habe ich dann später meinen Kindern als Pflichtlektüre empfohlen. Damals, beim ersten Lesen, ging mir nachhaltig die Schilderung der Entstehung von Händels «Messias» mit dem Titel «Georg Friedrich Händels Auferstehung. 21. August 1741» unter die Haut. Zur gleichen Zeit hatte Erich Fliegner, unser leidenschaftlicher Musiklehrer am Weidenauer Gymnasium, mit seinem Schülerchor, in dem ich damals Tenor sang, das «Halleluja!» aus dem «Messias» immer wieder geprobt, verschiedentlich aufgeführt, und uns damit jeweils neu begeistert. Zweig schrieb: «Ja, alle Stimmen dieser Erde darin zusammenfassen, die hellen und die dunklen... sie aufsteigen lassen und niedersteigen die Jakobsleiter der Töne, sie schwichtigen mit dem süssen Strich der Geigen, sie anfeuern mit dem scharfen Stoss der Fanfaren, sie brausen lassen im Donner der Orgel: Halleluja! Halleluja! Halleluja! – aus diesem Wort, aus diesem Dank einen Jubel schaffen, der von dieser Erde zurückdröhnte bis zum Schöpfer des Alls! Tränen dunkelten Händel das Auge, so ungeheuer drängte die Inbrunst in ihm.»[58]

Dann war es Zweigs Roman «Ungeduld des Herzens» (1939), dessen Titel meinem Empfinden entspricht und später «Triumpf und Tragik des Erasmus von Rotterdam», mit dem der Dichter 1938 in die Hitlerzeit hineingerufen hatte: «Das Gegeneinander und nicht das Miteinander hat die leidenschaftlichsten Energien in allen Völkern Europas herausgezwungen. Niemals dagegen hat bisher der erasmische Gedanke Geschichte gestaltet und sichtbaren Einfluss genommen auf die Formung des europäischen Schicksals: der grosse humanistische Traum von der Auflösung der Gegensätze im Geiste der Gerechtigkeit, die ersehnte Vereinigung der Nationen im Zeichen gemeinsamer Kultur ist Utopie geblieben... gerade die unerfüllten Ideale erweisen sich als die unüberwindlichsten... Was Erasmus... mitten im Wirrsal der Kriege und der europäischen Verzwistung als Vermächtnis hinterliess, war nichts als der erneute uralte Wunschtraum aller Religionen und Mythen von einer kommenden und unaufhaltsamen Vermenschlichung der Menschheit.»[59]

Albert Schweitzer äusserte übrigens dies in einem Brief vom 20. Februar 1955 aus Lambarene an Albert Einstein in Princeton, New Jersy: *«... dass Kant in seiner Schrift vom ewigen Frieden nur mit der juristischen Art des Problems beschäftigt ist, nicht mit seiner ethischen. Die ethische steht für Erasmus von Rotterdam im Vordergrund. Je mehr man sich mit Erasmus beschäftigt, desto höher schätzt man ihn trotz seiner Fehler. Er ist doch einer der bedeutendsten Vorkämpfer der auf der Humanitätsidee sich erbauenden Kultur.»*[60]

Und Schweitzer bemerkte witzig in demselben Brief: *«Merkwürdig ist, wie oft in der Öffentlichkeit unsere Namen miteinander genannt werden. Ich finde es schön, dass wir denselben Vornamen haben.»*[61]

Innere und äussere Israelreise

Der Name Israel kam mir erstmals ins Bewusstsein, als ich den Religionsunterricht bei Fräulein Buscher besuchte, der Tochter des zur Bekennenden Kirche gehörenden Pfarrers unserer Wohngemeinde Klafeld- Geisweid. Mein Schülerdasein begann 1940 in der unweit unserer Wohnung gelegenen, doch schon zum Dorf Birlenbach gehörenden Volksschule. Es gab noch den Brauch des Morgengebets, doch Religionsunterricht wurde nicht mehr erteilt. Dieser fand zeitlich wie räumlich ausserhalb der Schule statt. Stattdessen wurden wir in der Schule in germanischem Heldenleben unterwiesen, wie es die damals herrschende Ideologie des Nationalsozialismus verlangte.

Zum Religionsunterricht versammelten wir uns in einem dafür geeigneten Raum, in welchem auch Gottesdienste gehalten wurden. Er befand sich in einem ebenfalls zu Birlenbach gehörenden Haus. Dieses war eine in typischem Siegerländer Stil erbaute und mit Schiefer verkleidete fachgewirkte einfache Schönheit. Davor stand eine weithin sichtbare wundervolle alte Linde. Fräulein Buscher, streng und gütig zugleich, war eine begabte Erzählerin biblischer Geschichten. Von ihr bekamen wir auch über die Erzväter und die Erzmütter Israels zu hören, von Abraham und Sara, von Isaak und Rebekka, von Jakob, Lea und Rahel. Diese Geschichten wie die nachfolgende Josephsgeschichte wurden uns in ihrer Bewegung aus Glauben geschildert. Sie erschienen mir dann als eine Art Symbol für den Spruch meines Grossvaters, Alfred Niederstein, mit dem er mich oft zu körperlicher und geistiger Tätigkeit ermunterte: «Alles Leben ist Bewegung». Er selber wurde siebenundneunzig Jahre alt und starb, den Erzvätern gleich, alt und lebenssatt. 1963 habe ich ihm die Grabrede gehalten.

Der Judenstern

Mit dem Namen Israel also vertraut, blieb mir das Wort Jude zunächst fremd. Soweit ich mich entsinnen kann, habe ich es erstmals im Zusammenhang mit dem Judenstern gehört. Das kam so: Ein entfernter Onkel hatte um 1940 in Siegen eine schöne Villa bezogen. Er lud Verwandte ein, um sie uns zu zeigen. Dabei bemerkte jemand aus dem Kreis der Erwachsenen im Wohnzimmer: «An der Decke ist noch ein Judenstern.» Der neue Hausherr reagierte mit einem schrillen Gelächter und sagte dann, dieser käme auch noch weg. Mir blieb der Eindruck, hier sei etwas nicht in Ordnung. Doch fragte ich nicht näher nach und vergass es auch, bis es mir nach der Hitlerzeit wieder einfiel, als ich vom «Holocaust» erfuhr.

Einen Judenstern aus rotem Band entdeckte ich bald auch daheim auf der Innenseite des Deckels eines bei einer jüdischen Firma gekauften Koffers. Mein Vater hatte eine Seite des Bandes herausgeschnitten. Doch blieb in seiner also lädierten Weise der Judenstern deutlich zu sehen. Warum mein Vater ihn nicht gänzlich entfernte, weiss ich nicht. Den Koffer habe ich später oft gebraucht. Er ist heute immer noch schön. Mein Vater wurde 1901 geboren. Er hatte schon als Kleinkind dichte schwarze Haare und eine ausgeprägte Nase. Als meine Grossmutter ihn einmal im Kinderwagen durch die Strassen Altenbochums stiess, da hätten, so erzählte sie uns, ihr unbekannte Damen den Kleinen bestaunt aber auch bemerkt: «Leider ein Judenjüngelchen».

Die Geschichte der endlosen Völkerwanderungen lehrt uns, dass es keine «reinrassige» Völker im allgemeinen gibt. So wäre es möglich, dass sich unter den Ahnen meiner Familie auch ein Jude oder eine Jüdin befindet. Hitlers Rassentheorie war ein Wahn. Auch hier trifft Schillers Wort zu: «Jedoch der schrecklichste der Schrecken, das ist der Mensch in seinem Wahn.»[1]

Durch Verspotten wehtun

In seiner 1955 unter dem Pseudonym Jean Pierhal erschienenen Albert-Schweitzer-Biographie verwies Robert Jungk, der selber jüdischer Abstammung war, darauf, wie Helene Bresslau, die später Schweitzers Frau werden sollte, es schmerzlich empfunden haben musste, «wenn die Kinder der in Strassburg garnisonierten preussischen Offiziere dem zarten dunkeläugigen Kind im Zorn höhnisch ‹Judenmädel!› nachriefen.»[2]

Zu den Kindheitserlebnissen Albert Schweitzers gehörte die Begegnung mit dem Juden Mausche, der Vieh- und Länderhandel trieb und zuweilen mit seinem Eselskarren durch Günsbach kam. Schweitzer erzählte: *«Da bei uns damals keine Juden wohnten, war dies jedesmal ein Ereignis für die Dorfjugend. Sie liefen ihm nach und verspotteten ihn. Um zu bekunden, dass ich anfing, mich als erwachsen zu fühlen, konnte ich nicht anders, als eines Tages auch mitzumachen... Die Mutigsten falteten den Zipfel ihrer Schürze oder ihrer Jacke zu einem Schweinsohr zusammen und sprangen damit bis nahe an ihn heran. So verfolgten wir ihn vors Dorf hinaus bis an die Brücke. Mausche aber, mit seinen Sommersprossen und dem grauen Bart, ging so gelassen fürbass wie sein Esel. Nur manchmal drehte er sich um und lächelte verlegen und gütig zu uns zurück. Dieses Lächeln überwältigte mich... Es ging das Gerücht, er sei ein Wucherer und Güterzerstückler. Ich habe es nie nachgeprüft. Für mich ist er der Mausche mit dem verzeihenden Lächeln geblieben, der mich noch heute zur Geduld zwingt, wo ich zürnen und toben möchte.»*[3]

Jüdischer Rationalismus

Schweitzer erwähnte im Brief vom 26. Januar 1908 an Helene Bresslau, dass einer seiner Strassburger Freunde abends bei

Tisch zu ihm gesagt habe: *«Das ist einer Ihrer markanten Charakterzüge; Sie haben ihn mit den Juden gemeinsam. Denn die Grundlage des jüdischen Geistes besteht in einem zugleich oberflächlichen und tiefgehenden Rationalismus.»* Und für Helene fügte er hinzu: *«Ich muss an unser Gespräch vom Freitag denken! Denn ich spüre diesen Rationalismus bei Ihnen. Und er ist es, der Ihnen diese Ruhe gibt, wie auch mir.»*[4]

Das grosse Leid

Zu seinem Strassburger Freundeskreis gehörten der Diplomingenieur Eugen Jacobi (1877-1933) und dessen Frau Margit (1881-1943). Nach dem Ersten Weltkrieg zog die Familie Jacobi nach Frankfurt. Dort war Schweitzer jeweils zu Gast in ihrem Haus, wann immer er mit oder ohne Familie in Frankfurt oder dessen Nachbarschaft zu tun hatte, so auch anlässlich der Verleihung des Goethe-Preises. Der Sohn Erwin Reuben Jacobi wurde als Musikwissenschaftler ein besonderer Kenner von Schweitzers Werk. Wegen seiner jüdischen Herkunft musste er aus Deutschland emigrieren und lebte seit 1934 im damaligen britischen Mandatsgebiet Palästina, dem späteren Staat Israel. Nach dem Zweiten Weltkrieg studierte er Cembalo und Musikwissenschaft in den Vereinigten Staaten, dann bei Paul Hindemith in Zürich. Später lehrte er Musikwissenschaft an der Universität Zürich. 1979 gab er den Briefwechsel zwischen seiner Mutter Margit Jacobi und Albert Schweitzer heraus.[5] Erwin Reuben Jacobi starb 1979.
Aus Lambarene schrieb Schweitzer am 16. September 1930 an Margit Jacobi: *«Die deutschen Parteiführer sind die grössten Idioten, die es gibt. – Und die dumme antisemitische Einstellung der Rechtsparteien ist tief bedauerlich. Denn sicherlich werden diese einst die ‹bermacht bekommen, da die deutsche Demokratie in ihrer Simpelhaftigkeit nicht lebensfähig ist.»*[6]

Schweitzer hat in den Jahren, da die Hakenkreuzfahne über Deutschland wehte, Deutschland nie besucht[7] und während des Krieges keinerlei Korrespondenz in deutscher Sprache geführt.[8]
Margit Jacobi hatte Deutschland nicht verlassen wollen, solange dies für sie als Jüdin noch möglich gewesen wäre. Sie starb 1943 im Konzentrationslager Theresienstadt. Seinen in Französisch geschriebenen Kondolenzbrief sandte Schweitzer am 12. Juni 1945 von Lambarene an Erwin Reuben Jacobi nach Tel-Aviv. Seiner Teilnahme verlieh er unter anderem mit den Worten, die später ins Deutsche übersetzt wurden, Ausdruck: *«Meine Frau bittet mich, Ihnen für das grosse Leid, das Sie getroffen hat, ihre mitfühlenden Gedanken zu übermitteln. Ich kann es noch nicht voll erfassen, dass ich Ihre Mutter nicht mehr sehen werde. Seien Sie meiner tiefen Freundschaft immer gewiss... Von dieser Familie, mit der ich so tief verbunden war, bleiben nur Sie übrig.»*[9]
Und noch am 23. Oktober 1962 bekundete Schweitzer in einem Brief an Jacobi: *«Gar manchmal mache ich mir Vorwürfe, dass ich deine Mutter nicht zu zwingen vermochte in die Schweiz zu gehen. Alles war vorbereitet. Sie hätte in der Schweiz das Nötige gehabt, zum Leben. Und immer wieder schob sie es auf... bis es zu spät war. Das quält mich immer.»*[10]
Helene Schweitzer-Bresslau wusste sich selber wegen ihrer jüdischen Abstammung in Deutschland gefährdet, verliess ihr Haus in Königsfeld im Schwarzwald und hatte in den dreissiger Jahren in Lausanne eine kleine Wohnung für sich und ihre Tochter Rhena genommen, die damals dort zur Schule ging und dann in der Schweiz blieb.
Auch Schweitzers Frau Helene gelang es dank ihrer eisernen Energie auf abenteuerlichen Wegen nach Lambarene zu kommen. Schweitzer schilderte das so: *«Im Sommer 1941 gelingt es meiner Frau, aus Frankreich nach Lissabon zu kommen und von dort, mit einem portugiesischen Schiff, Sazaire, einen*

Hafen der portugiesischen Kolonie Angola an der Kongomündung, zu erreichen, von wo sie dann auf dem Umweg durch Belgisch-Kongo am 2. August hier eintrifft.»[11]
Helene Schweitzer blieb bis 1948 in Lambarene, obwohl ihr Gesundheitszustand eigentlich nur kürzere Aufenthalte erlaubt hätte.

Der «Noah» von Lambarene

In seiner genannten Schweitzer-Biographie zeichnete Robert Jungk mit der ihm eigenen journalistischen Begabung folgendes Bild von Lambarene während der Kriegszeit in den Worten: «Lambarene ist wie eine Arche inmitten der grossen Sintflut, bewohnt von Negern und Weissen, Protestanten, Katholiken, Juden, Heiden, Katzen und Hunden und Ziegen und zahmen Wildschweinen und Pelikanen und Menschenaffen und Antilopen. So sicher ist Noah Schweitzer des Sinnes seiner Aufgabe, dass er nicht einmal sehr neugierig zu sein scheint, in Erfahrung zu bringen, ob die Wasser sich schon verlaufen haben.»[12]
Doch der «Noah» notierte damals auch, was Jungk natürlich wusste: *«Obwohl wir nicht ständig auf dem laufenden sind, sind wir doch stets durch das Furchtbare, was sich fort und fort ereignet, beschäftigt und bedrückt... Es überkommt uns eine Scham, dass wir hier genügend zu essen haben, während Millionen in der Ferne Hunger leiden. Die Nachrichten von dem, was in den Gefangenenlagern geschieht, von der Misshandlung der Juden und von den Leiden, die die verschleppten Bevölkerungen erdulden, erfüllen uns mit Entsetzen.»*[13]
Meine Grossmutter Luise Niederstein-Dresler schrieb am 22. Juli 1942 über eine ihrer jüdischen Freundinnen in ihr Tagebuch: «Heute erhalte ich von meiner lieben Freundin Gertrud Eisner die erschütternde Nachricht, dass sie von Berlin weggebracht wird. Sie schreibt: ‹Gestern ist das Ver-

hängnis über uns hereingebrochen - am Dienstag müssen wir abreisen. Gestern war ich fassungslos, bin heute ruhig... Bete für mich wie du es immer getan – bete um Kraft.›» Von sich selbst gestand die Tagebuchautorin: «Ein Unrecht scheint es, hier so schön zu wohnen im friedlichen Heim, ein gutes Bett zu haben und viel Gutes, und sie ...»

Durch's Feuer

Neun Jahre nach dem Krieg erschien die Erzählung «Das Brandopfer». Albrecht Goes, geboren 1908, von 1930 bis 1952 Pfarrer in Württemberg und seit 1953 in Stuttgart als freier Schriftsteller lebend, hatte sie geschrieben. Den Text dieser Erzählung, obwohl sie gleich auf freier Erfindung beruhe, so merkte Goes in einer Notiz an, werde niemand eine «frei erfundene» Geschichte nennen, eher liesse sich von «gebundener Erfindung» sprechen. «Für die Weise einer Betrachtung, bei der Trauer und Scham die Windfackel halten, rücken Zeiten und Fakten zueinander, wie auf den Bildern Marc Chagalls Dimensionen und Konstellationen sich verschieben, ohne deshalb ihre Wirklichkeit zu verlieren.»[14]

In dieser Erzählung, ich kaufte sie mir als kleines Buch 1955, schilderte Goes, wie im Dritten Reich eine nach den Nazi-Gesetzen reinrassige Metzgersfrau, deren Mann gleich zu Beginn des Krieges Soldat werden musste, gezwungen wurde, in ihrem Laden allen Juden in dieser grossen Stadt die äusserst schmale Portion Fleisch zu verkaufen. Da die Juden nur zu Fuss gehen durften, war der Weg für manche weit. Zu dieser und allen anderen Schikanen kam noch die Verletzung des religiösen jüdischen Gefühls. Margarete Walker, so der Name besagter Metzgersfrau, durfte ihren, sonst zu den üblichen Zeiten zugänglichen, Laden für die Juden nur am späten Freitagnachmittag öffnen, um die Zeit, da der Sabbat beginnt. Die Frau stand es durch, dass so mancher langjähriger

Kunde ihren Laden als Judenmetzg verspottete und dieser von SS-Leuten, die sich grob und unflätig benahmen, beaufsichtigt wurde. Als ihr Haus bei einem Bombenangriff in Brand geriet, wollte sich Frau Walker selber zum Brandopfer geben, doch einer ihrer Kunden – ein Jude – rettete sie.
Als nach dem Krieg der Metzgermeister Karl Walker, ihr Mann, in der Zeitung die Wiedereröffnung seiner Metzgerei anzeigte, fand sich an der Seite des Inserates, seltsam verloren im Raum, eine Bibelstelle. ‹2. Mose 3,2› – Die Stelle lautet: «Und Mose sah, dass der Busch mit Feuer brannte, und ward doch nicht verzehrt.»

In der Tiefe der Schuld ist Wahrheit

1955, im selben Jahr, da ich diese Erzählung las, begann ich mein Theologiestudium an der Kirchlichen Hochschule Wuppertal. Diese Hochschule, ich war mir aber nicht mehr ganz sicher, hatte wohl ihre Wurzeln im Kirchenkampf während des Dritten Reiches. Wer von den Lebenden könnte mir das einundvierzig Jahre später bestätigen? Mir fiel Gottfried Gurland ein, der damals Geschäftsführer der Hochschule war.
Im Juli 1996 läutete es an der Tür des Taminser Pfarrhauses. Ich öffnete und blieb wie angewurzelt stehen. Vor mir standen Gottfried Gurland, den ich seit meiner Wuppertaler Zeit nicht wiedergesehen hatte, und seine Frau, um mir Grüsse von Wuppertaler Freunden zu überbringen. Nun konnte ich meine Frage stellen und erfuhr, dass die Kirchliche Hochschule Wuppertal 1935 von der Bekennenden Kirche gegründet worden war, gleich darauf von den braunen Machthabern verboten wurde, in verschiedenen Verstecken, darunter einer Friedhofskapelle, weiterlebte und dann nach dem Kriege in und neben den Gebäuden der Reinischen Missionsgesellschaft auf der Hardt, dem «Heiligen Berg», eine Bleibe fand.

Gurlands hatten eben unsere auf einem Hügel gelegene Taminser Kirche besucht und waren voller Begeisterung von dem sich dort bietenden Ausblick. Dann speisten sie in dem neben dem Schloss Reichenau gelegenen und zu unserem Dorf gehörenden Hotel Adler zu Mittag. Ich gesellte mich zu ihnen. Gurland, so erfuhr ich jetzt, war auch viele Jahre Oberbürgermeister in Wuppertal gewesen. Im lebhaften Gespräch kamen wir auf den bereits einmal kurz erwähnten Professor Hermann Schlingensiepen zu sprechen.[15] Die sensible Art, mit der dieser uns damals in das Theologiestudium und die Bibelkunde einführte, wirkten beeindruckend.
Schlingensiepen war Mitglied der Bekennenden Kirche gewesen, musste deshalb seine Dozentur für Praktische Theologie an der Universität Bonn aufgeben, wurde 1933 Studiendirektor am Kirchlich-theologischen Studienseminar in Ilsenburg/Harz, amtete von 1938-1945 in Siegen als Gemeindepfarrer, übernahm nach dem Krieg eine Professur für Praktische Theologie an der Universität Bonn und wirkte in demselben Fach und zugleich als Ephorus von 1952-1957 an der Kirchlichen Hochschule Wuppertal. Wegen einer Querschnittlähmung trat er 1957 vorzeitig in den Ruhestand. Er starb 1980.
Der Rat der Evangelischen Kirche in Deutschland hatte im Oktober 1945 vor Vertretern des Oekumenischen Rates der Kirchen in Stuttgart eine Erklärung abgelegt, das Stuttgarter Schuldbekenntnis. Darin hiess es zwar: «... wir klagen uns an, dass wir nicht mutiger bekannt, nicht treuer gebetet, nicht fröhlicher geglaubt und nicht brennender geliebt haben.»[16] Von den Juden kein Wort. Daher war Hermann Schlingensiepen nach dem Zweiten Weltkrieg in unzähligen Eingaben, Briefen und Gesprächen darauf aus, die Evangelische Kirche in Deutschland möge doch über das Stuttgarter Schuldbekenntnis hinaus noch einmal in ihrer Gesamtheit bekennen, wie tief sie in die Schuld des Dritten Reiches an den

Juden sowie an anderen Völkern und einzelnen Menschen mitverstrickt war.[17]
Uns erzählte er einmal, wie er nach dem Kriege einer Jüdin gesagt habe: «Ich schäme mich, ein Deutscher zu sein.» Dann rang er um Fassung, als er uns kund tat, dass diese Jüdin ihm hierauf erwidert habe: «Ich schäme mich, ein Mensch zu sein.» Bei ihrem vorletzten Aufenthalt in Lambarene, im Jahr 1952 sagte Helene Schweitzer-Bresslau: «Es ist so schrecklich, dass, wenn die Welt sich von einem Ungeheuer wie Hitler befreit, immer schon andere in den Kulissen warten, um seinen Platz einzunehmen... Die Menschen lassen sich völlig verderben durch den Einfluss solcher Männer. Ich habe viele in Deutschland gekannt, denen es so ergangen ist. Ich habe gesehen, wie gute, anständige Menschen zu Mördern und Sadisten wurden.»[18]

Hinsehen statt wegsehen

Im Zürcher Schauspielhaus sah ich 1961 eine der ersten Aufführungen von Max Frischs Stück «Andorra». Mich packte, wie hier der Schriftsteller am Modell des Antisemitismus die Dynamik eines sozialen Vorurteils bis zum diskriminierenden Vernichtungswahn und zugleich die Abhängigkeit des Einzelnen von dem Bild, das die Gesellschaft ihm aufdrängt, zur Darstellung brachte.
Historie bedarf immer wieder der Story. Im Januar 1979 wurde die vierteilige amerikanische Fernsehserie «Holocaust» über alle zusammengeschalteten Dritten Programme der ARD vom Westdeutschen Rundfunk ausgestrahlt. Das Drehbuch hatte der amerikanische Schriftsteller Gerald Green geschrieben, dessen Roman zum Film unter gleichem Titel erschien. Auf Wunsch meines damals vierzehnjährigen Sohnes Thomas hatten wir zusammen uns diese Serie angeschaut und dann miteinander besprochen. Wir empfanden:

Historisches Wissen, wie hier in eine Story verwandelt, beansprucht neben unserem Verstand unser Gefühl. Was wir weiter miteinander bedachten, las ich später in dem Satz des Philosophen und Pädagogen Theodor Litt (1880-1969): «Nicht durch das Wegsehen, sondern durch das Hinsehen wird die Seele frei.»[19]

Zwei Jahre später erteilte ich in meinem Studierzimmer Konfirmandenunterricht. Dabei entdeckte jemand aus der Runde Bücher zu jener Holocaustserie. Sie wurden vom Regal geholt. Was denn Holocaust bedeute? Wo es in der Lutherbibel, erläuterte ich, «Brandopfer» heisse, etwa dort, da Abraham seinen Sohn Isaak hingeben soll (1. Mose 22), stehe in der englischen Bibel das viel stärkere Wort «holocaust», entlehnt dem lateinischen «holocaustum» und dem griechischen «holocautoma» in der Bedeutung «als Brandopfer es ganz und nicht teilweise verbrennen». Holocaust werde heute zur Bezeichnung des Massenmords an den Juden durch die Nationalsozialisten Deutschlands verwendet. Die Konfirmanden wollten dann mehr über die Hintergründe wissen.

In der nächsten Stunde fragte eine Konfirmandin: «Haben Sie ‹Das Tagebuch der Anne Frank›?» «Ja.» «Lesen Sie uns daraus vor!» Ich tat es und schloss mit den Worten, die Anne Frank, damals als Fünfzehnjährige – so alt waren jetzt meine Konfirmanden – am 15. Juli 1944, meinem elften Geburtstag, in ihr Tagebuch schrieb: «Es ist ein Wunder, dass ich all meine Hoffnungen noch nicht aufgegeben habe, denn sie erscheinen absurd und unerfüllbar. Doch ich halte daran fest, trotz allem, weil ich noch stets an das Gute im Menschen glaube. Es ist mir nun einmal nicht möglich, alles auf der Basis von Tod, Elend und Verwirrung aufzubauen.»[20]

1980 erhielt ich eine Karte vom nordrhein-westfälischen Ministerpräsidenten Johannes Rau, dem Jugendfreund aus der Zeit gemeinsamer Tätigkeit im Schülerbibelkreis. Er teilte mir seine neue Telefonnummer in Wuppertal mit. Wir hatten sporadischen Briefkontakt, aber gehört und gesehen hatten wir uns seit fünfundzwanzig Jahren nicht mehr. Ich stellte die Nummer ein, hörte seine altvertraute Stimme. Ihm erzählte ich, bald zum fünfundzwanzigsten Abitursjubiläum ins Siegerland zu kommen und dann auch Zeit zu haben, ihn zu besuchen. «Mensch, ruf meine Sekretärin in Düsseldorf an, die soll dir einen Termin geben! Ich habe meinen Kalender nicht hier.» Wenig später reiste ich nach Siegen, logierte wie immer bei meinem Vater, meine Mutter war 1973 gestorben, kurz nachdem ich meinen Dienst als Pfarrer von Tamins angetreten hatte.

Das Jubiläumsabitur im Frühsommer 1980, die Begegnung mit den ehemaligen Klassenkameradinnen und Klassenkameraden sowie etlichen Lehrern von damals war eine Art Jungbrunnen. Im Stillen dankte ich allen, weil sie mir, dem es an gutem Gedächtnis von jeher mangelte, Hilfestellung bei dem Nehmen der Abiturshürde geleistet hatten. Und bei der Turnprüfung war es der «lange Seppel», ein Mitschüler, der, als ich vom Hochreck ängstlich herabsah, unten mit weit ausgebreiteten Armen stand und mir so Mut machte, die Flanke über die Stange zu wagen. Das Klassenfest endete mit einem Frühschoppen am Sonntagmorgen. Gleich anschliessend fuhr ich nach Essen, wo damals gerade der Parteitag der SPD stattfand und ich in dem mir angegebenen Hotel mit Johannes Rau verabredet war. Dieser hatte noch eine Sitzung der SPD-Ministerpräsidenten beim Bundeskanzler Helmut Schmidt und danach Zeit. Wir setzten uns an einen Tisch in die Hotelbar und liessen zunächst die letzten fünfundzwan-

zig Jahre unserer persönlichen Lebensläufe passieren. Dann sprachen wir über Politisches, darunter das für mich fragwürdige Konzept der Gesamtschulen, Schulzentren, die mehrere herkömmliche Schularten (Hauptschule, Realschule, Gymnasium) zusammenfassen.
Weiter bewegte uns das Thema «Holocaust». Willy Brandt kam gerade hinzu und setzte sich an unseren Tisch. Als wir uns die Hand gaben, musste ich unwillkürlich an jenes Ereignis aus seiner Zeit als deutscher Bundeskanzler denken, das Rut Brandt in ihrem Buch «Freundesland» so beschrieben hat: «Willy Brandt auf Knien vor dem Denkmal im Warschauer Ghetto, ein Bild, das um die Welt ging und immer wieder erscheint. Ich sass versteinert vor dem Fernseher und litt mit ihm; ich wusste, dass ich niemals eine so ernsthafte Geste zustande gebracht hätte, eine so persönliche, tief bewegende Handlung vor den Augen von Hunderten von Journalisten und Kameralinsen, die für die ganze Welt zuschauten. Es war mir wichtig zu wissen, ob es eine spontane Geste gewesen war, ob er nicht anders gekonnt hatte an diesem Ort. Das war die erste Frage, die ich ihm stellte, als er zurückkam: ‹Hattest du dir das vorher überlegt?› Er zuckte die Schultern und sagte: ‹Irgend etwas musste man tun.› Er hatte in Warschau erklärt: ‹Ich habe im Namen unseres Volkes Abbitte leisten wollen für ein millionenfaches Verbrechen, das im missbrauchten deutschen Namen verübt wurde.›»[21]
Johannes Rau sandte mir später sein Buch «Ausgewählte Reden und Beiträge». Darin las ich von der Fernsehserie über den Holocaust: «Wir gerieten unversehens in jene merkwürdige Situation festzustellen, dass Tausende von Filmen und Hunderte von Dokumentationen und zahllose Veranstaltungen uns über die Geschichte der Judenverfolgung des Dritten Reiches offenbar nicht so viel haben vermitteln können wie eine Fernseh-Geschichte amerikanischer Herkunft. Ich bin in meinem Urteil über amerikanische Filme unsicher

geworden, weil ich bemerkt habe, dass offenbar in Schulklassen und Familien mit Betroffenheit darüber gesprochen wurde, wo doch nicht annähernd in ähnlicher Weise über die Summe der Bücher, die wir in Landeszentralen finanzieren und tausendfach verschicken, diskutiert wurde.»[22]

Ein Geburtstag in Jerusalem

1985 brachte meine Frau Brigitte das Buch von Wolf Littmann «Ton ab Kamera läuft. Reportage über Reportagen» heim, las es und übergab es mir mit der Aufforderung: «Pflichtlektüre!» Beim Lesen empfand ich eine geistige und seelische Verwandtschaft mit dem Autor wie selten. Ihn wollte ich kennen lernen und mit ihm ein Glas Wein trinken. Wolf Littmann war damals Korrespondent des Südwestfunk-Fernsehens für die Schweiz und wohnte in Zollikerberg bei Zürich.

Ich telefonierte. Am Apparat meldete sich seine Frau Petra, die Brigitte und mich spontan in ihre Wohnung einlud. Wir fuhren hin. Die Begegnung mit Petra und Wolf Littmann wurde zu einem Fest. Die Nacht war ohne Ende. Irgendwann einmal fragte Wolf: «Fahrt ihr nächstes Jahr mit uns nach Israel, um Teddy Kollek, Jerusalems Bürgermeister, zum fünfundsiebzigsten Geburtstag zu gratulieren?» Ich sagte spontan zu, obgleich ich damals eine pathologische Flugangst hatte, die in mir nistete, seit ich Vater geworden war. Deshalb fragte mich Brigitte am nächsten Morgen erstaunt, ob ich noch wisse, was ich da in der Nacht versprochen habe: «Ja, nächstes Jahr in Jerusalem.» Wolf Littmann hatte 1984 einen Film mit dem Titel «Ein Leben für Jerusalem» über Kollek gedreht und ist seither mit ihm befreundet.

Am 25. Mai 1986 flogen wir mit der El Al von Zürich nach Tel Aviv. Tags darauf fuhren wir mit einem für unsere zehntä-

gige Israelreise gemieteten Auto nach Jerusalem. Dort begaben wir uns gleich ins Rathaus und nahmen an einer vorgezogenen Geburtstagsparty des Bürgermeisters teil. Teddy Kolleks eigentlicher Geburtstag ist der 27. Mai, doch da war er bereits wieder unterwegs. Als wir ihm an jener Party zum Fünfundsiebzigsten gratulierten, trug er eine ihm soeben von Arabern geschenkte Tracht. Warmherzig drückt er einem die Hand, und seine Augen strahlen Güte aus.
Wie Einheimische führten uns Littmanns durch Jerusalem. Wolf hatte dort verschiedentlich zu tun gehabt und 1980 auch einen vielbeachteten, kritischen Fernsehfilm über «Die Via Dolorosa» gedreht. Walter Jens gab seiner zustimmenden Besprechung dieses Films im Wochenblatt «Die Zeit» vom 11. April 1980 den Titel «Zorn am Karfreitag».[23] Solcher Zorn erfüllte mich, als ich in der Via Dolorosa Pilgerzüge sah, die von einer Dornenkrone und Kreuz tragenden Gestalt angeführt wurden. Ich hielt es für eine Schmähung wirklichen Leids, zu der wir Christen, goldene und andere Prachtkreuze eingeschlossen, neigen, und verfiel nun meinerseits in Schmähung und Lästerung, was das dem Griechischen entlehnte Fremdwort Blasphemie meint. – Albert Schweitzer gar konnte sich selbst über Jesus blasphemisch äussern. Zugleich aber hatte für ihn Jesus *«die Grösse, Blasphemie zu ertragen»*.[24] –
In seinem Laden in der Via Dolorosa trafen wir den jungen arabischen Juwelier Riad Hallak, den Littmanns von früher kannten. Riad liess sofort Café servieren, erzählte uns fantastische Geschichten von Liebeleien und Prügeleien, die uns an Tausendundeine Nacht erinnerten. Später wird er uns Bethlehem zeigen und mit christlichen Arabern bekannt machen. Er selber ist Moslem und lud uns spontan für den nächsten Tag zum Abendessen in sein Haus ein. Wir sollten nur pünktlich sein, so auf halb acht Uhr abends, denn es sei Ramadan, der Fastenmonat der Moslems, da dürften sie nur

abends essen, und er habe deshalb dann einen begreiflich grossen Hunger. Es wurde für uns ein Erlebnis der Gastfreundschaft mit einem köstlichen üppigen Mahl mit zahlreichen erlesenen Speisen.
Wir besuchten im Westen Jerusalems Yad Vashem, die 1957 errichtete Nationale Gedenkstätte für die sechs Millionen Juden, die während der nationalsozialistischen Herrschaft in Europa ermordet worden waren. Die Gedenkhalle ist halbdunkel. In ihrem Boden sind die Namen der zweiundzwanzig grössten Konzentrationslager auf Messingplatten eingelassen. Die Gedenkstätte bewirkt ein Nievergessen. Ich gedenke zunächst der jüdischen, dann auch der übrigen Naziopfer, Zigeuner, Homosexuellen, körperlich und geistig Behinderten, Dietrich Bonhoeffer, Slawen und der vielen anderen Ermordeten. Ich überlegte, ob es nicht auch hier einen Hinweis auf diese nichtjüdischen Naziopfer geben sollte, so etwas wie eine «Internationale der Ermordeten»? Vielleicht habe ich einen solchen Hinweis übersehen. Womöglich aber sind in dem Namen der Konzentrationslager in Yad Vashem auch diese Opfer einbezogen.

Eine Siegerländer Jüdin in Galiläa

An einem der Abende besuchten wir die Schriftstellerin Angelika Schrobsdorff. Sie riet uns, ins Galil zu fahren. Denn, so sagte sie: «Jerusalem ist Altes Testament, Galiläa ist Neues Testament.» Also fuhren wir los und bezogen Quartier im Kibbuz-Gästehaus Nof Ginosar, nördlich von Tiberias am Westufer des See Genezareth. Am Kiosk dieses Hotels trafen wir eine inzwischen fünfundsiebzigjährige Siegerländer Jüdin, Ida Resche oder, wie man im Siegerland sagt, Resche's Ida. Sie war in Siegen aufgewachsen, wurde, weil sie Jüdin war, aus dem Gymnasium geworfen und arbeitete dann im elterlichen Schuhgeschäft am Marburger Tor.

Sie erzählte vom damaligen Oberbürgermeister Fissmer, der seine Schuhe in ihrem Laden kaufte, und als der geschlossen werden musste, habe sie selbst ihm auf seinen eigenen Wunsch hin neue Schuhe in seine Wohnung gebracht. So erfuhr ich, was ich bisher nur vermutet hatte, dass Fissmer kein Antisemit gewesen war.
Ida Resche ist dann mit ihrem Bruder nach Israel ausgewandert. Die Mutter wollte ihrer Tochter noch die Brillianten mitgeben. Doch barsch verbot es ihr ihr Bruder: «Du kannst der Mutter nicht auch noch den Schmuck wegnehmen, uns muss sie ja schon weggeben.» Das wurde später den Eltern Resche zum Verhängnis. Mit diesen Diamanten hätten die Kinder ihre Eltern aus Deutschland noch loskaufen können, als jene in einem verzweifelten Brief darum baten. Doch nun hatten die Kinder in Israel kein Geld und konnten es auch nicht auftreiben. Von den Eltern haben sie dann nichts mehr gehört. Ida Resche heiratete einen Herrn Oppenheim. Der wurde anfangs der fünfziger Jahre im Kibbuz En Gev auf der Wache erschossen.
Wir waren einer erstaunlichen Dame begegnet, die, trotz allem nicht verbittert, uns auch gelassen von ihrem Wiedersehen mit Siegen und den alten Schulkameradinnen vor ein paar Jahren erzählen konnte. Sie hatte den Humor behalten.
- Nicht zum Pilger neigend, war für mich diese Israelreise zu einem elementaren Erlebnis geworden, und ich fand im Land der Bibel ein Stück Heimat. Seither fällt es mir im Religionsunterricht viel leichter, biblische Geschichten zu erzählen.
An seine Freunde in Israel schrieb Albert Schweitzer am 8. März 1951: *«Das Lambarene-Spital bedarf meiner noch so, dass ich in dieser gefahrvollen Zeit nichts Festes planen kann... Dies bedeutet einen schweren Verzicht für mich, besonders schwer, wo es sich um das Preisgeben der Palästinafahrt handelt, die für mich so viel bedeuten würde, des zu sehenden Landes und der zu sehenden Menschen wegen.»*[25]

Vergangenheit die nicht vergeht

Seit einer Tagung der Evangelischen Akademie Tutzing in Lindau am Bodensee über «Heinrich Heine – Deutschtum und Judentum» im April 1972 waren Brigitte und ich mit dem Schriftsteller und Tutzinger Studienleiter Heinz Flügel freundschaftlich verbunden und sind es bis heute mit seiner Frau Waldtraut, die 1996 in alter Frische fünfundneunzig Jahre alt wurde und sich unsere «junge älteste Freundin» nennt. Heinz Flügel starb 1993 im Alter von sechsundachtzig Jahren. Verschiedentlich hat er mich gebeten, an Tagungen der Tutzinger Akademie mitzumachen.
Eine solche Tagung fand im Mai 1988 in Lindau unter dem Titel «Zweierlei Zeugenschaft» statt. In der Einladung hierzu stand: «Gerty Spies und Heinz Flügel erlebten die Nazizeit auf ganz unterschiedliche Weise: Sie, die heute über neunzigjährige Jüdin, hinter den Mauern des KZ Theresienstadt, er, der genau zehn Jahre Jüngere, diesseits der Mauern im Konfliktfeld der Diktatur... Gerty Spies überlebte, indem sie dichtete... Heinz Flügel, vom Gewissen bedrängt, setzte sich, soweit es ging, mit dem Ungeist der Zeit auseinander.»
Heinz Flügel gab mir für die Einführung das Thema «Die Vergangenheit, die nicht vergeht». Dazu führte ich unter anderem aus:

«Es entspricht ja dem hebräischen Zeitverständnis, das auch im Neuen Testament eine Rolle spielt und sich bis heute – bibelbezogene Redlichkeit vorausgesetzt – in jüdischen wie in christlichen Predigten ausdrückt. Da kommt den Zeitunterschieden nur sehr geringe Bedeutung zu. Um ein Beispiel zu nennen: Im Jakobssegen von 1.Mose 49 sind die Söhne Jakobs bald Personen, bald Stämme. Stammvater und Stämme sind ein Leben, auch wenn Jahrhunderte sie trennen. So kann jeder Mensch mit einer gut erinnerten Begebenheit gleichzeitig werden, ohne dabei zu vergessen, in welchem

Jahr oder in welcher Epoche sie stattfand. Denn mit jedem Wort über ein Ereignis der Vergangenheit, sagt jeder Mensch etwas über sich selbst. Wem das elementare Zeitbewusstsein, das ich hier nicht differenziert entfalten kann, abgeht, wer stattdessen die Zeit in der Kategorie des Raums denkt, der knallt, bildlich gesprochen, den Zeitraum namens Vergangenheit hinter sich zu. Der redet von Zeitabschnitten, als ob man die Zeit, namentlich die unliebsame, von sich abschneiden könnte, der spricht dann unberührt etwa ‹von der Gnade der späten Geburt›.
Auch stellt sich die Frage ein: Was aber, wenn die menschliche Gesamtpersönlichkeit, sollte Carl Gustav Jung recht beobachtet haben, vom persönlichen Unbewussten und vom kollektiven Unbewussten bestimmt wird? Eben – was aber, wenn sich im kollektiven Unbewussten des nichtjüdischen Europäers der Antisemitismus eingenistet haben sollte? Das aufzuarbeiten, so dünkt mich, hat Max Frisch mit seinem, Stück ‹Andorra› gewollt. Das Bewusstsein aber bekommt angesichts mancher gegenwärtiger antisemitischen Verhaltensweisen Schwindel. Doch weil dem hebräischen und somit biblischen Zeitverständnis entsprechend gilt ‹Die Vergangenheit, die nicht vergeht›, sind wir herausgefordert, aufzuarbeiten.»

Nach der Lindauer Tagung reisten das Ehepaar Flügel und Gerty Spies mit uns nach Graubünden. In Bonaduz, eine der drei zur Evangelischen Kirchgemeinde Tamins gehörenden Gemeinden, in denen ich als Pfarrer tätig bin, hielt Gerty Spies eine Lesung in der Schul- und Gemeindebibliothek. Unter anderem beeindruckte tief ihr Gedicht:

Was ist des Unschuldigen Schuld –
Wo beginnt sie?
Sie beginn da,
Wo er gelassen, mit hängenden Armen
Schulterzuckend daneben steht,

Den Mantel zuknöpft, die Zigarette
Anzündet und spricht:
Da kann man nichts machen.
Seht, da beginnt des Unschuldigen Schuld.[26]

Widerstand und Ergebung

Auf einen Zug wartend, bestellte ich im Restaurant eine Tasse Kaffee. Die wurde mir mit einem Zuckerbeutel serviert, auf dem ich die Worte Voltaires las: «Wir sind verantwortlich für das, was wir tun. Aber auch für das, was wir nicht tun.» Verantwortung, las ich später im Duden nach, hat mit Antwort zu tun. Antworten kann ich nur da, wo ich gefragt bin, im Sinne von «zur Stelle sein». Die Vorsilbe «ver» bedeutet eine Intensivierung.
Dann fuhr der Zug ein. Als Reiselektüre hatte ich die 1993 in Buchform erschienene Dissertation meines Freundes und Kollegen Clemens Frey, Pfarrer in Ardez/Graubünden, bei mir. Ihr Thema: «Christliche Weltverantwortung bei Albert Schweitzer mit Vergleichen zu Dietrich Bonhoeffer». Die Lektüre liess mich entdecken, was elementar zur Ausübung von Verantwortung im privaten wie im sozialen und politischen Bereich gehört. Es ist die Pendelbewegung «Aus-der-Welt» und «In-die-Welt». Sie hat, wie Frey meinte, seit Benedikt von Nursia im «Bete und arbeite» der klösterlich-mönchischen Tradition Ausdruck gefunden. Glauben und Tun, die Bewegung nach innen und nach aussen, ergänzen und durchdringen einander.

Elementare Doppelbewegung

Die Vergleiche, die Frey zog, waren bewusst gewollt, um die elementare Pendelbewegung «Aus-der-Welt» «In-die-Welt» anzureichern und zu vertiefen. So verschieden war ihr Leben: Bonhoeffer wurde 1906, einunddreissig Jahre nach Schweitzer, geboren, und sein Leben endete 1945 jäh mit neununddreissig Jahren im Märtyrertod, Schweitzers Werk vollendete sich in einem neunzigjährigen Leben. So verschieden waren auch die Orte ihres Wirkens: Berlin und

Lambarene. Und verschieden ist ihre theologische Sprache. Frey fand Übereinstimmungen in jener Pendelbewegung. Davon sei herausgegriffen:
1935 gelang Bonhoeffer die Verwirklichung einer Kommunität: das sogenannte «Bruderhaus» innerhalb des Predigerseminars im pommerschen Finkenwalde, dessen Direktor er war. Dabei ging es ihm um ein «geistliches Refugium», dessen Ziel jedoch nicht, so Bonhoeffer wörtlich, «klösterliche Abgeschiedenheit, sondern innerste Konzentration für den Dienst nach aussen»[1] bedeute. Bonhoeffers Finkenwalde verglich Frey mit Schweitzers Lambarene. Allerdings käme bei Schweitzer und Bonhoeffer dem komplimentären Gang «In-die-Welt» bedeutend mehr Gewicht zu als bei Benedikt von Nursia.[2]

Meine erste theologische Nahrung

Dietrich Bonhoeffer mit Albert Schweitzer in Beziehung setzen, hat mich schon deshalb fasziniert, weil Bonhoeffer gleich anfangs meines Theologiestudiums zu dem Theologen wurde, dessen Schriften am meisten Eindruck auf mich machten. Es waren vor allem Mitstudenten, die mir Bonhoeffers Gedanken nahe brachten, während offiziell von Bonhoeffer noch relativ wenig die Rede war, hielt man doch seine Befürwortung des aktiven Widerstandes und des Tyrannenmordes für Sünde. Ebenso verurteilte man den Selbstmord des Dichters Jochen Klepper (1903-1942). Klepper schied zusammen mit seiner jüdischen Frau und deren Tochter freiwillig aus dem Leben, um die ihm Nächsten vor dem Schicksal in einem Vernichtungslager der Nazis zu bewahren.
Damals mit solcher «Sündentheorie» erstmals konfrontiert, wie sie von manchen Professoren und Kirchenmännern – nicht allen – vertreten wurde, erschien mir diese mehr als

fraglich. Meine Mitstudentinnen und Mitstudenten dachten ebenso. Jede Bedenklichkeit über Bonhoeffers Teilnahme am aktiven Widerstand war für uns vom Tisch. Wir lasen und diskutierten im privaten Kreis, so wie in der Wuppertaler Studentengemeinde, zu deren Bereich auch die Pädagogische Akademie, die Lehrerausbildungsstätte, gehörte, Bonhoeffers Bücher «Nachfolge» und «Ethik». Als Vertrauensstudent, eine Art Obmann der Studentengemeinde, hatte ich manches diesbezügliche Gespräch zu leiten. Auch traf sich während der Semesterferien mal eine Gruppe der damals in Wuppertal studierenden Siegerländer in meinem Elternhaus zu einem Bonhoeffer-Abend, der bis tief in die Nacht dauerte. Besonders aktiv am Gespräch waren die Damen beteiligt.
Bonhoeffers Briefe und Aufzeichnungen aus der Haft, die sein vertrauter Freund, der Theologe Eberhard Bethge, 1951 unter dem Titel «Widerstand und Ergebung», einer Bonhoeffer eigenen Formulierung, herausgab, wurde uns zum Seelsorgebuch. Hatte jemand Glaubenszweifel, Liebeskummer oder drückte ihn sonstwo der Schuh, so hiess es: «Lies Bonhoeffers ‹Widerstand und Ergebung›!» Als Theologe sprach uns Bonhoeffer vermutlich deshalb so stark an, weil er uns kein geschlossenes System, sondern Fragmente hinterlassen hatte, nahrhafte Denkanstösse zu einer selbstverantworteten Theologie. Es sollten fast vierzig Jahre vergehen, bis mein Wunsch in Erfüllung ging, Eberhard Bethge und dessen Frau Renate Bethge-Schleicher, einer Nichte Dietrich Bonhoeffers, persönlich zu danken, dass sie uns die Werke Bonhoeffers übermittelt und vielfach auch biographisch gedeutet haben.

Pazifist, Prophet, Pietist, Putschist

Es war am 30. Mai 1994 im Romerohaus in Luzern, wo Bethge erstmals in der Schweiz einen Vortrag hielt. Mir kam

es sonderbar vor, dass man Bethge bisher noch nie zu Vorträgen in die Schweiz eingeladen hatte. Nun freute er sich über seine Schweizer Vortragsreise, die in Luzern begann. Als Bethge das Romerohaus betrat, war ich gerade allein in der Halle. Er erschien mir «gelassen, heiter und fest», wie es in dem Gedicht seines drei Jahre älteren Freundes Bonhoeffer «Wer bin ich?» heisst. Spontan schüttelte ich ihm seine Hand, um ihm endlich meinen Dank abzustatten. Er stellte mich seiner Frau vor, die tags darauf in Zürich einen Vortrag zum Thema «Die Rolle der Frauen in der Bekennenden Kirche und im Widerstand gegen den Nationalsozialismus» hielt.
Im Romerohaus, eine Gründung der katholischen Immensee Mission Bethlehem, referierte Bethge über «Dietrich Bonhoeffer - vom Widerstand zur Verschwörung» und schilderte den sich Christus als «Pazifist, Prophet, Pietist, Putschist» zugehörig wissenden Bonhoeffer. Anschliessend sassen wir noch im kleineren Kreis zusammen. Dabei kam ich auf das Buch von Clemens Frey zu sprechen. Später sandte ich dem Ehepaar Bethge meine Besprechung hierzu aus der Bündner Zeitung vom 21. Februar 1994. Dazu schrieb mir Bethge am 2. Juli 1994: «Nun zeigt mir ein erster Blick in Ihre... Besprechung, dass dies wohl wirlich ein ziemlich wichtiges Buch ist, und ich bald tiefer darin eindringen muss. Der erste Eindruck von der Parallele der beiden ist völlig überzeugend und sehr anregend, und ich möchte das bald auch verwenden können, denn die Dialektik von beidem zugleich: der Aussenwelt und der Innenwelt und nie das eine ohne das andere, das stimmt ja einfach!»
Von dem Buch Freys angeregt, suche ich nach weiteren Berührungspunkten zwischen Schweitzer und Bonhoeffer. Direkte Äusserungen Schweitzers zu Bonhoeffer gibt es, soviel wir bis heute wissen, nicht. Bonhoeffers Erwähnungen Schweitzers sind an einer Hand abzuzählen und beziehen

sich ausschliesslich auf den Neutestamentler nicht auf den Ethiker Schweitzer.

Historische im Verein mit ethischen Anliegen

In seiner Vorlesung als Privatdozent an der Berliner Theologischen Fakultät im Wintersemester 1931/32 kam Bonhoeffer auf Albert Schweitzers Leben-Jesu-Forschung zu sprechen, die 1829 von Karl August Hase, dem Urgrossvater Bonhoeffers mütterlicherseits, eröffnet worden war. Zustimmend betonte Bonhoeffer, es sei mit einem Beiseiteschieben des historischen Anliegens nicht getan. Wir würden sonst «der Anfechtung des geschichtlichen Erkennens» entgehen: «Wir müssen aber durch sie hindurch, nicht an ihr vorbei.»[3]
Urgrossvater Hase (1800-1890), der im Alter den erblichen Adelstitel erhielt, hatte das ein halbes Jahrhundert zuvor auf seine Weise so formuliert: «Man hat nicht ohne Erfolg die Sorge verbreitet, dass unserem Volk die Religion genommen würde, wenn es nicht gelänge, sie zurückzudrängen in die altertümliche Form des Dogmas – ein zweischneidiges Unternehmen gegen den schon erwachten Verstand des Volkes.»[4]
In seiner «Geschichte der Leben-Jesu-Forschung» schrieb Albert Schweitzer über ihn: *«Der Name Hases ist mit goldenen Lettern ins Buch der Theologie eingetragen, aber sie ist über ihn zur Tagesordnung übergegangen... Selbst seine Kirchengeschichte mit ihren zwölf Auflagen ist schon überlebt, obwohl sie noch immer das glänzendst geschriebene Werk dieser Art ist und hinter der herrlichen Form ein immenses Wissen birgt. Er war mehr als ein Theologe: Er war eine der vornehmsten Erscheinungen der deutschen Kultur, die Verkörperung einer Zeit, die für uns wie ein für immer verlorenes ‹Es war einmal› im Abendrot der Vergangenheit versunken ist.»*[5]

Vielleicht hing dieses Urteil Schweitzers mit seiner Erkenntnis zusammen, wir seien *«doch alle nur Epigonen»*[6], schwache Nachkömmlinge, schlechte Verwalter eines grossen geistigen Erbes. Sachlich scheint es mir nicht zuzutreffen, schrieb doch Hase 1834 am Schluss seiner Vorrede zur ersten Auflage seiner Kirchengeschichte: «Zwar liesse sich wohl erwarten, dass nach einem Jahrzehnt manche Behauptung noch umsichtiger begründet werden könnte. Aber es früge sich, ob ich dann überhaupt noch Lust und Zeit hätte ein Lehrbuch zu schreiben... mögen die Freunde, was wir jetzt haben, sich freundlich gefallen lassen, wenn es schon in der Art eines solchen Werkes liegt, dass man am Feierabende, um sich selbst zufrieden zu stellen, an den kommenden Morgen denkt, der es bessern und vollenden werde.»[7]
Ebenfalls durchwehte Hases Kirchengeschichte ein ethischer Geist. Dazu ein Beispiel aus dem Kapitel «Aufhebung der Sklaverei»: «Nachdem Europa drei Jahrhunderte die Reichtümer Amerikas durch eine neuerfundene Sklaverei Afrikas ausgebeutet hatte, kamen im 19. Jahrhundert die Gedanken der Freiheit und des Evangeliums zusammen, um die Freilassung der Neger zu fordern... Obwohl die Missionäre nicht ausgesandt waren, den Negern in Westindien die Freiheit, sondern den Trost des Evangeliums zu bringen, so haben sich doch die Colonisten im Gefühle, dass Christus alle Ketten löse, der Lust ihrer Sklaven zum Christentume möglichst widersetzt.»[8]
Solche und ähnliche Aussagen mögen Schweitzers hohe Achtung vor dem Menschen Karl August Hase bewirkt haben. Vielleicht hatten die zitierten Sätze einen kleinen Anteil am Entschluss Schweitzers, nach Afrika zu gehen, um dort die europäischen Kolonialsünden zu sühnen. Hases Buch «Leben Jesu» (1829) nannte Schweitzer den *«ersten Versuch eines rein historisch-wissenschaftlichen Aufbaus des Lebens Jesu»*[9]. Und Schweitzer fand bei seiner eigenen Spurensuche

eine gewisse Verwandtschaft mit Hase, wenn dieser *«das ‹Jüdische› im Plan und in der Verkündigung Jesu... dafür hält, dass der Herr bis zu einem gewissen Grade wirklich in dieser Ideenwelt stand»*[10].
Wie theologisch so war Hase auch, wie Schweitzer ebenfalls betonte, politisch kritisch gesinnt. Hase hatte 1823 seine akademische Laufbahn in Tübingen begonnen. Wegen seiner Agitation für die Burschenschaft, eine leidenschaftlich republikanisch und sozialistisch gesinnte Studentenbewegung in der damaligen Zeit, steckte man ihn über ein Jahr in die Festung Hohenasperg, das damalige württembergische Staatsgefängnis. Dann wurde er in Jena sesshaft, wo er sechzig Jahre gelehrt hat. Die Berufung an die Jenaer Universität hatte noch Goethe als zuständiger Minister des Herzogs von Weimar angefertigt.[11]

Proteste aus Humanität

Hases Sohn Karl Alfred, der Grossvater Bonhoeffers, wurde 1889 von Wilhelm II zum Hofprediger in Potsdam ernannt. Er widerstand dem Drang des Kaisers, selber zu predigen, und fiel ihm ins Wort, als dieser das Proletariat rundweg als «Canaille» bezeichnete. Darauf bat Hase, wie es offiziell hiess, um seine Entlassung als Hofprediger. Er wurde Kirchenbeamter und Professor für Praktische Theologie in Breslau.

Julie, Bonhoeffers Grossmutter väterlicherseits, war eine geborene Tafel. Ihr Vater, Christian Friedrich August Tafel (1798-1856) wurde zusammen mit seinem Bruder Gottlob als Burschenschaftler und Demokrat zeitweilig aus Württemberg ausgewiesen. Gottlob traf auf dem Hohenasperg 1824 als Mitgefangener Karl August Hase, der diese Begegnung in seinen 1872 erschienenen Jugenderinnerungen «Ideale und Irrtümer» festgehalten hat: «Der wilde Tafel, der einer der ersten Rechtsanwälte Württembergs geworden ist», machte dem Untersuchungsrichter seine Sache nicht eben leicht, er «sagte zu ihm sehr freundlich: ‹Nun, Herr von Prieser, Sie haben uns ans Messer geliefert, Sie werden dafür gewiss eine rechte Karriere machen›.»[12] Zu Dietrich Bonhoeffers Lektüre im Gefängnis gehörte mit dieses Buch seines Urgrossvaters.[13] Seine Grossmutter Julie Bonhoeffer-Tafel, 1842 geboren, wusste noch aus den Tagen Eduard Mörikes zu erzählen. Am 1. April 1933 durchschritt sie die für den Boykott jüdischer Geschäfte demonstrierende Postenkette der SA, der Sturmabteilung, einer politischen Kampftruppe der Nationalsozialisten, vor dem «Kaufhaus des Westens» in der Berliner Tauentzienstrasse.[14]

Das Erbe historischer Kritik und des Widerspruchs, sobald die Mitmenschlichkeit auf dem Spiel stand, hat Dietrich Bonhoeffer in den Auseinandersetzungen seiner Zeit offensichtlich geprägt. Wie Albert Schweitzer intervenierte, wenn die Humanitätsgesinnung auf dem Spiel stand, so Bonhoeffer, wenn das «Dasein-für-andere», wie er die Humanität nannte, in Gefahr geriet.

Bonhoeffers Formulierung findet sich ähnlich bei Schweitzer. In einer Randnotiz zu seiner Predigt vom 15. Juni 1919 über 1. Petrus 4,10: *«Dienet einander ...»* vermerkte er: *«Wo ein Mensch Mensch war für einen anderen.»*[15] In der selben Predigt hiess es gleich anfangs: Die Kirche *«hört auf, allein eine Lehr- und Gnadeninstitution zu sein, wie sie es nach der alten Auffassung war, und wird ein Organ des Helfens.»*[16] Hierfür fand Bonhoeffer 1944 in seiner Gefängniszelle die Worte: «Die Kirche ist nur Kirche, wenn sie für andere da ist.»[17]

In seinem Buch «Zwischen Wasser und Urwald» sprach Schweitzer von der *«Brüderschaft der vom Schmerz Gezeichneten».*[18] Dieses Buch erhielt Bonhoeffer von seinem Berlin-Grunewalder Jugendkreis zum Abschied, als er 1928 nach seinem ersten theologischen Examen als Vikar der deutschen Auslandsgemeinde nach Barcelona ging.

Für die Juden energisch eingetreten

Seit der Machtergreifung Hitlers waren für Bonhoeffer die «vom Schmerz Gezeichneten» vor allem die Juden. «Als erster, ja fast Einziger» hatte er «die Judenfrage so zentral und energisch ins Auge gefasst und in Angriff genommen»,[19] wie es Karl Barth, einer seiner Lehrer, 1967 ausgedrückt hat. Bereits im Frühjahr 1933, also gleich zu Anfang des Nazistaates, protestierte Bonhoeffer gegen die Entrechtlichung der Juden, unabhängig von ihrem Bekenntnis zum christlichen oder jüdischen Glauben und hielt anlässlich des Boykotts jüdischer Geschäfte einen Vortrag zum Thema: «Die Kirche vor der Judenfrage». Hier deutete er bereits an, dass die Kirche auch zu oppositionellem Handeln bereit zu sein habe, um «nicht nur die Opfer unter dem Rad zu verbinden, sondern dem Rad selbst in die Speichen zu fallen».[20] Und er schrie dann selber unter Schmerzen auf: «Nur wer für die Juden schreit, darf auch gregorianisch singen.»[21]

Der deutsche Physiker Max Born (1882-1970), darauf hat Clemens Frey in seinem erwähnten Buch aufmerksam gemacht, schrieb am 2. Juli 1933 an Albert Schweitzer: «Ich möchte nur dem Gefühl Ausdruck geben, dass hier im Zentrum der europäischen ‹Zivilisation› eine Lage entstanden ist, die einen Mann von ihrem Schlag braucht. Sie sind der Mann, auf den das Weltgewissen hört!... Ich glaube, dass im Augenblick hier Ihrer eine wichtigere Aufgabe wartet als in Afrika.»[22] Schweitzer aber hielt die Lage in Deutschland für hoffnungslos und fühlte sich ausserstande, seine afrikanischen Patienten zu verlassen.[23] Dreissig Jahre später bekannte Schweitzer, wir seien *«damals alle mitschuldig»* geworden. Und versagt hätte auch die Kirche, *«indem sie das furchtbare, inhumane Geschehen einfach hinnahm.»*[24]

Der theologische Hintergrund

Dietrich Bonhoeffer entwarf eine Israel-Theologie. Das theologische Prädikat «Kirche» für Israel, fand sich damals häufig in seinen theologischen Arbeiten, etwa die Aussage: «Kirche des NT lebt in der Freude der Erfüllung... Die Kirche des AT wartet auf das Kommen der Verheissung. Beide Kirchen sind darin eins: Es ist ein und dieselbe Kirche, ein Gott, der sie gerufen hat, ein Glaube an das eine Wort.»[25]
Auf seine Weise, wie ich in meinem Kapitel «Das Denken nicht dem Glauben opfern» darstellte, hat Schweitzer ebenso die theologische Bedeutung des Judentums für das Christentum herausgestellt.
Im Gegensatz zu den Kirchen in Deutschland erhob die Reformierte Kirche Frankreichs 1941, als die Judenverfolgung auch über das von den Deutschen besetzte Frankreich hereinbrach, «einen feierlichen Protest gegen jede Regelung, die die Juden aus der menschlichen Gemeinschaft ausschliesst».[26] In dieser Zeit war aus dem Pazifisten der Putschist Bonhoeffer geworden.

Passiver und aktiver Widerstand

Der Pazifist Bonhoeffer rief in einer Morgenandacht auf der Oekumenischen Konferenz von Fanö 1934 aus: «Christen können nicht die Waffen gegeneinander richten, weil sie wissen, dass sie damit die Waffen auf Christus selbst richten.»[27] Im gleichen Jahr erhielt er auch eine Einladung von Mahatma Gandhi, um die er sich bemüht hatte. Bei Gandhi, der einmal die Bergpredigt Jesu als den Kern seiner eigenen Lehre bezeichnete, wollte Bonhoeffer den gewaltlosen Widerstand erlernen.
Schweitzer war ebenfalls Gandhi zugeneigt. Allerdings relativierte er in seinem 1935 publizierten Buch «Die Weltanschauung der indischen Denker» Gandhis Gebrauch vom

passiven Widerstand mit den Worten: *«Der passive Widerstand ist eine gewaltlose Anwendung von Gewalt. Ihm liegt der Gedanke zugrunde, auf den Gegner durch gewaltlos herbeigeführte Umstände einen Druck auszuüben und ihn so zum Nachgeben zu zwingen... Gleichzeitig aber besteht die Gefahr, dass diese versteckte Anwendung von Gewalt mehr Bitterkeit hervorruft als offene Gewaltanwendung. Jedenfalls ist der Unterschied zwischen passivem und aktivem Widerstand lediglich relativ.»*[28]

In dem Sinne möchte ich Schweitzer einen relativen Pazifisten nennen. Im selben Jahr notierte dieser am Rand seines Manuskriptes für die in Edinburgh zu haltenden Gifford-Vorlesungen: *«Ich billige den Tyrannenmord nicht, aber ich wäre dessen fähig.»*[29]

Bonhoeffer wurde zum Putschisten, als er erkannte, dass ein passiver Widerstand in Deutschland erfolglos bleiben würde. Das hiess für ihn konkret: Wer nicht bereit ist, Hitler zu töten, wird – ob er will oder nicht – mitschuldig am Massenmord. Das führte nun auch zur eigenen Schuldübernahme, wie Clemens Frey ebenfalls in einem Vergleich beobachtete. Bonhoeffer übernahm bewusst die Schuld der Gewaltanwendung im Widerstand gegen die Nazigreuel. Und Schweitzer ging nach Afrika als Vertreter eines an der afrikanischen Misere schuldig gewordenen Europas. Für beide konkretisierte sich das «Dasein-für-andere» in der «Sühne-für-andere».

Antje Bultmann Lemke berichtete mir im Juni 1996 in Günsbach: Gegen Schluss der Hitlerdiktatur hätte auch der «Kreisauer Kreis», der den passiven Widerstand austrug, hinter dem Attentat von Claus von Stauffenberg vom 20. Juli 1944 auf Hitler gestanden. Bei einem Zusammentreffen der Überlebenden der Widerstandskämpfer von jenem 20. Juli habe Willy Brandt die Jahre 1933-1945 «das blutige Ende einer kulturellen Symbiose» genannt, «durch die Deutschland eine zivilisierte Nation war».

Schweitzer und Bonhoeffer waren auf die Bergpredigt zentriert. Schweitzer: *«Das sind die Worte, in denen Jesus durch alle Zeiten hindurch zu jedem Menschen persönlich redet, Tag für Tag, in jeder Lage unseres Lebens, mahnend, fragend, tröstend.»*[30] Bonhoeffer: «Das Christentum ist ethische Religion (bzw. überhaupt nur Ethik); der Dekalog und seine Interpretation in der Bergpredigt stehen im Mittelpunkt.»[31]

Beide waren Oekumeniker der Tat und hatten in dem englischen Bischof George Bell einen gemeinsamen Freund. Unter dessen Mitwirkung fand am 27. Juli 1945 in der Holy Trinity Church am Kingsway in London ein Gedächtnisgottesdienst für Bonhoeffer statt, der durch die BBC übertragen wurde. 1948 schrieb Bell im Vorwort zur englischen Ausgabe von Bonhoeffers Buch «Nachfolge»: «Er war glasklar in seinen Überzeugungen. So jung er war, so demütig blieb er. Er sah die Wahrheit und sprach sie aus, ohne einen Anflug von Furcht.»[32]

Gemeinsam war Schweitzer und Bonhoeffer eine äusserst intensive geistige Schaffenskraft. Rhena Schweitzer beantwortete meine Frage, wie denn ihr Vater überhaupt all das habe schreiben könnnen: Sie selbst sei immer wieder erstaunt gewesen, mit welch ungemeiner Konzentration ihr Vater jeweils in kurzer Zeit so viel zu Papier hätte bringen können. Dieselbe Frage Bonhoeffer betreffend antwortete mir Eberhard Bethge: Sein Freund habe in wenigen Stunden das leisten können, wozu wir Tage gebraucht hätten.

Schliesslich strömten Albert Schweitzer und Dietrich Bonhoeffer Kraft aus der Musik zu. Bonhoeffer schrieb am 17. November 1943 aus dem Gefängnis Berlin-Tegel: «Während ich diesen Brief schreibe, hören S.s am heutigen Busstag alle zusammen die h-moll Messe. Seit Jahren gehört

sie für mich ebenso zum Busstag wie die Matthäuspassion zum Karfreitag... Heute gehe ich nun aus der Erinnerung Stück für Stück durch und freue mich, dass S.s diese für mich schönste Bach'sche Musik hören können.»[33]
Albert Schweitzer schrieb als Dreissigjähriger: *«Was mir Bach ist? Ein Tröster. Er gibt mir den Glauben, dass in der Kunst wie im Leben das Wahrhaft Wahre nicht ignoriert und nicht unterdrückt werden kann.»*[34]

Schweitzer und der Kommunismus

Darauf angesprochen, es sei für uns im Westen immer etwas befremdlich gewesen, dass Schweitzer auch unter Politikern im Osten Freunde gehabt hätte, sagte mir Rhena Schweitzer, so sei es gewesen. Ihr Vater hätte dort wirkliche Freunde gehabt, beispielsweise den stellvertretenden Staatsratsvorsitzenden der DDR Gerald Götting. Die Berliner Mauer hätte er als ein Übel hingenommen, ohne das die DDR ausgeblutet wäre. Auf den Gulag, die Straflager in der Sowjetunion, angesprochen, meinte sie: für ihren Vater sei Russland viel weiter weg gewesen als Deutschland. Im Westen habe er es mit Adenauer und de Gaulle nicht so gut gekonnt.
Während seiner Amerikareise 1949 wurde er von einem Reporter gefragt, was er über den Kommunismus denke. Seine kurze Antwort war: *«Solche Fragen existieren im Urwald nicht.»*[35]
Im Günsbacher Archiv fand ich einen Brief, den Albert Schweitzer aus Lambarene am 10. Februar 1965 an den regierenden Bürgermeister von Berlin, Willy Brandt, geschrieben hatte. Darin hiess es: *«In meiner Jugend war ich oft in Berlin, zum ersten Mal, als ich im Sommersemester 1899 dort studierte... Da der Organist der Kaiser Wilhelmkirche erkrankte, war ich den ganzen Sommer der Organist dieser*

Kirche... – Seit 1959 komme ich nicht mehr nach Europa. Mein Spital ist im Laufe der Zeit so gross geworden, dass ich die Leitung ständig in der Hand behalten muss. Aber immer noch habe ich ein Verhältnis zu Berlin, wo diese Stadt so Schweres erlebt hat und noch immer erlebt. Und da kommt als unerwartetes Geschenk von Berlin Ihre silberne Platte, als erstes Geschenk für meinen neunzigsten Geburtstag...»[36]
Pfarrer Rudolf Grabs, Dresden, einer der besten Kenner von Schweitzers Werk in der damaligen DDR, gab 1971 eine Auswahl von Schweitzers Schriften in fünf Bänden heraus, zu der Gerald Götting das Geleitwort geschrieben hatte. In dieser Ausgabe gibt es ein paar kritische Äusserungen Schweitzers zu Karl Marx. Hierzu erzählte mir Rhena Schweitzer Miller: «Mein Vetter Gustav Woytt und ich hatten zur Bedingung dieser DDR-Ausgabe gemacht: Alles oder nichts. Nichts kürzen. So erschien auch die Kritik an Marx.»

Das Albert-Schweitzer-Haus zu Günsbach

Zwei bedeutende Theologen seiner Elsässer Heimat haben Albert Schweitzer in der Nachfolge Jesu bestärkt. Der eine war Philipp Jakob Spener (1633-1705), der Vater des Pietismus, einer Bewegung, die von der religiösen Erweckung und nicht mehr vom Dogma ausging. Schweitzer konstatierte, was mich geradewegs anspricht: *«Ich bin ein rationaler Pietist und ein pietistischer Rationalist.»*[1] In seiner Predigt vom 3. März 1919 über den Bibelvers: «Der Gerechte erbarmt sich seines Viehs; aber das Herz der Gottlosen ist unbarmherzig» (Sprüche 12,10) erwähnte Schweitzer *«den grossen Elsässer Spener»,* wie er ihn nannte, und betonte: *«In seinen Katechismen wagt er ausdrücklich zu lehren, dass das Gebot ‹du sollst nicht töten› dem Geiste nach auch das Verbot, Tiere unnütz zu töten oder zu quälen, in sich schliesse.»*[2]

Der andere war Johann Friedrich Oberlin (1740-1828), dessen Bild sich noch heute über Schweitzers Schreibtisch in seinem Günsbacher Arbeitszimmer befindet. Oberlin hatte mit siebenundzwanzig Jahren die Pfarrstellen im «Elsässischen Sibirien», in der «Vogesischen Wüste» wie das Steintal, Ban-de-la-Roche, genannt wurde, übernommen und bei seinem Tod, fast sechzig Jahre später, einen blühenden Landstrich zurückgelassen: Er entwässerte Sümpfe, baute Wege, Brücken, Siedlungen, veredelte Obstbäume und Kinder, entwarf Unterrichtspläne und schrieb Lehrbücher, erfand Maschinen, leistete Kulturarbeit im grossen Stil.

Goethe im Elsass

Der Zufall wollte es, dass die «Bude» in der Strassburger Fischgasse, die sich Albert Schweitzer 1898 nahm, über ein Jahrhundert zuvor von Johann Wolfgang Goethe bewohnt wurde. In Goethes Elsässer Zeit fiel auch die Liebesbege-

gnung des Einundzwanzigjährigen mit der achtzehnjährigen Pfarrerstochter Friederike Elisabeth Brion in Sessenheim. Die in «Dichtung und Wahrheit» überlieferte Form Sesenheim geht auf Goethes weichen Frankfurter Dialekt zurück. Frau Marthes Garten im «Faust» darf man sich beispielsweise im Garten hinter dem Pfarrhaus in Sessenheim vorstellen. Über die Gretchen-Episode in Goethes dramatischem Werk «Faust» äusserte Schweitzer 1949 in seinem Goethevortrag in Aspen (USA): Goethe muss Faust schuldig werden lassen, *«weil er selber an Friederike in Sesenheim durch das Leid, das er ihr angetan hat, schuldig geworden ist, und er muss ihn erlöst werden lassen, weil er selber die Überzeugung hat, Vergebung gefunden zu haben.»*[3]
Schweitzer hat vier Reden über Goethe gehalten, in denen er die Bedeutung des Dichters zur Sprache gebracht hat. Schon in seiner «Geschichte der Leben-Jesu-Forschung» (1906), die vielfach angegriffen wurde, tröstete sich Schweitzer wohl auch selbst mit den Worten Goethes:

Das Tüchtige, auch wenn es falsch ist,
Wirkt Tag für Tag, von Haus zu Haus.
Das Tüchtige, wenn's wahrhaftig ist,
Wirkt über alle Zeiten hinaus.[4]

Das ernste Suchen

Drei Jahre nach Albert Schweitzer hatte die Dichterin und Historikerin Ricarda Huch 1931 den Goethepreis der Stadt Frankfurt erhalten. Kürzlich fand ich im Deutschen Literaturarchiv/Schiller Nationalmuseum in Marbach am Neckar einen köstlichen Brief, den Albert Schweitzer am Johannistag 1921 von Günsbach aus an Ricarda Huch sandte:

«Hochverehrte gnädige Frau.
Ich weiss nicht, ob Sie mich als Verfasser der Geschichte der

Leben-Jesu-Forschung oder durch mein Buch über Bach oder als Orgelspieler irgendwie kennen. Auch wenn ich Ihnen ganz unbekannt sein sollte, nehmen Sie, bitte, ein Büchlein von mir, das Ihnen dieser Tage von meinem Verleger zugeschickt wird, freundlich an. Es führt den Titel «Zwischen Wasser und Urwald» und erzählt von meinen Erlebnissen als Arzt im Urwald. Zugleich redet es in ethischer Weise von der Problemen der Colonisation.
Das ernste Suchen nach wahrer ethischer Weltanschauung, das mich gerade in Ihren letzten Werken so stark berührt, lässt mich vergessen, dass ich Ihnen ein Fremder bin und ermutigt mich, Ihnen das Büchlein zu senden, in dem von den Humanitätsproblemen in der Ferne die Rede ist.

Mit besten Grüssen

Ihr Albert Schweitzer.»

Bei den Werken von Ricarda Huch, auf die Schweitzer hier anspielte, wird es sich um ihre Bücher «Der Sinn der Heiligen Schrift» (1919) und «Entpersönlichung» (1921) handeln, weil sie nur diese beiden in jener Zeit geschrieben hat. Im Buch von 1919 hiess es: «Je mehr die Menschen unter Gott bleiben, desto mehr Kampf, Verwirrung und Schmerz entsteht, desto mehr Leben und Schönheit ergibt sich aber auch; je mehr die Menschen sich Gott entziehen und selbst regieren, desto mehr Ordnung, Erstarrung und Tod.»[5]
Im Buch von 1921 schrieb die bewusste Protestantin: «Das Gute, losgelöst von Menschen, die es tun, ist überhaupt gar nichts. Es mag wohl sein, dass jemand die Vorbilder vergessen hat, die zuerst die Liebe zum Grossen und Guten in ihm entzündeten; aber dass jemand, der als sittlicher Mensch in Betracht kommt, gar keine gehabt habe, ist sehr zu bezweifeln... Grosse Menschen, die wir Stoiker oder Moralisten nennen und die sich selbst dafür halten, werden immer

geheime Christen sein; was wir aber gewöhnlich unter Moralisten verstehen, sind Menschen, die sich der Konvention fügen, oder Werkheilige, die das Vorgeschriebene tun, denen es aber nicht von Herzen kommt.»[6]

Das Geld des 1928 erhaltenen Goethepreises der Stadt Frankfurt benutzte Schweitzer dazu, um sich in Günsbach, der seit dem Tod des Vaters 1925 halb verlorenen Heimat, ein eigenes Haus zu bauen. *«Goethe hat mir mein Haus gebaut»,* pflegte er zu sagen.[7] Als ihn dort anlässlich der Verleihung der Ehrendoktorwürde die genannten Tübinger Professoren[8] besuchten, erklärte ihnen Schweitzer die das Treppenhaus schmückenden Orgelbilder und bemerkte dann: *«Wie andere Rehköpfe an die Wände hängen, so habe ich meine Orgelbilder aufgehängt.»*[9]

Mit seinem Günsbacher Haus hatte Schweitzer eine Verbindung zwischen Europa und Lambarene geschaffen: die meiste Korrespondenz lief über Günsbach. Die Elsässerin Emmy Martin war mit der Verwaltung des Hauses betraut worden. Sie hat nach dem Tode Schweitzers die Holländerin Alida Silver als Nachfolgerin herangebildet, die sich selber Ali nannte (während meine erwähnte holländische Grosstante Alida sich Lida rufen liess).

Museum und Archiv

Ali Silver hatte in mehr als zwanzigjähriger freiwilliger Tätigkeit in Afrika mit Schweitzer zusammengewirkt, zunächst als Krankenschwester, später als Sekretärin. Ihr unterstand nun die Leitung des Günsbacher Hauses zusammen mit der ebenfalls aus Holland stammenden Tony van Leer, die ihrerseits auch länger bei Schweitzer in Lambarene gewesen war. Nach Ali Silvers Tod 1987 übernehmen, zunächst noch unter Mithilfe Tony van Leers, Vreni und Percy Mark und bald Sonja und Robert Poteau die Betreuung des Günsbacher Archivs. Beide Ehepaare haben sich zu Albert

Schweitzers Zeiten in Lambarene kennengelernt. So bleibt auch bei den Johannistreffen die Brücke zu Schweitzers Wirken in seinem Urwaldspital lebendig. Erinnerungen, lebhaft erzählt, tragen zur Verinnerlichung der Gespräche bei.
Als Universalerbin ihres Vaters hatte Rhena Schweitzer Miller, die in den Vereinigten Staaten lebt, das Haus der «Association International pour l'oeuvre du Docteur Albert Schweitzer de Lambarene» (AISL) vermacht. Die untere Etage ist teils in Museum, teils in Archiv- und Bibliotheksräume umgewandelt worden. Jährlich kommen viele tausend Besucher aus aller Welt. Wer hier forschen will, kann auch die von James und Rose-Marguerite Bäumler auf Mikrofilm aufgenommenen Teile der Korrespondenz und der Manuskripte Schweitzers einsehen.
Hermann Baur führte mich dort ein. Er hat Albert Schweitzer in seinem Elternhaus, wo jener ein regelmässiger Gast war, kennengelernt. Sein Vater, der Basler Pfarrer Hans Baur (1870-1937), ein naher Freund Schweitzers, entwickelte und leitete die Hilfe in der Schweiz für das Lambarene-Spital seit den Vorbereitungen für den Wiederaufbau nach dem ersten Weltkrieg, der von 1924 an erfolgte. In den Briefen nennt ihn der Doktor seinen «Nothelfer». In den Fussstapfen seines Vaters wurde Hermann Baur neben seiner Basler Arztpraxis, die er ausbaute, als er seine Arbeit als Privatdozent an der medizinischen Fakultät ruhen liess, in grundlegender Arbeit für die Gedankenwelt Albert Schweitzers und das Lambarene-Spital tätig. Durch seine Verbindungen mit Persönlichkeiten und Gruppen, die für Albert Schweitzers Werk sich einsetzen, hat er zusammen mit Robert Minder die Unterrichtung über Albert Schweitzers geistiges Schaffen und das Lambarene-Spital als Symbol für die theologischen und philosophischen Auffassungen Schweitzers mit weiten Auswirkungen gefördert. Die Theologische Fakultät der Universität Bern verlieh Baur hierfür 1968 die Ehrendoktorwürde. Zu

seinem 80. Geburtstag im Jahr 1991 wurde ihm das von Richard Brüllmann herausgegebene Buch «Albert-Schweitzer-Studien 2» gewidmet. Selber ein Meister des Gesprächs, schuf Hermann Baur verschiedene Gesprächskreise, darunter das Johannistreffen.

Johannistreffen – Musik und Colloquien

Nach dessen Anfang befragt, erzählte mir Hermann Baur: «Im Sommer 1968 stehe ich mit Ali Silver am Fenster. Wir blicken in den Garten und die Wiesen hinter dem Günsbacher Schweitzerhaus. Dabei stellt sich uns die Frage: Was sollen wir tun, damit junge Menschen mittels des damals gerade im Entstehen begriffenen Zentral-Archivs etwas über Albert Schweitzers Leben und Denken erfahren und dessen Glauben und Ethik in weiteren Kreisen bekannt werden? In unserer Phantasie sehen wir den Garten bereits von jungen Menschen belebt, die sich um Tische gruppieren und in Wohnwagen kampieren würden. Durch Ali Silvers Einsatz ist alles viel besser gekommen. Seit 1971 gibt es die jährlichen Colloquien in Günsbach. Während eines solchen im Sommer 1972 entdecke ich abends an den Hängen der Umgebung grosse Feuer. Man sagt mir, das seien eben die Johannisfeuer. Der Name für das alljährlich im Sommer in deutscher Sprache stattfindende Colloquium ist gefunden, eben Johannistreffen. Bald kommen auch Erwachsene hinzu. Die Themen werden immer von denen, die mitmachen, erbeten. Das Pendant hierzu in französischer Sprache wird jeweils im Herbst durchgeführt. Weitere Veranstaltungen im Jahr sind inzwischen dazu gekommen wie etwa die von Robert Minder ins Leben gerufenen Orgel-Interpretationskurse.»

Übrigens: Der Johannistag, das Geburtsfest Johannes des Täufers, wird etwa seit dem vierten Jahrhundert am 24. Juni,

sechs Monate vor der Geburt Christi, begangen. So kommt diesen beiden Geburtstagen symbolische Bedeutung zu. Den Brauch des Johannisfeuers pflegte man auch in Lambarene. Walter Munz erinnerte sich: «Besonders am Johannisfeuer hat Albert Schweitzer gern festgehalten und fehlte womöglich nie dabei. Das lodernde Feuer entsprach einem alten elsässischen Brauch, die Sommersonnenwende zu feiern, und für den alten Doktor war es seit seiner Jugend ein wichtiges Fest, weil es mit Weihnachten zusammen das Jahr in zwei Hälften teilt.»[10] Überdies wurde das Anliegen des Täufers und seine Beziehung zu Jesus in den theologischen Werken Schweitzers immer wieder aufgegriffen. Eine seiner Spitalandachten zu Lambarene schloss er mit den Worten: *«Ich hoffe,... dass ihr jedes Jahr am Johannistage mit Ehrfurcht und Liebe dessen gedenkt, den der Herr Jesus den grössten Menschen nannte.»*[11]
1975 war ich zum ersten Mal bei dem Johannistreffen dabei. Es trafen sich zwölf Teilnehmerinnen und Teilnehmer aus acht Nationen, aus den Niederlanden, der Schweiz und den USA, aus Polen, Oesterreich, Japan, Frankreich und Deutschland. Seinen Bericht hierzu schloss Hermann Baur mit den Worten: «Immer wieder verspürte man eine geheime Lenkung des Gesprächs durch das Denken und Wesen des einstigen Hausherrn, an dessen Tisch wir sassen, zur gemeinsamen Mahlzeit.»[12] Dieser schrieb am 8. November 1964 aus Lambarene an Baur nach Basel über seinen bevorstehenden neunzigsten Geburtstag: *«Es ist erschütternd für mich, dass ich den Weg meines Lebens ergründen konnte und ihn verfolgen konnte.»*[13]
Mehrheitlich erneuert sich von Jahr zu Jahr die Teilnehmerschar, wovon gut die Hälfte jeweils Frauen sind. Die Zusammensetzung ist auf die Jahre gesehen nicht nur der Nation, sondern auch der Konfession und Profession nach

vielfältig. Der Kreis, bislang vorwiegend aus evangelischen und katholischen Christen bestehend, wird manchmal bereichert durch Juden und Angehörige weiterer Weltreligionen sowie durch Agnostiker, die sich manifest oder latent keiner Religion zugehörig fühlen. Zur Palette der Berufe gehören Hausfrauen, Frauen und Männer aus den Bereichen der Krankenpflege oder Sozialarbeit, der Biologie, Medizin, Musik, Oekologie, Pädagogik, Philosophie, Physik und Theologie, mal auch ein Offizier und ein Pazifist.
Aus dem Themenstrauss seien genannt: Gibt es eine Hierarchie der Werte?, Probleme der Genforschung, Albert Schweitzer und Jean Paul Sartre, Entwicklungshilfe nach innen und aussen, die Ehrfurcht vor dem Leben - Widerspruch und Widerstand in der Welt, Albert Schweitzer als Prediger, Musik hören, Denken aus Vertrauen, Mut zur Zukunft. – Das Günsbacher Johannistreffen ist mir seit meiner ersten Teilnahme zu einem Leuchtfeuer im Jahresrhythmus geworden, das mehr Licht ins Weiterdenken, Weiterglauben, Weiterhandeln bringt. Hermann Baur übertrug mir vor einigen Jahren die Gesprächsleitung.

Begegnungen in Günsbach

Anlässlich des Johannistreffens 1979 lernte ich den Bonner Neutestamentler Erich Grässer kennen. Als wir miteinander ins Gespräch kamen, äusserte ich: «Ein Buch über den Theologen Albert Schweitzer wird fällig. Meines Wissens ist zwar inzwischen vieles aus seiner Jesus- und Paulusforschung überholt, aber seine Frage- und Problemstellungen sind es keineswegs; sie sind nur unter den Tisch gefallen. Es ist an der Zeit, sie wieder aufzunehmen.» Da holte Grässer schmunzelnd sein Manuskript mit der Bemerkung aus der Aktentasche: «Hier ist, was Sie wünschen. Es erscheint im Dezember unter dem Titel ‹Albert Schweitzer als Theologe›.»

Eine lebendige Brücke zu Rudolf Bultmann – einem meiner theologischen Väter, mit dem ich korrespondierte – ist mir seine älteste Tochter Antje Bultmann Lemke geworden, der ich erstmals 1988 beim Johannistreffen in Günsbach begegnet bin. Seither sind meine Frau und ich mit ihr freundschaftlich verbunden. Auf unsere Bitte hin erzählte sie uns von ihrem Vater: «Als mein Vater, der gern mal einen Whisky trank, in Amerika Vorlesungen hielt und in einem College wohnte, wo Alkoholgenuss nicht gestattet war, bat man ihn, seine Whiskyflasche zu verstecken. Er tat das, stellte sie hinter die Gardine des ebenerdigen Fensters und war sich dabei nicht bewusst, dass er sie gleichsam in ein ‹Schaufenster› gestellt hatte, bis ihn jemand schmunzeln darauf aufmerksam machte.»
In Günsbach habe ich meinen alten Studienkollegen aus der Wuppertaler Zeit wieder getroffen, den Theologen und Biologen Günter Altner, der heute Evangelische Theologie an der Universität Koblenz-Landau lehrt. Er ist ein entschiedener Verfechter der Bioethik, wie sie etwa in seinem Buch «Naturvergessenheit» (1991) zum Ausdruck kommt. «Bioethik», so schrieb er, «fragt nach der Verantwortbarkeit menschlichen Handelns in bezug auf die irdische Lebenswelt».[14] Für Altner spielt dabei Albert Schweitzers Philosophie der Ehrfurcht vor dem Leben eine besondere Rolle. Er vermerkte: «In den Nachlasstexten zur Kulturphilosophie III ist Schweitzer dem Verdacht, er wolle in eine ‹naturhafte Mentalität› zurückführen, entschieden entgegengetreten. Es klingt fast kantisch, wenn er schreibt: *‹Unsere Bestimmung in der Welt ist es, die Ideen, die in uns sind, nicht die des Naturgeschehens zu verwirklichen... Nicht nur das uns nahestehende Leben, sondern das Leben als solches haben wir zu erhalten und zu fördern. Die Idee der Menschheit ist nur für das Mittelgebirge, hinter dem sich das Hochgebirge der Idee der Zusammengehörigkeit aller Wesen erhebt.›*»[15]

Der Theologe und Musiker Harald Schützeichel aus Freiburg im Breisgau äusserte an einem Johannistreffen, es wäre doch interessant, was in dem Kopf Albert Schweitzers vor sich gegangen sei, wenn dieser gleichzeitig theologische und musikwissenschaftliche Bücher schrieb und zudem noch ein Medizinstudium absolvieren konnte. 1988 gab Schützeichel die Textsammlung «Albert Schweitzer. Briefe und Erinnerungen an Musiker» heraus, mit der er «die so stark personen- und sachbezogenen Aktivitäten des Musikers Schweitzer» verdeutlichte.[16] Und immer wieder lese ich auch gerne in einer weiteren von Schützeichel herausgegebenen Sammlung von Schweitzer-Texten unter dem Titel «Wie wir überleben können. Eine Ethik für die Zukunft» (1994).
1990 kam Gustav Woytt zum Johannistreffen und führte uns durch das alte Günsbacher Pfarrhaus, das damals noch nicht renoviert war und heute zum Internationalen Albert-Schweitzer-Zentrum-Günsbach gehört. Viel hatte er in diesem Haus als Kind und junger Knabe gesehen und gehört, so etwa, dass es für das junge Ehepaar Albert und Helene Schweitzer-Bresslau nicht einfach gewesen sei, hier bis zur Ausreise nach Lambarene im Jahr 1913 zusammen mit den Eltern und Schwiegereltern zu leben.
Auch sonst wusste Woytt viel zu erzählen, unter anderem vom witzigen und humorvollen Albert Schweitzer. Den Humor habe dieser von seinem Vater geerbt. Die Mutter sei eher streng gewesen, während der Vater Sinn für Spielerei und Witz gezeigt hätte. Aus seiner eigenen Jugendzeit hätte der Vater voll gutmütiger Judenwitze gesteckt und mit seinem Sohn lange das Spiel einer Geheimsprache betrieben, indem beide an die Wörter die Endung -itze anhängten, so dass sie für Aussenstehende nicht sofort verständlich gewesen wäre.[17]
Schweitzers Tochter Rhena erzählte mir bei einem Mittagessen, ihr Vater habe gern Karl May gelesen. Ich horchte auf, weil ich selber nächtelang Karl May gelesen habe. In

Schweitzers Buch «Die Mystik des Apostels Paulus» könnte eventuell folgendes Bild auf die Karl-May-Lektüre zurückzuführen sein, wenn es dort hiess: Gesetzt auch den Fall, dass es der religionsgeschichtlichen Forschung gelang, *«das Fort zu erobern, so konnte sie doch nie daran denken, der ganzen Festung oder auch nur der umliegenden Forts Herr zu werden»*.[18] Auch nehme ich an, dass Schweitzer die von Karl May dargestellte Brüderschaft zwischen Indianern und Weissen angesprochen hat. Nicht zuletzt halfen ihm die abenteuerlichen Indianergeschichten zur Entspannung.[19] Im Sommer 1996 fand man in Lambarene im Schweitzer-Nachlass einen Band von Karl Mays Winnetou.

Wann kommen Sie wieder...?

Während eines Johannistreffens vor Jahren erzählten Ali Silver und Tony van Leer heitere Geschichten aus dem Leben Albert Schweitzers und zitierten ganz köstliche Stellen aus Kinderbriefen an ihn. Das brachte meine Frau Brigitte Niederstein-Teuscher auf die Idee, eine Auswahl dieser Briefe zusammenzustellen und mit Jugendbriefen zu ergänzen. Die Auswahl der in Deutsch geschriebenen Briefe traf sie 1986 im Günsbacher Albert-Schweitzer-Archiv aus einer Unzahl von Briefen. Sie erschien 1988 unter dem Titel «Kinder- und Jugendbriefe an Albert Schweitzer», woraus folgender wiedergegeben sei:

29. September 1931 Erlenbach
... In einer Zeitungsnotiz von Professor Strohl haben wir gelesen, dass Ihre Neger arbeitslos sind, und weil wir fürchten, dass es dort keine Arbeitslosenunterstützung gibt, veranstalteten wir wieder einen Blumenverkauf. Den Erlös, Fr. 40.– senden wir Ihnen beiliegend, und hoffen, dass Sie dieselben brauchen können.

Wann kommen Sie wieder nach Europa? Sie wären hier bitter nötig. Sie sollten den europäischen Regierungen sagen, worauf es ankommt. Wer weiss, wenn Sie kämen, würde es vielleicht etwas nützen. Wir hoffen alle, dass es auf unserer armen Welt wieder besser komme, und grüssen Sie recht herzlich.

Ihre ergebenen Cécile Ammann, Christoph Ammann

(Auf dem Couvert dieses Briefes vermerkte Albert Schweitzer: *«Gedankt durch A.S.»* und: *«ein ganz entzückender Brief. Die Kinder machten vor zwei Jahren schon einmal einen Blumenverkauf für Lambarene.»*)[20]

Lebensdaten Albert Schweitzers

1875	14. Januar Geburt in Kaysersberg im Oberelsass Anfangs Juli Umzug der Familie Schweitzer nach Günsbach
1893	Studium der Theologie und der Philosophie, dazu Musiktheorie
1898	Erstes Theologisches Examen, Musikunterricht bei Charles Marie Widor
1899	Doktor der Philosophie
1900	Doktor der Theologie
1902	Professor der Theologie in Strassburg
1903	Direktor des Stifts St. Thomas
1905	Beginn des Medizinstudiums
1912	Heirat mit Helene Bresslau
1913	Doktor der Medizin. Ausreise nach Lambarene
1914	Internierung in Lambarene
1915	Er findet den Ausdruck «Ehrfurcht vor dem Leben»
1918	Rückkehr ins Elsass
1924	Rückkehr nach Lambarene
1927	Verlegung des Spitals
1928	Goethe-Preis der Stadt Frankfurt a.M.
1949	Reise nach Amerika
1953	Friedens-Nobelpreis
1965	4. September: Tod in Lambarene

Anmerkungen

GW Albert Schweitzer, Ausgewählte Werke in fünf Bänden, hrsg. von Rudolf Grabs, 1971

Briefe Albert Schweitzer, Leben, Werk und Denken mitgeteilt in seinen Briefen, hrsg. von Hans Walter Bähr, 1987

RG Albert Schweitzer, Reich Gottes und Christentum, hrsg. von Ulrich Luz, Ulrich Neuenschwander(und Johann Zürcher, in: Werke aus dem Nachlass, 1995

Vom Urwalddoktor und dem aussergewöhnlichen Theologen

1 Albert Schweitzer, Nochmals Falkenjägerei, «Atlantis», 1932, 14

2 Bernd Jaspert, Sackgassen im Streit mit Rudolf Bultmann, 1985, 23

3 Begegnung mit Albert Schweitzer. Berichte und Aufzeichnungen, hrsg. von Hans Walter Bähr und Robert Minder, 1965, 235f

4 a.a.O., 121

5 Martin Rang/Otto Schlisske, Die Geschichte der Kirche, in: Unser Glaube. Unterrichtswerk für die evangelische Unterweisung 2./3. Band, 1951, 275ff

6 ebenda, 282

Als Ablass für Fehler der Kolonialmächte gehandelt?

1 GW 1, 27

2 Albert Schweitzer, Wie wir überleben können. Eine Ethik für die Zukunft, hrsg. von Harald Schützeichel, 1994, 26

Das Denken nicht dem Glauben opfern

1 Begegnung mit Albert Schweitzer, a.a.O., 36

2 Briefe, 261

3 GW 3, 124

4 Walter Jens, Eine deutsche Universität. 500 Jahre Tübinger Gelehrtenrepublik, 1977, 293f

5 ebenda, 296

6 ebenda

7 GW 2, 383

8 GW 1, 75

9 Begegnung mit Albert Schweitzer, a.a.O., 38

10 ebenda, 312ff

11 ebenda, 312f

12 ebenda, 320

13 ebenda, 320f

14 Albert Schweitzer, Mensch und Werk, hrsg. von Willy Bremi, Martin Werner, Fritz Morel und Hermann Baur, 1959, 94

Atom – Neugier aus Verantwortung

1 Begegnung mit Albert Schweitzer, a.a.O., 276f

2 Carl Friedrich von Weizsäcker, Bewusstseinswandel, 1988, 385

3 GW 5, 566

4 ebenda 566f

5 ebenda, 577

6 Helmuth Thielicke, Christliche Verantwortung im Atomzeitalter, 1957, 118

7 ebenda, 121

8 ebenda, 84

9 ebenda, 85

10 ebenda, 112

11 ebenda, 113

12 Helmut Thielicke, Theologische Ethik, II. Band, 2. Teil Ethik des Politischen, 1958, X

13 Briefe, 334

14 Hannah Arendt/Karl Jaspers. Briefwechsel 1926-1969, hrsg. von Lotte Köhler und Hans Saner, 1985, 352

15 Karl Jaspers, Die Atombombe und die Zukunft des Menschen, 1958, 231

16 GW 5, 597

17 Aus meinen Notizen vom Johannistreffen, Günsbach 1980

18 Carl Friedrich von Weizsäcker, Der bedrohte Friede, 1981, 36f

19 ders., Mit der Bombe leben, 1958, 12

20 ebenda, 13f

21 ebenda, 13

22 Begegnung mit Albert Schweitzer, a.a.O., 249

23 ebenda

Humanität und Religion: Paul Tillich und Albert Schweitzer

1 Peter Niederstein, Begegnung mit Paul Tillich, Schweizerisches Reformiertes Volksblatt vom 17.9.1986, 11ff

2 GW 1, 286

3 RG, 396

4 Paul Tillich, Systematische Theologie Band I, 1956, 41

5 ebenda, 15

6 GW 5, 378

7 ebenda

8 Paul Tillich, a.a.O., 277

9 GW 2, 711f

10 Paul Tillich, Systematische Theologie Band II, 1958, 112

11 Ingeborg C. Henel, Hrsg. Ergänzungs- und Nachlassbände zu den gesammelten Werken von Paul Tillich, Band II, 1972, 185f

12 ebenda, 187

13 Paul Tillich, Grenzen, 1962, 4

14 Börsenblatt des Deutschen Buchhandels vom 12.10.1951, 369

15 GW 5, 505ff

16 Paul Tillich, Gesammelte Werke Band XII, 1971, 121f

17 ebenda, 124

18 ebenda

19 ebenda

20 Gerhard Wehr, Paul Tillich, 1979, 74

21 Paul Tillich, Gesammelte Werke Band XIII, 1972, 275f

22 Hannah Tillich, Ich allein bin, 1993, 150

23 Briefe, 128

24 vgl. Wilhelm Niemöller, Kampf und Zeugnis der Bekennenden Kirche, 1948, 97

25 Erich Brühmann, Bei uns in Altenbochum, 1977, 86f

26 Paul Tillich, Systematische Theologie Band III, 1966, 155

27 GW 5, 474f

28 Helmut Thielicke, Theologie und Zeitgenossenschaft, 1967, 198

29 ebenda, 199

30 Paul Tillich, Auf der Grenze, 1962, 206

31 ebenda, 210

32 GW 5, 169

Ohne Frieden unter den Religionen kein Friede unter den Völkern

1 Briefe, 169

2 dtv Lexikon, 1990, 19, 238f

3 dtv Lexikon, a.a.O., 239

4 Archiv Günsbach

5 GW 2, 38f

6 Richard Brüllmann, Treffende Albert Schweitzer – Zitate, 1986, 119

7 RG, 310f

8 Briefe, 260

9 Begegnung mit Albert Schweitzer, a.a.O., 189f

10 Schweizerisches Reformiertes Volksblatt vom 26.6.1975, 117

11 GW 2, 427f

12 vgl. GW 1, 195f

13 Briefe 121

Ohne Herkunft keine Zukunft

1 vgl. unten 311

2 Elisabeth Lambrecht-Naef, Albert Schweitzer und die Schweiz, 1982, 14

3 GW 1, 42

4 Elisabeth Lambrecht-Naef, a.a.O., 17

5 ebenda, 18 und GW 1, 173

6 GW 1, 173

7 Briefe, 45f

8 Oskar Pfister, Das Christentum und die Angst, 1944, XV

9 ebenda

10 ebenda, XVII

11 Elisabeth Lambrecht-Naef, a.a.O., 19

12 ebenda

13 ebenda, 20

14 ebenda, 66

15 GW 1, 213

16 Briefe, 68

17 Hans Walter Bähr Hrsg., Albert Schweitzer. Sein Denken und sein Weg, 1962, 107

18 RG, 312

19 Johann Heinrich Jung, Lebensgeschichte, Leipzig Verlag Philipp Reclam jun., 47

20 GW 1, 256f

21 Elisabeth Lambrecht-Naef, a.a.O., 69

22 GW 1, 306

23 Oskar Pfister, a.a.O., 492

24 ebenda XVI

25 ebenda 181

26 Peter Niederstein, Bündner Kirchengeschichte, 4. Teil, 1987, 146

27 Briefe, 61f

28 ebenda 56

29 GW 1, 195f

30 ebenda, 195

31 ebenda, 197

32 Elisabeth Lambrecht-Naef, a.a.O., 65

Die Mystik und das Wort

1 Hans Heinrich Brunner, Mein Vater und sein Ältester, 1986, 163

2 Emil Brunner, Ich glaube an den lebendigen Gott, 3. bis 4. Tausend, 1945, 38

3 Emil Brunner, Der Mittler, 1927, 163

4 ebenda

5 ebenda, 321

6 vgl. oben 21

7 GW 3, 878

8 ebenda, 877

9 ebenda, 885

10 Emil Brunner, Dogmatik Band III, 1960, 446

11 ebenda

12 ebenda, 446f

13 Brief im Archiv Günsbach

14 vgl. GW 1, 244

15 Emil Brunner, Die Mystik und das Wort, 1924, 188

16 ders. Dogmatik Band III, 1960, 457

Suchen als Leidenschaft

1 Herbert Braun, Jesus der Mann aus Nazareth und seine Zeit, 1. Taschenbuchausgabe 1988, 130

2 ders., Gesammelte Studien zum Neuen Testament und seiner Umwelt, 1962, 298

3 Briefe, 110

4 Harald Steffahn, Du aber folge mir nach, 1974, 141

5 Rudolf Bultmann, Jesus, 1951, 14

6 ders., Das Verhältnis der urchristlichen Christusbotschaft zum historischen Jesus, 1961, 11

7 ebenda, 17

8 Rudolf Bultmann, Theologie des Neuen Testaments, 1958, 35

9 ebenda, 37

10 Rudolf Bultmann, Das Verhältnis der urchristlichen Botschaft zum historischen Jesus, a.a.O., 8

11 ebenda, 8f

12 Im Bultmann-Nachlass von Antje Bultmann Lemke

13 ebenda

14 Antje Bultmann Lemke, Der unveröffentlichte Nachlass von Rudolf Bultmann, in: Rudolf Bultmanns Werk und Wirken, a.a.O., 201

15 Rudolf Bultmann, Jesus, 1951, 31

16 Jean Pierhal, Albert Schweitzer, 1955, 145

17 Rudolf Bultmann, Glauben und Verstehen, 3. Band, 1960, 129

18 Ernst Käsemann, Exegetische Versuche und Besinnungen, Band I, 1970, 213

19 James M. Robinson, Kerygma und historischer Jesus, 1960, 19

20 GW 3, 63

21 Gotthold Ephraim Lessing, Gesammelte Werke in zehn Bänden, hrsg. von Paul Rilla, Band 8, 1956, 261

22 ders., Die Erziehung des Menschengeschlechts und andere Schriften, Reclam 1965, 41

23 ders., Gesammelte Werke, hrsg. Von Wolfgang Stammler, 2. Band, 1959, 1157

24 Günther Bornkamm, Jesus von Nazareth, 1957, 15

25 Gerhard Ebeling, Das Wesen des christlichen Glaubens, 1959, 194

26 ebenda, 54

27 ebenda, 60f

28 Archiv Günsbach

Theologie als fröhliche Wissenschaft

1 Erich Grässer, Albert Schweitzer als Theologe, 1979, 231

2 Walter Bernet, Verkündigung und Wirklichkeit, 1961, 2f

3 Erich Grässer, a.a.O., 226, Anm. 11

4 Albert Schweitzer, Strassburger Predigten, 1966, 117

Nein und Ja: Karl Barth und Albert Schweitzer

1 Helmut Gollwitzer,... und führen wohin du nicht willst, 1952, 95

2 Eberhard Busch, Glaubensheiterkeit. Karl Barth. Erfahrungen und Begegnungen, 1986, 43

3 ebenda, 44

4 Georg Eichholz, Tradition und Interpretation, Studien zum Neuen Testament und zur Hermeneutik, 1965, 161

5 Peter L. Berger, Der Zwang zur Häresie, Religion in der pluralistischen Gesellschaft, 1980, 156ff

6 Ulrich Neuenschwander, Denker des Glaubens I, 1974, 79ff

7 Karl Barth, Der Römerbrief, 1954, 53

8 ebenda, XIII

9 Jürgen Moltmann, Hrsg., Anfänge der dialektischen Theologie, Teil 1, 1962, XII

10 Heinz Zahrnt, Die Sache mit Gott, 1966, 107

11 Eberhard Busch, a.a.O., 48

12 ebenda, 47

13 Hans Heinrich Brunner, Mein Vater und sein Ältester, 1986, 126ff

14 Karl Barth, Gesamtausgabe, V. Briefe, Band 2, 1974, 99

15 Peter Niederstein, Werdet wieder vernünftig!, Schweizerisches Reformiertes Volksblatt vom 19.3.1986, 9

16 Karl Barth, Fides quaerens intellectum. Anselms Beweis der Existenz Gottes im Zusammenhang seines theologischen Programms, 1958, 10

17 Karl Barth, Gesamtausgabe, a.a.O., 80

18 Hans Küng, Das Christentum. Wesen und Geschichte, 1994, 656

19 ebenda

20 Karl Barth, Die Kirchliche Dogmatik, III/4, 1951, 366f

21 ebenda, 397

22 GW 4,300

23 Karl Barth, Die Kirchliche Dogmatik, IV/1, 1953, 584

24 Karl Barth, Gesamtausgabe, a.a.O., 617f

25 ebenda, 628

26 Archiv Günsbach, Kopie, Original Karl Barth Archiv Basel

27 Karl Barth, Einführung in die evangelische Theologie, 1985, 155

28 Archiv Günsbach

29 RG, 356

30 ebenda, 357

31 DER SPIEGEL, 13. Jahrgang, Nr. 52, 23.12.1959, 76

32 ebenda 79

33 Karl Barth, Einführung in die evangelische Theologie, a.a.O., 176

34 Walter Munz, Albert Schweitzer im Gedächtnis der Afrikaner und in meiner Erinnerung, 1991, 182f

35 RG, 352

36 Eberhard Busch, a.a.O., 86, 93 u.a. sowie Walter Munz, a.a.O., 179ff

37 Elisabeth Lambrecht-Naef, a.a.O., 43

38 RG, 354f

39 Claus Westermann, Abriss der Bibelkunde, 1967, 194

40 Archiv Günsbach

41 Karl Barth, Wolfgang Amadeus Mozart, 1982, 22

Verzinkte Bleche für Lambarene

1 Siegen. Text: Alfred Lück, Otto Schulte, Bild: Bert Brösel, 1974, 15

2 Feuer Verzinken, Nr. 2, 1970, 1

3 Die Brücke. Werkzeitschrift für die Angehörigen der SAG und Tochtergesellschaften, Nr. 1, März 1959, 5

4 ebenda

5 Die erwähnten Albert Schweitzer Briefe befinden sich im Original beim Verfasser dieses Buches.

6 Die Brücke, a.a.O., 6

Alles Leben ist Begegnung

1 Helene Schweitzer. Sein treuester Kamerad, Hrsg. Deutscher Hilfsverein für das Albert-Schweitzer-Spital-Lambarene, 1984, 11

2 Albert Schweitzer Helene Bresslau. Die Jahre vor Lambarene 1902–1912, Hrsg. Rhena Schweitzer Miller und Gustav Woytt, 1992, 199

3 ebenda, 5f

4 ebenda, 6

5 Briefe, 224

6 Helene Schweitzer. Sein treuester Kamerad, a.a.O., 10

7 Albert Schweitzer Helene Bresslau, a.a.O., 207f

8 ebenda, 16

9 ebenda, 19

10 ebenda

11 Helene Schweitzer. Sein treuester Kamerad, a.a.O., 4

12 Briefe, 131

13 Albert Schweitzer Helene Bresslau, a.a.O., 166

14 ebenda, 170

15 ebenda, 168

16 ebenda, 111

17 ebenda, 134

18 ebenda, 172

19 ebenda, 58

20 ebenda, 52

21 ebenda, 63

22 ebenda, 161

23 ebenda, 240f

24 ebenda, 170

25 Dietrich Bonhoeffer, Widerstand und Ergebung. Hrsg. Eberhard Bethge, 1955, 261

26 Albert Schweitzer Helene Bresslau, a.a.O., 72

27 ebenda

28 GW 3, 887

29 Albert Schweitzer Helene Bresslau, a.a.O., 58

30 ebenda, 68

31 ebenda, 64

32 ebenda, 78

33 ebenda 181f

34 ebenda, 183f

35 ebenda, 355

36 ebenda, 355f

Positiv liberal

1 Walter Nigg, Geschichte des religiösen Liberalismus, 1937, 34

2 ebenda, 35

3 Robert Dünki, Albert Schweitzer und die Universität Zürich, Zürichsee-Zeitung, 8.3.1990, 29

4 Briefe, 252

5 Schweizerische Theologische Umschau, Juni 1963, 85

6 ebenda, 86

7 Schweizerische Theologische Umschau, Juni 1961, 66

8 ebenda

9 Theodor Heuss, Deutsche Gestalten, 1951, 466

10 Briefe, 109

11 RG, 469

12 Briefe, 100f

13 Adolf Harnack, Das Wesen des Christentums, 1900, 92

14 Albert Schweitzer, Gespräche über das Neue Testament, 1988, 49

15 RG, 340

16 vgl. oben 21

17 GW 3, 372f

18 RG, 469

19 ebenda, 468

20 Weg und Werk Martin Werners, Hrsg. Francesco Sciuto, 1968, 53

21 Erich Grässer, Albert Schweitzer als Theologe, 1979, 232

22 Weg und Werk Martin Werners, a.a.O., 53

23 ebenda, 62

24 ebenda, 71

25 ebenda, 72

26 ebenda 79

Befreiendes Wirken

1 Victor Maag, Hiob. Wandlungen und Verarbeitung des Problems in Novelle, Dialogdichtung und Spätfassungen, 1982

2 Hans Sulser, Zum Geleit! In Zwinglibund. Organ des Schweizerischen Zwinglibundes, April 1954, Nr. 4, 21. Jahrgang

3 Briefe, 310f

4 ebenda, 311

5 ebenda, 327

6 Zwinglibund-Chur, Zeitung Nr. 4, 12.9.1965, 4 u. 15

7 Peter Walser, Albert Schweitzer im Bündnerland, in Bündner Kirchenbote, Juni 1985, 5f

8 Brief im Familienbesitz

9 Archiv Günsbach

10 Peter Niederstein, Bündner Kirchengeschichte, 4. Teil, a.a.O., 153

11 Helmut Prang, Formgeschichte der Dichtkunst, 1971, 27

12 Hubertus Halbfas, Religionsbuch für das 7./8. Schuljahr, 1990, 140

13 Peter Niederstein, Zur Gegenwart herausgefordert, 1970, 3f

14 GW 3, 224

15 ebenda

16 RG, 151

17 Eugen Drewermann, Das Markusevangelium 2. Teil, 1990, 699, Anm. 6

18 RG, 469f

19 Albert Schweitzer, Strassburger Predigten, 1966, 27

20 GW 3, 887

21 Albert Schweitzer, Strassburger Predigten, 1966, 73f

Zeichen am Weg

1 Dag Hammarskjöld, Zeichen am Weg, 1965, 19

2 ebenda, 83

3 ebenda

4 ebenda, 107

5 ebenda, 125

6 ebenda, 11

7 Briefe, 235f

8 ebenda, 400

9 Archiv Günsbach

10 Archiv Günsbach

11 Dag Hammarskjöld, a.a.O., 21

12 ebenda, 125f

13 GW 4, 25

14 ebenda 27

15 Meister Eckehart, Deutsche Predigten und Traktate, Hrsg. Josef Quint, 1963, 197

16 Albert Schweitzer, Strassburger Predigten, 1966, 124

17 Meister Eckehart, a.a.O., 66

18 Albert Schweitzer, Strassburger Predigten, a.a.O., 97

19 Meister Eckehart, a.a.O., 43

20 GW 1, 244

21 Peter Niederstein, Islam gibt Christen Denkanstösse, 1980, 15

22 Dag Hammarskjöld, a.a.O., 90

23 ebenda, 56

24 ebenda, 116

Umbrüche und Aufbrüche

1 Walter Munz, Albert Schweitzer im Gedächtnis der Afrikaner und in meiner Erinnerung, 1991, 197

2 Fritz Wartenweiler, Zum neuen Tag, 1966, 162

3 ebenda, 163

4 ebenda, 164

5 ebenda, 166

6 ebenda, 171f

7 ebenda, 191

8 ebenda, 186

9 Peter Niederstein, Theologie als Beruf des Landpfarrers, Schweizerisches Reformiertes Volksblatt vom 24.12.1969

10 Fritz Wartenweiler, a.a.O., 169f

11 Julius Kaiser, Erinnerungen an Martin Werner, in: Weg und Werk Martin Werners, hrsg. Von Francesco Sciuto, 1968, 85

12 vgl. Peter Niederstein, Das Thema «Gefahr» an einer Jugendtagung, in: Schweizerisches Reformiertes Volksblatt vom 12.11.1966, 162f

13 Fritz Blanke, Appell an die Verantwortung, in: Mensch und Kosmos. Eine Ringvorlesung der Theologischen Fakultät Zürich, 1960, 135f

14 Ders., Unsere Verantwortlichkeit gegenüber der Schöpfung, in: Der Auftrag der Kirchen in der modernen Welt. Festgabe für Emil Brunner, 1959, 2

15 ebenda, 5

Unzeitgemäss zeitgemäss – liberales Christentum

1 GW 5,378f

2 Schweizerisches Reformiertes Volksblatt vom 15.10.1966, 148

3 Richard Brüllmann, Treffende Albert Schweitzer-Zitate, 1986, 166

4 Karl Zimmermann, Religiöse Jugenderziehung, 1944, 9

Schweitzer und die Unitarier

1 RG, 471f

2 GW 1, 74

3 GW 2, 709

4 GW 2, 533

5 George Marshall, Der Albert-Schweitzer-Preis der IARF, in Schweizerisches Reformiertes Volksblatt vom 18.11.1981, 14f

6 ebenda

7 James Bentley, Albert Schweitzer, Eine Biographie, 1993, 201

Das Bunte zu lieben sind wir da

1 Bernard Reymond, Ausprägungen des religiösen Liberalismus in der französischen Schweiz, Schweizerisches Reformiertes Volksblatt vom 24.6.1971, 158f

2 Fritz Wartenweiler, a.a.O., 167

3 Peter Niederstein, Pluralität – ein Beitrag theologisch liberalen Denkens zur Chance der Kirche, Schweizerisches Reformiertes Volksblatt vom 21.10.1971, 248ff und vom 4.11.1971, 270ff

4 RG, 311

5 Ulrich Neuenschwander, Zwischen Gott und dem Nichts. Beiträge zum christlichen Existenzverständnis in unserer Zeit, 1981, 199f

6 Peter Niederstein, Die unvollkommene Religion, Schweizerisches Reformiertes Volksblatt vom 23.10.1985, 4f

7 George Marshall, a.a.O., 14

8 William McMillan, Keinen Platz für Zorn?, Schweizerisches Reformiertes Volksblatt vom 11.10.1989, 8f

9 Ulrich Neuenschwander, Denker des Glaubens I, 1974, 53f

10 Albert Schweitzer Helene Bresslau, a.a.O., 42

11 GW 1, 49

12 ebenda, 80

13 GW 2, 302

14 ebenda, 306f

15 Claus Günzler, Der unbekannte Albert Schweitzer, in: Albert-Schweitzer-Studien 2, hrsg. von Richard Brüllmann, 1991, 92f

16 Harald Schützeichel, Albert Schweitzer, Briefe und Erinnerungen an Musiker, 1989, 177

17 Nietzsche, Zeitgemässes und Unzeitgemässes, ausgewählt und eingeleitet von Karl Löwith, 1956, 11

18 Karl Löwith, Mein Leben in Deutschland vor und nach 1933. Ein Bericht, 1990, 18

19 Walter Schulz, Philosophie in der veränderten Welt, 1976, 633

20 ebenda, 741

21 So in den Satzungen der ASP, Art. 2

22 Hans Sulser, Erinnerungen an Albert Schweitzer. Drei Begegnungen, in: Berichte aus Lambarene, hrsg. vom Schweizer Hilfsverein für das Albert-Schweitzer-Spital in Lambarene, April 1985

23 Ernst Käsemann, Der Ruf der Freiheit, 1968, 3. Auflage, 1968, 34

24 Peter Niederstein, Das Bunte zu lieben sind wir da, 1977, 11

Schwarz und Weiss

1 Gerd Presler, Martin Luther King, 1995, 98

2 Hans Jürgen Schultz, Ich habe versucht zu lieben, 1988, 17

3 Ein Klopfen um Mitternacht, Unsere Kirche. Westfälisches Sonntagsblatt Nr. 31, 1966, 6f

4 GW 1, 472f

5 Gerhard Fischer, Hrsg., Albert Schweitzer, Briefe aus dem Lambaréné-Spital. Berichte aus den Jahren 1930 bis 1954, 1981, 9

6 Martin Luther King, Schöpferischer Widerstand, 1980, 138

7 GW 2, 49

8 GW 2, 118

9 Martin Luther King, Wohin führt unser Weg? Chaos oder Gemeinschaft?, 1968, 227

10 Albert Schweitzer, Die Ehrfurcht vor dem Leben, Grundtexte aus fünf Jahrzehnten, hrsg. Von Hans Walter Bähr, 1988, 128

11 Martin Luther King, Schöpferischer Widerstand, 1980, 79

Bewegende Musik

1 Albert Schweitzer, Briefe und Erinnerungen an Musiker, Zusammengestellt und kommentiert von Harald Schützeichel, 1989, 17

2 Harald Steffahn, Albert Schweitzer in Selbstzeugnissen und Bilddokumenten, 1979, 133. Anm.d.V.: Es wird wohl das Andante con moto gewesen sein, denn in der 5. Symphonie Beethovens gibt es kein Adagio.

3 ders., Du aber folge mir nach. Albert Schweitzers Werk und Wirkung, 1974, 28f

4 Briefe, 193

5 Friedrich Herzfeld, Magie des Taktstocks. Die Welt der grossen Dirigenten, Konzerte und Orchester, 1964, 86

6 ebenda, 97f

7 Albert Schweitzer, Briefe und Erinnerungen an Musiker, a.a.O., 155f

8 Archiv Günsbach

9 ebenda

10 Gustav Woytt, Albert Schweitzer und die Pariser Mission, in: Albert-Schweitzer-Studien 1, hrsg. von Richard Brüllmann, 1989, 124

11 Harald Steffahn, Albert Schweitzer in Selbstzeugnissen und Bilddokumenten, 1979, 57

12 Albert Schweitzer, J.S. Bach, 1976, 382 f

13 ebenda, 384ff

14 GW 1, 82f

15 Hans Walter Bähr Hrsg., Albert Schweitzer. Sein Denken und sein Weg, 1962, 254f

16 Bernhard Billeter, Albert Schweitzer und sein Orgelbauer. Briefe an Fritz Haerpfer, 1879-1956, Bolchen (Boulay), Lothringen, in: Acta Organologica Band 11, 1977, 192f

17 ebenda, 194

18 ebenda 213

Neue Wege

1 Robert Minder, Albert Schweitzer und das Elsass, in: Hans Walter Bähr Hrsg., Albert Schweitzer. Sein Denken und sein Weg, 1962, 212f

2 Werke 1, 79f

3 Arthur Rich, Leonhard Ragaz, in: Hans Jürgen Schultz Hrsg., Tendenzen der Theologie im 20. Jahrhundert, 1967, 109

4 Peter Niederstein, 4. Teil Bündner Kirchengeschichte, a.a.O., 141ff ders., Die Natur – ein Hauptgegenstand im philosophischen und religiösen Denken von Leonhard Ragaz, in: Bündner Jahrbuch 1995, 98ff

5 Neue Wege, 1924, 92f

6 ebenda, 133

7 Leonhard Ragaz, Die Botschaft vom Reiche Gottes, 1942, 280

8 ebenda, 281

9 ebenda, 282

10 Leonhard Ragaz, Die Bibel eine Deutung, Bd. 5, 1949, 142

11 GW 5, 373

12 Leonhard Ragaz, Briefe II, 1982, 348

13 Leonhard Ragaz, Die Bibel eine Deutung, Bd. 1, 1947, 178

14 RG, 356f

Jüdische Freunde

1 Gerhard Wehr, Martin Buber, 1992, 20

2 Martin Buber, Briefwechsel aus sieben Jahrzehnten, Hrsg. Grete Schaeder, Bd. 1, 1972, 156

3 ebenda, 167

4 ebenda 40

5 Gerhard Wehr, a.a.O., 37

6 Ulrich Neuenschwander, Denker des Glaubens I, 1974, 22

7 Briefe, 123

8 Martin Buber, Zwiesprache. Traktat vom dialogischen Leben, 1978, 34

9 ebenda, 35

10 ebenda, 39

11 Martin Buber, Zwei Glaubensweisen, 1950, 12f

12 Martin Buber, Briefwechsel aus sieben Jahrzehnten, a.a.O., Bd. 3, 1975, 274ff

13 Peter Hertel, Mit dem Gesicht zur Welt, 1996, 76

14 Schalom Ben-Chorin, Bruder Jesus. Der Nazarener in jüdischer Sicht, 1977, 15

15 ebenda, 19

16 Peter Hertel, a.a.O., 79

17 ebenda, 75f

18 Schalom Ben-Chorin, Paulus, 1986, 205f

19 ebenda, 14

20 Martin Buber, a.a.O., Bd. 3, 148

21 Rainer Funk, Erich Fromm, 1995, 135

22 Peter Niederstein, Brot auch für die Seele, 1974, 6

23 Erich Fromm, Haben oder Sein. Die seelischen Grundlagen einer neuen Gesellschaft, April 1977, 29

24 ebenda, 57f

25 ebenda, 63

26 Erich Fromm, Ihre werdet sein wie Gott, 1980, 19

27 ebenda

28 ebenda, 15

29 Erich Fromm, Haben oder Sein, a.a.O., 86

30 ebenda, 153

31 Erwin R. Jacobi, Albert Schweitzer: Unveröffentlichte Briefe an Margit Jacobi, in: «Librarium», Zeitschrift der Schweizerischen Bibliophilen-Gesellschaft, Heft I, 1976, 5

32 GW 2, 287

33 Erich Fromm, Ihr werdet sein wie Gott, a.a.O., 16

34 ebenda, 24

35 Erich Fromm, Die Revolution der Hoffnung. Für eine humanisierte Technik, 1979, 78

36 ders., Haben oder Sein, a.a.O., 158

37 GW 5, 373

38 Peter de Rosa, Der Jesus-Mythos. Über die Krise des christlichen Glaubens, 1991, 9

39 Bruno Walter, Thema und Variationen. Erinnerungen und Gedanken, 1988, 396

40 Kurt Wanner, Der Himmel schon südlich, die Luft aber frisch. Schriftsteller, Maler, Musiker und ihre Zeit in Graubünden 1800-1950, 1993, 254f

41 Briefe, 175

42 Archiv Günsbach

43 Bruno Walter, a.a.O., 33

44 ebenda, 52

45 Archiv Günsbach

46 Clemens Frey, Christliche Weltverantwortung bei Albert Schweitzer mit Vergleichen zu Dietrich Bonhoeffer, Albert-Schweitzer-Studien 4, 1993, 50, Anm. 79

47 ebenda

48 Bruno Walter, a.a.O., 381

49 Briefe, 295

50 Bruno Walter, a.a.O., 350

51 Archiv Günsbach

52 Hartmut Müller, Stefan Zweig, 1994, 8

53 ebenda, 10

54 Briefe, 226f

55 Archiv Günsbach

56 ebenda

57 ebenda

58 Stefan Zweig, Sternstunden der Menschheit. Zwölf historische Miniaturen, 1964, 58

59 ders., Triumpf und Tragik des Erasmus von Rotterdam, 1982, 186f

60 Briefe, 246

61 ebenda, 245

Innere und äussere Israelreise

1 Peter Niederstein, Bündner Kirchengeschichte, 4. Teil, a.a.O., 27

2 Jean Pierhal, Albert Schweitzer, 1958, 106

3 GW 1, 260f

4 Albert Schweitzer – Helene Bresslau, a.a.O., 198

5 Briefe, 384, 1936, Anm. 1

6 Erwin R. Jacobi, Albert Schweitzer: Unveröffentlichte Briefe an Margit Jacobi, in: «Librarium», Zeitschrift der Schweizerischen Bibliophilen-Gesellschaft, 19. Jahrgang, Heft I/1976,6

7 Jean Pierhal, a.a.O., 314

8 Erwin R. Jacobi, a.a.O., 18

9 Briefe, 174

10 Erwin R. Jacobi, a.a.O., 16

11 Gerhard Fischer, Hrsg., Albert Schweitzer, Briefe aus dem Lambaréné-Spital. Berichte aus den Jahren 1930-1954, a.a.O., 228f

12 Jean Pierhal, a.a.O., 318

13 Gerhard Fischer, a.a.O., 246

14 Albrecht Goes, Das Brandopfer, 1955, 75

15 vgl. oben 50

16 Ernst Klee, «Die SA Jesu Christi». Die Kirche im Banne Hitlers, 1990, 165

17 Christian Möller, Seelsorgerlich predigen. Die parakletische Dimension von Predigt, Seelsorge und Gemeinde, 1983, 65

18 Albert Schweitzer, Aus meinem Leben und Denken. Mit einem abschliessenden Kapitel «Die weiteren Jahre» (1931-1965) von Rudolf Grabs, 1975, 214

19 Peter Märthesheimer, Ivo Frenzel, Hrsg., Im Kreuzfeuer: Der Fernsehfilm Holocaust. Eine Nation ist betroffen, 1979, 324

20 Das Tagebuch der Anne Frank, 1957, 227

21 Rut Brandt, Freundesland, 1992, 244f

22 Johannes Rau, Ausgewählte Reden und Beiträge, 1986, 300

23 Wolf Littmann, Ton ab Kamera läuft, 1984, 312ff

24 Albert Schweitzer, Helene Bresslau, Die Jahre vor Lambarene. Briefe 1902-1912, 1992, 53

25 Briefe, 208

26 Gerty Spies, Drei Jahre Theresienstadt, 1984, 9

Widerstand und Ergebung

1 Clemens Frey, Christliche Weltverantwortung bei Albert Schweitzer mit Vergleichen zu Dietrich Bonhoeffer, Albert-Schweitzer-Studien 4, 1993, 221

2 ebenda, 224

3 Eberhard Bethge, Dietrich Bonhoeffer, Theologe. Christ. Zeitgenosse, 1967, 1051

4 ebenda, 27

5 GW 3, 123f

6 Jean Pierhal, a.a.O., 101

7 Karl Hase, Kirchengeschichte, 3. Auflg. 1837, VIII

8 ebenda, 620

9 GW 3, 124

10 ebenda, 127

11 Eberhard Bethge, a.a.O., 26

12 ebenda, 32

13 ebenda, 1103

14 ebenda, 31

15 Albert Schweitzer, Was sollen wir tun? 12 Predigten über ethische Probleme, 1974, 123, Anm. 7

16 ebenda, 116

17 Dietrich Bonhoeffer, Widerstand und Ergebung. Briefe und Aufzeichnungen aus der Haft, 1955, 261

18 GW 1, 474

19 Christine-Ruth Müller, Dietrich Bonhoeffers Kampf gegen die nationalsozialistische Verfolgung und Vernichtung der Juden, 1990, XV

20 Dietrich Bonhoeffer, Gesammelte Schriften, Hrsg. Eberhard Bethge, Zweiter Band, 1965, 48

21 Christine-Ruth Müller, a.a.O., 329

22 Clemens Frey, a.a.O., 70

23 ebenda

24 ebenda

25 Christine-Ruth Müller, a.a.O., 325

26 Wolfgang Schärffig, Die fehlende siebte Barmer These. Französische Christen sprechen 1941 zur Judenverfolgung, Evangelische Theologie, 55. Jahrgang, Heft 3, 296ff

27 Dietrich Bonhoeffer, Gesammelte Schriften, Erster Band, Hrsg. Eberhard Bethge, 1965, 217

28 GW 2, 635

29 Mitteilung durch Pfarrer Dr. Johann Zürcher, Worb, Schweiz, der Schweitzers Nachlassbände mitherausgibt.

30 Richard Brüllmann, Treffende Albert-Schweitzer-Zitate, a.a.O., 16

31 Dietrich Bonhoeffer, a.a.O., 108

32 Eberhard Bethge, Dietrich Bonhoeffer mit Selbstzeugnissen und Bilddokumenten, 1993, 137

33 Dietrich Bonhoeffer, Widerstand und Ergebung, a.a.O., 73

34 Harald Steffahn, Albert Schweitzer in Selbstzeugnissen und Bilddokumenten, 1979, 61

– Eberhard Bethge, dem ich das Manuskript dieses Kapitels zur kritischen Durchsicht sandte, schrieb mir hierzu am 16.9.1996:
«Ihre Sicht ist überzeugend und interessant ausserdem.»

35 Jean Pierhal, a.a.O., 334

36 Archiv Günsbach

Das Albert-Schweitzer-Haus zu Günsbach

1 Clemens Frey, a.a.O., 172

2 Albert Schweitzer, Was sollen wir tun? 12 Predigten über ethische Probleme, a.a.O., 39

3 GW 5, 526

4 GW 3, 185

5 Richarda Huch, Der Sinn der Heiligen Schrift, 1919, 179

6 Dies., Entpersönlichung, 1921, 160

7 Jean Pierhal, a.a.O., 1955, 305

8 vgl. oben 20

9 Begegnung mit Albert Schweitzer a.a.O., 39

10 Walter Munz, a.a.O., 265f

11 GW 5, 387

12 Schweizerisches Volksblatt vom 7.8.1975, 156

13 Briefe, 337

14 Günter Altner, Naturvergessenheit. Grundlagen einer umfassenden Bioethik, 1991, XI

15 ebenda, 67

16 Harald Schützeichel, Albert Schweitzer. Briefe und Erinnerungen an Musiker, a.a.O., 7

17 vgl. Gustav Woytt, Der Wanzenzüchter – Drei Schnirchle. Zwei humoristische Erzählungen Albert Schweitzers, in: Albert-Schweitzer-Studien 2, Hrsg. Richard Brüllmann, 1991, 150

18 GW 4, 477

19 Jean Pierhal, a.a.O., 272

20 Brigitte Niederstein-Teuscher, Kinder- und Jugendbriefe an Albert Schweitzer, 1988

Namensverzeichnis

N

O

P

R

S

T

V

W

Z